Aspekte

Mittelstufe D~~eutsch~~

Lehr- und Arbeitsbuch 1
Teil 2

von
Ute Koithan
Helen Schmitz
Tanja Sieber
Ralf Sonntag

Filmseiten unter Mitarbeit von Nana Ochmann

Langenscheidt

Berlin · München · Wien · Zürich · New York

Von
Ute Koithan, Helen Schmitz, Tanja Sieber, Ralf Sonntag
Filmseiten unter Mitarbeit von Nana Ochmann

Redaktion: Carola Jeschke und Cornelia Rademacher
Gestaltungskonzept und Layout: Andrea Pfeifer
Umschlaggestaltung: Andrea Pfeifer; Foto Treppe: fotosearch; Foto Schnecke: getty images
Zeichnungen: Daniela Kohl
Satz und Litho: kaltnermedia GmbH, Bobingen

Verlag und Autoren danken Evelyn Farkas, Michael Koenig, Dr. Randall Lund, Margarete Rodi und
Rita Tuggener für die Begutachtung sowie allen weiteren Kolleginnen und Kollegen, die *Aspekte*
erprobt und mit wertvollen Anregungen zur Entwicklung des Lehrwerks beigetragen haben.

Aspekte Band 1, Teil 2 – Materialien

Lehr- und Arbeitsbuch 1, Teil 2, mit Audio-CD	47479
Lehrerhandreichungen 1	47473
DVD 1	47475

Hinweis: Die Zuordnung der Vorschläge in den Lehrerhandreichungen ist durch die Angabe der Module und
der Aufgaben sowohl für die einbändige als auch für die zweibändige Ausgabe von **Aspekte** eindeutig. Die
Seitenverweise in den Lehrerhandreichungen beziehen sich ab Kapitel 6 nur auf die einbändige Ausgabe.

Symbole in Aspekte

 2.1   Hören Sie auf der CD zum Lehrbuch bitte Track 1.

▶ Ü 1   Hierzu gibt es eine Übung im entsprechenden Arbeitsbuchmodul.

    Rechercheaufgabe mit weiterführenden Links auf der Homepage

Druck: Mercedes Druck, Berlin
Bindung: Stein+Lehmann, Berlin
Printed in Germany

ISBN 978-3-468-47479-8

10020

Inhalt

Inhalt

Inhalt

Inhalt

Inhalt

Berufsbilder

1a Sehen Sie die Bilder an und beschreiben Sie einen dieser Jobs.

2.1
b Hören Sie vier Erfahrungsberichte. Über welche Tätigkeiten wird berichtet?
Welche positiven und negativen Aspekte werden genannt?

Taxifahrer

Erntehelfer bei der Weinlese

Maskottchen

Küchenhilfe

Stadtführer

Möbelpacker

Interviewer

Zimmermädchen

2 Als was haben Sie schon gejobbt? Welche Erfahrungen haben Sie gemacht? Was war interessant?

Wünsche an den Beruf

1a Notieren Sie fünf Punkte, die Ihnen im Beruf sehr wichtig sind. Erstellen Sie dann im Kurs eine Liste mit den Wünschen der Männer und der Frauen. Gibt es Unterschiede?

b Die Grafik zeigt, welche Wünsche Schüler und Schülerinnen in Deutschland an ihren zukünftigen Beruf haben. Vergleichen Sie die Kurs-Liste mit der Grafik.

Die wichtigsten Dinge im Arbeitsleben
für Frauen   für Männer
1. gutes Arbeits-   1. gutes Gehalt
   klima
2. ...

Wünsche an den zukünftigen Beruf

Von je 100 Schülern nennen als sehr wichtig für ihren späteren Beruf

junge Frauen:

gesichertes Einkommen	86
mit Menschen in Kontakt kommen	79
mit anderen zusammenarbeiten	78
nebenbei genug Zeit für Hobbys	75
gute Arbeitsmarktchancen	73
Kenntnisse und Fähigkeiten weiterentwickeln	70
eigene geistige Kräfte voll einsetzen können	67
eigene Ideen verwirklichen	67
neue Herausforderungen	65
sich bei der Arbeit bewegen können	64

junge Männer:

gesichertes Einkommen	86
Kenntnisse und Fähigkeiten weiterentwickeln	76
nebenbei genug Zeit für Hobbys	75
viel Geld verdienen	73
gute Arbeitsmarktchancen	73
Karrierechancen	70
am Wochenende frei haben	64
eigene Ideen verwirklichen	62
mit anderen zusammenarbeiten	62
abwechslungsreiche Tätigkeit	58

Mehrfachnennungen
Umfrage 2003/2004

G 0038 © Globus   Quelle: BIBB

▶ Ü 1–2   c Was vermuten Sie? Warum sind die Wünsche bei Männern und Frauen unterschiedlich?

2.5

2a Hören Sie eine Straßenumfrage, in der vier Personen erzählen, wie sie sich ihr Berufsleben in zwei Jahren vorstellen. Machen Sie Notizen zu den Personen (Beruf, aktuelle Situation, Wünsche an die Zukunft).

▶ Ü 3

b Welche zwei Tempusformen benutzen die Personen in der Umfrage, um über die Zukunft zu sprechen? Hören Sie noch einmal Person 1. Ergänzen Sie die Tempusformen und notieren Sie je einen Beispielsatz.

> ⓖ
>
> Zukünftiges ausdrücken
>
> P _ _ _ _ _ _   (oft mit Zeitangabe, z. B. „morgen", „in drei Wochen" …)
>
> _____
>
> F _ _ _ _   I   „_____" + Infinitiv
>
> _____

c Oft verwendet man das Futur I, um Vermutungen auszudrücken. Kreuzen Sie an, was in den Sätzen ausgedrückt wird.

	Zukünftiges	Vermutung
1. Ich muss los, meine Freundin wird schon auf mich warten.	☐	☐
2. Wir werden gemeinsam in Urlaub fahren.	☐	☐
3. Wo ist denn Ihr Kollege? – Er wird in einer Besprechung sein.	☐	☐

▶ Ü 4

3a Notieren Sie auf einem Zettel Ihren Namen, was Sie gerade machen und welche Vorstellungen Sie von Ihrer beruflichen Zukunft haben. Notieren Sie alles, was helfen kann, damit Ihre Vorstellungen Realität werden. Dann werden die Zettel gemischt und verteilt.

> *Nora:*
>
> *Momentan: Teamassistentin in einem Büro*
>
> *Zukunftstraum: Reiserouten für Touristen ausarbeiten und planen, viel reisen, Hotels und Restaurants*
>
> *suchen, Preise aushandeln*
>
> *gute Voraussetzungen: Kenne viele Hotels, bin schon viel gereist*

b Ziehen Sie einen Zettel und stellen Sie die Wünsche der Person vor, ohne den Namen zu verraten.

Diese Person hier arbeitet in einem Büro als Teamassistentin. Ihr Zukunftstraum sieht so aus: Sie wird bald nicht mehr in diesem Büro arbeiten, sondern sie wird Reiserouten für …

c Die anderen raten, von wem der Zettel ist. Jeder begründet seine Vermutung und alle einigen sich auf eine Person.

 4 Suchen Sie im Internet mithilfe der Begriffe „Berufswahlmagazin" und „Wunschberuf" eine Seite, die bei der Berufswahl hilft. Geben Sie die von Ihnen in 1a genannten Wünsche an den Beruf ein. Erhalten Sie neue Ideen für Ihren Traumberuf? Recherchieren Sie Informationen zu diesem Beruf und stellen Sie ihn kurz vor.

Ideen gesucht _____

1a Auf der Suche nach einer neuen Arbeit braucht man manchmal neue Impulse. Hier finden Sie drei ungewöhnliche Jobideen. Wählen Sie eine Idee aus und beschreiben Sie sie.

Handwerker-Expressdienst
24 Stunden für SIE da!
Mobil: 0133 – 300 20 103

Ihr Regal hängt schief?
Der Kleine hat die Wand eingecremt?
Die Gardinenstange will nicht an die Wand?
Problcmc bcim Teppichverlegen?
Der Rasenmäher macht keinen Mucks mehr?
Kleine und größere Katastrophen?
... Da kann ich helfen ...

Schnell anrufen!!!
Kompetenter Handwerker kommt sofort!
Unproblematisch – schnell – und gar nicht teuer
7.00 – 17.00 Uhr, 25,– € / Std.; Notdienst nach Absprache

Tel. 0133 – 300 20 103	Tel. 0133 – 300 20 103	Tel. 0133 – 300 20 103	Tel. 0133 – 300 20 103	Tel. 0133 – 300 20 103	Tel. 0133 – 300 20 103	Tel. 0133 – 300 20 103	Tel. 0133 – 300 20 103

Siggi Hausmann hilft, wenn nichts läuft, wie es soll. Noch vor kurzem hatte er selbst eine Baufirma, dann kam die Pleite. Heute arbeitet er mit dem, was ihm blieb: einem Werkzeugkasten, seinem handwerklichen Talent und seinem Mut, etwas Neues anzupacken.

Annika Kramann hilft anderen dabei, sich zu entscheiden. Zuerst wusste sie selbst nicht, was sie machen sollte. Klar war nur, dass sie in ihrer Arbeit unglücklich war. Sie ging zu einem Coach. Und da wusste sie: Das ist genau das, was sie machen will.

Hilfe!
Ich muss mich entscheiden!

Suchen Sie eine neutrale Gesprächspartnerin?

Ich biete:	Systemische Beratung
Zielgruppe:	Menschen, die sich nicht entscheiden können, die in ein Thema verstrickt sind und nicht wissen, was sie tun sollen, was sie brauchen.
Themen:	Ausbildung, Studium, Beruf, Beziehungskrisen
- Ort:	Heidelberg
- Konditionen:	40 Euro / Std. Studenten: 20 Euro
- Kontakt:	Annika Kramann, 06221 – 844287709

Unser Spezial zum Sommer!

Lastminute-Picknick

Sonntag, Sonne und nix im Kühlschrank?
Wir versorgen Euch ruckzuck mit einem groß-
artigen Picknick und leckeren Snacks. Geschirr,
Besteck und Gläser liefern wir gleich mit. Auf
Wunsch alle Leckereien in einem dekorativen
Korb.

Zum Beispiel:
Dicke-Freunde-Picknick für zwei Personen:
Auswahl an kalten Brat- und Grillspezialitäten
(Frikadellen, Hähnchenschenkel, u.v.m.)
Zwei Sorten Salat, Baguette oder Brötchen
Kleine Käseplatte, Überraschungsdessert
Getränke nach Wahl (Saft, Wein, Bier, ...)
für € 44,-

Picknick-Alarm
0221-113779086 (Lieferung frei Haus)
www.picknick-alarm.de

Die Geschwister Dieter und Steffi Hausmark
liefern Picknick im Raum Köln. Die Idee wurde
in ihrer WG geboren, in der eines Sonntags im
Haus nichts mehr zu Essen zu finden war. Sie
träumten von einem leckeren Picknick im Park
und erfüllen heute anderen Menschen diesen
Traum.

b Welche Geschäftsidee wird Ihrer Meinung nach den größten Erfolg haben? Warum?

2a Bilden Sie Gruppen. Welche Fähigkeiten und Talente gibt es in Ihrem Team?

Ich kann nähen! *Caner kann gut organisieren.* *Du spielst doch so gut Klavier.*

b Welchen Service, welches Produkt könnte Ihr Team entwickeln?

Für wen? Für welche Situation?	Was?
Menschen, die nicht nähen können und in eine neue Wohnung ziehen.	*Kissen, Gardinen, Vorhänge etc. für die neue Wohnung. Alles fertig bis zum Umzug. „Neuer Look fürs neue Heim"?*

c Klären Sie folgende Fragen:
1. Wie nennen Sie Ihre Dienstleistung / Ihr Produkt?   3. Welchen Service bieten Sie an?
2. Was kostet Ihr Angebot / Ihr Produkt?   4. Wie kann man Sie erreichen?

d Entwerfen Sie einen Aushang, mit dem Sie für sich werben. Welche Wörter möchten Sie verwenden?

innovativ   zuverlässig   persönlich   24-Stunden-Service   frei Haus   praktisch
unkompliziert   sauber   schnell   individuell   kreativ   Lösung   preiswert   ...

e Schreiben Sie jetzt Ihren Aushang. Hängen Sie ihn im Kurs auf und vergleichen Sie.
Welches Angebot würden Sie nutzen?

▶ Ü 1

Darauf kommt's an

1a Haben Sie schon einmal einen Ratgeber für Bewerbungen gelesen? Nennen Sie drei wichtige Themen, die darin angesprochen werden sollten.

b Was sagen die Profis? Hier sind Tipps von drei Personalchefs aus unterschiedlichen Branchen. Lesen Sie die Texte und vergleichen Sie, ob Ihre Themen angesprochen werden.

Peter Brandt,
Städtische Betriebe Dresden

Die Bewerbungsunterlagen sollten ordentlich zusammengestellt und vollständig sein, also ein Anschreiben, einen lückenlosen Lebenslauf, ein Foto, das letzte Schulzeugnis und die Arbeitszeugnisse der letzten Arbeitgeber enthalten.
Es versteht sich von selbst, dass darin keine Fehler sein dürfen und dass sich Eselsohren und Fettflecken gar nicht gut verkaufen.
Wer in seiner Freizeit bei einem Verein mitarbeitet oder Theater spielt, sollte das ruhig erwähnen. Damit kann man zeigen, dass man über soziale Kompetenzen verfügt.
Aber bitte nicht übertreiben – und vor allem bei der Wahrheit bleiben.

Heiner Stölter,
Verband Deutscher Kreditinstitute

Wer sich als neuer Mitarbeiter bewirbt, sollte sich im Vorfeld gut über das Unternehmen informieren, z.B. bei der Firma anrufen und sich nach weiteren Informationen erkundigen. Im Anschreiben und im Gespräch sollten die Interessenten zeigen, wofür sie sich bei der Firma besonders interessieren und mit welchen Tätigkeiten sie vielleicht schon vertraut sind.
Wir achten also nicht nur auf Fachwissen, sondern auch auf Engagement und Motivation. Wer zu einem Vorstellungsgespräch eingeladen wird, sollte natürlich und gepflegt auftreten. Dort kann der Bewerber den Arbeitgeber dann von seinen Qualitäten überzeugen.

Beata Gräser-Kamm,
Reiseallianz Österreich

Personalbüros erhalten täglich Bewerbungen. Einige Bewerber schicken ihre Unterlagen per Post an die Firmen, andere Unternehmen erwarten von den Interessenten eine Online-Bewerbung. Man sollte sich informieren, welche Unterlagen jeweils gefordert sind. Bei allen Bewerbungen kommt es darauf an, dass die Unterlagen nicht nur formal korrekt sind, sondern auch Interesse für den Bewerber wecken. Das Schreiben sollte auf die Frage antworten: „Warum sollen wir ausgerechnet Sie nehmen?" Für Gespräche ist empfehlenswert, vorher in einem Rollenspiel zu trainieren, wie man seine Stärken am besten einbringt.

c Fassen Sie die Tipps zusammen. Was war besonders interessant für Sie?

Vorbereitung   Bewerbungsunterlagen   Vorstellungsgespräch   Sonstiges

2 Worauf sollte man bei einer Bewerbung in Ihrem Land achten? Was ist gleich/ähnlich? Was ist anders? Berichten Sie in Gruppen.

Bei einer Bewerbung ist bei uns der persönliche Kontakt am wichtigsten. Im Gespräch ist es sehr wichtig, etwas Positives über die Firma zu sagen oder ein kleines Kompliment z.B. über das Büro oder den Tee zu machen. Der Bewerber muss erst einmal sympathisch sein. ...

▶ Ü 1–2

3a Markieren Sie die Verben mit Präpositionen in den Texten. Nennen Sie ein Verb, Ihr Nachbar / Ihre Nachbarin ergänzt eine passende Präposition. Dann tauschen Sie.

A: *sich informieren ...?*   B: *... über!*

b Einige Verben haben mehr als eine Präposition. Verbinden Sie folgende Beispielsätze. Ⓖ

1 *diskutieren* + *mit* + Dativ
  Ich diskutiere *mit* meinem Chef.

2 *diskutieren* + *über* + Akk.
  Ich diskutiere *über* mein Gehalt.

3 *diskutieren* + *mit* + Dativ + *über* + Akkusativ
  Ich _____

c Wählen Sie zwei Verben und schreiben Sie Sätze wie in 3b.

z.B. sich informieren bei + über; sich entschuldigen bei + für; sprechen mit + über; ...   ▶ Ü 3–4

4a Wann verwendet man Präpositionen mit *wo(r)...* und *da(r)...*? Vergleichen Sie die Dialoge und ergänzen Sie die Regel mit den korrekten Begriffen. Ⓖ

○ Na, dein Test war wohl nicht so gut.
● Ja, leider. Ich habe mich so *darüber* geärgert.
○ *Worüber* denn genau?
● *Über* die blöden Fragen.
○ Echt?
● Na ja, eigentlich mehr *darüber*, dass ich so wenig wusste.

○ Und *auf* wen warten Sie?
● *Auf* Herrn Müller.
○ Und, wo ist er?
● Er kommt sicher gleich, ich warte erst fünf Minuten *auf* ihn.
○ Ah, da kommt er ja.

Personen mit prep.
Auf wen?
mit wem?
An wen?
Zu wem?

Personen – Sachen – Ereignisse

Wo(r)... und *da(r)...* verwendet man bei ___Sachen___ und bei ___Ereignisse___ .

b Wählen Sie ein Verb und schreiben/spielen Sie kleine Dialoge wie in 4a.

sich informieren über / denken an / erwarten von / achten auf / sich beschweren über / ...

c Ergänzen Sie die Lücken im Text.

daran	~~darüber~~	~~wofür~~	~~worauf~~	darüber	~~worüber~~

○ Hallo Sabine, ich freue mich ___darüber___, dass du die neue Stelle bekommen hast. Hast du Hans schon gesagt, ___worüber___ ihr im Vorstellungsgespräch gesprochen habt? Er will sich doch auch bewerben und unsere Firma denkt ___daran___, neue Leute einzustellen.

● Nein, ___darüber___ habe ich noch nicht mit ihm gesprochen.

○ ___Worauf___ hast du denn bei deiner Bewerbung besonders geachtet?

● Ich habe besonders deutlich gemacht, was mich interessiert. Aber bei Hans frage ich mich manchmal, ___wofür___ er sich ganz konkret interessiert ... Er findet einfach alles interessant.   ▶ Ü 5–7

Mehr als ein Beruf

1a Lesen Sie die Ausdrücke und ordnen Sie sie den Fotos zu. Manche Ausdrücke passen zu mehr als einem Foto.

als Türsteher arbeiten eine Geschäftsreise machen mit Hunden wandern ~~Patienten behandeln~~	

schwere Aktenkoffer tragen   unangenehme Gäste hinausbegleiten   mit der Bahn reisen

~~Krankengeschichten beachten~~   Bergschuhe anziehen   ~~Menschen einschätzen~~

in den Bergen wandern   eine Hütte/Alp bewirtschaften   Stammgäste begrüßen

an Besprechungen/Konferenzen teilnehmen   Vorträge halten   ~~sich mit der Anatomie gut auskennen~~

Kühe, Ziegen und Schafe hüten   wichtige berufliche Termine einhalten   ~~Gymnastikübungen erklären~~

Telefonkonferenzen abhalten   für Ruhe sorgen   ~~jemanden massieren~~

Mann mit Hunden	Mann am Bahnhof	Mann in Praxis	Mann vor der Bar
mit Hunden wandern,	eine Geschäftsreise machen,	jmdn. massieren Gymnastikübungen erklären sich mit der Anatomie gut	

b Was vermuten Sie: Was machen die beiden Männer beruflich? Wählen Sie eine Person aus und beschreiben Sie ihren Alltag.

vermuten
Ich kann mir gut vorstellen, dass …, denn/weil … / Es könnte (gut) sein, dass …
Ich vermute/glaube/nehme an, dass …
Es kann sein, dass … / Ich könnte mir gut vorstellen, dass …
Der erste Mann wird … sein. In seinem Alltag wird er …
Der andere Mann sieht so aus, als ob …
Es ist denkbar/möglich/vorstellbar, dass …
Vielleicht/Wahrscheinlich/Vermutlich ist …

c Lesen Sie zwei Texte über die beiden Personen und beantworten Sie die Fragen.

– Aus welchen Gründen haben Rudolf Helbling und Manfred Studer zwei Berufe?
– Welche Parallelen gibt es jeweils zwischen den Berufen?
– Welche Schwierigkeiten haben die beiden Personen mit zwei Berufen?   ▶ Ü 1–2

Rudolf Helbling, 45, Dozent und Alphirt

1 Nach einem Aufenthalt in den USA fiel 1986 der Entscheid, in die Schweiz zurückzukehren, wo ich anschließend an der Universität St. Gallen Volkswirtschaft studierte und meinen
5 Doktor machte. Nach einem Forschungsaufenthalt in Neuseeland erfüllte ich mir meinen großen Traum und wurde Alphirt. Meine Frau und unsere vier Kinder leben in Bever, in der Nähe von St. Gallen. Aber von Mai bis Oktober ar-
10 beite und wohne ich auf unserer Alp, die ich vor zwei Jahren gepachtet habe. Sie liegt zwischen 1.800 und 3.000 Metern über Meer im Val Curciusa, im Kanton Graubünden.

Auf der etwa 2.500 Hektar großen Alp hüte
15 ich mit meinen Angestellten 1.600 Schafe, 250 Kühe, 300 Ziegen und 30 Pferde. Die Tiere gehören den Bauern aus dem Unterland. Ich bin von morgens früh bis abends spät mit meiner Herde unterwegs. Oftmals führt der Weg
20 durch schwieriges Gelände. Insgesamt ist die Alpwirtschaft eine große physische und psychische Herausforderung. Das Material wird mit Pferden und Maultieren, teilweise mit dem Helikopter auf die Alp geschafft. Ich liebe die
25 Arbeit in der freien Natur und bewege mich gerne in dieser rauen Welt. Gleichzeitig übernehme ich mit meinem Team Verantwortung für die Tiere. Und ich darf mich als Kleinunternehmer behaupten.
30 Mein zweites Standbein ist die Tätigkeit als Dozent an der Uni St. Gallen. Die Alpwirtschaft und meine Lehrtätigkeit haben einige Gemeinsamkeiten, geht es doch an beiden Orten um ökonomische, ökologische und politische
35 Fragen. Bis jetzt habe ich mein abwechslungsreiches Doppelleben nicht bereut. Nicht immer einfach ist jedoch, dass ich während der Zeit auf der Alp meine Familie nur selten sehe.

Manfred Studer, 30, Krankengymnast, Heilpraktiker und Türsteher

Freitagmorgen, 5:30 Uhr, für mich beginnt
40 ein langer Tag. Ich mache mich auf den Weg in meine Praxis, denn um 7:00 Uhr wartet schon der erste Patient. Vor inzwischen sechs Jahren bin ich mit meiner Ausbildung zum Physiotherapeuten und Heilpraktiker fertig geworden.
45 Dann habe ich fünf Jahre in einem Krankenhaus in Luzern gearbeitet. Vor einem Jahr habe ich den Schritt gewagt und eine eigene Praxis eröffnet. Ich bin sehr froh darüber, nun mein eigener Herr zu sein, aber die Konkurrenz ist groß und
50 die Miete für die Praxisräume ist sehr hoch. Natürlich hatte ich finanzielle Reserven, aber mit der Zeit wurden sie immer kleiner … Ich möchte meine Praxis jedoch auf keinen Fall aufgeben, also habe ich mir einen zweiten Job ge-
55 sucht.

Ich arbeite freitags und samstags von 21:00 bis 3:00 Uhr für eine Bar in der Innenstadt. Ich bin Türsteher und passe auf, dass nur die Gäste in die Bar kommen, die von den Barbetreibern
60 erwünscht sind. Betrunkene Gäste zum Beispiel sind hier nicht gerne gesehen. Und wenn es in der Bar einmal Streitereien gibt, dann bin ich es, der die Unruhestifter ruhig, aber energisch bittet, die Bar zu verlassen. In diesem Beruf
65 kommen mir meine Erfahrungen mit Menschen, die ich als Heilpraktiker gemacht habe, sehr zugute. Und natürlich muss ich für beide Berufe körperlich fit sein.

Ich bin zufrieden mit meinen beiden Jobs,
70 aber Freizeit habe ich nun so gut wie keine mehr. Im Grunde hoffe ich doch, dass ich bald so viele Patienten in der Praxis habe, dass ich nicht mehr als Türsteher arbeiten muss.

2 Sammeln Sie im Kurs Vor- und Nachteile eines Lebens mit zwei Jobs. Überlegen Sie, was man alles anders organisieren muss, wenn man zwei Jobs hat. Berichten Sie auch von eigenen Erfahrungen.

Mehr als ein Beruf

[handwritten top margin:] zufällig – der Zufall – just happened, coincidence?

2.7

3a Beruf Tauchlehrerin: Valerija hat ihren Job im Büro aufgegeben und arbeitet jetzt als Tauchlehrerin. Hören Sie das Interview und notieren Sie die Stationen aus Valerijas Leben auf der Zeitachse.

[handwritten notes on timeline:]

beginnt zu tauchen, Ägypten,	Tauchurlaub ~~Haus~~ in Indonesian ~~(Ausbildung gemacht)~~	arbeitet als Tauchlehrerin erstmal in croatian.	in Ägypten gearbeitet.	Neue Job auf der ~~Kretelive~~ beginnen. ~~In tA~~
vor acht Jahren	vor vier Jahren	vor drei Jahren	vor zwei Jahren	in vier Wochen

[handwritten on first photo:] HIPSTER SCUBA DIVER REFUSES TO REMOVE HIPSTER GLASSES, ESPECIALLY UNDERWATER

b Hören Sie das Interview noch einmal und ergänzen Sie die Übersicht während und nach dem Hören mit Notizen. Vergleichen Sie dann Ihre Notizen mit Ihrem Partner / Ihrer Partnerin.

der Anfang: Valerija taucht zum ersten Mal	die Idee: Valerija will Tauchlehrerin werden
In Ägypten.	War zufällig an Tauchurlaub.
der Entschluss: einen Job als Tauchlehrerin finden	**der Abschied: die Freunde und die Familie**
	zuerst tve. Aber später wollen sie wissen warum sie kein normaler job will.
Beruf Tauchlehrer: Was ist schwer?	**Beruf Tauchlehrer: Was ist schön?**
Anstrengend. Verantwortungsvoll – keine Freizeit – zeit für sie selbst.	Taucherlebnisse Tieren. Ruhe Natur. Unterwasser Fotografie –

c Was ist für Sie an Ihrem Beruf oder Ihrer Ausbildung besonders schön oder schwer? Haben Sie Ähnliches wie Valerija erlebt? Berichten Sie.

▶ Ü 3

4a Nicht nur Valerija findet ihr Hobby als Beruf manchmal ziemlich anstrengend. Lesen Sie den Anfang dieses Chats. Kreuzen Sie dann an, was für die Sprache in einem Chat typisch ist.

Animator an Coolmax um 23:25:12

Hallo! Ich hab 'ne Krise. Der Job hier ist nichts für mich! Jeden Abend lustig sein, immer gute Laune haben. Ich habe keine Lust mehr!

Coolmax an Animator um 23:25:28

Soooo schlimm? Hey, du bist erst seit 4 Wochen in dem Ferienclub. Macht's dir denn gar keinen Spaß?

Animator an Coolmax um 23:26:31

Nee ☹!!! Meine Kollegen reden nur über das Essen und die Gäste. Und die Gäste wollen mich von 8 bis 0 Uhr immer gut gelaunt sehen. Ich habe nie meine Ruhe!

Coolmax an Animator um 23:27:07

Na komm, Kopf hoch! Hier ist's auch nicht besser ... ;-) Mein Chef nervt tierisch ...!

SENDEN

---

	für einen Chat	
	typisch	**untypisch**
komplexe und lange Sätze	☐	☐
verkürzte Wörter (Endungen oder Vorsilben weglassen, ...)	☐	☐
Ausrufe wie in der gesprochenen Sprache (Ah, Oh, ...)	☐	☐
Emoticons (☺ / ☹ / ...)	☐	☐
Anrede: „Sie"	☐	☐
direkte Rede	☐	☐
kurze Absätze	☐	☐

▶ Ü 4

b Nehmen Sie ein Blatt Papier und schreiben Sie zusammen mit einem Partner den Chat weiter. Jeder übernimmt eine Rolle.

Rolle A: Animator

Sie sind sehr unglücklich mit Ihrem Beruf als Unterhalter in einem All-Inclusive Ferienclub. Sie hatten lange von diesem Job geträumt und sich die Arbeit mit Menschen, die im sonnigen Süden Urlaub machen, sehr schön vorgestellt: wie Urlaub, für den man Geld bekommt. Jetzt merken Sie: Der Job ist sehr anstrengend, Sie machen oft dasselbe und die Club-gäste stellen Ihnen immer die gleichen Fragen. Sie wollen nach Hause!

Rolle B: Coolmax

Sie sind ein guter Freund von „Animator". Sie haben vor fünf Wochen eine Stelle in einem Reisebüro angenommen. Die Arbeit gefällt Ihnen gut, aber Ihr Chef ist launisch. Sie beneiden „Animator" um seinen Job: Er hat immer schönes Wetter (bei Ihnen regnet es seit Tagen), er hat viel mit Leuten zu tun, die gut gelaunt sind (sie sind ja im Urlaub), und er muss sich nicht um sein Essen oder seine Wohnung kümmern: Er hat ein Hotelzimmer mit Vollpension! Sie möchten ihn ermuntern, nicht aufzugeben.

▶ Ü 5

Aenne Burda

Königin der Kleider

„Die Mode ist nicht nur eine Sprache,
die man auf der ganzen Welt versteht,
sie stellt auch eine Weltmacht dar."

Anna Magdalene („Aenne") Burda, Verlegerin
* 28. Juli 1909 (Offenburg)
† 3. November 2005 (Offenburg)
9. Juli 1931: Heirat mit Dr. Franz Burda, drei
Söhne, Franz (* 1932), Frieder (* 1936) und Hubert
(* 1940).

Aenne Burda, Verlegerin

Nach dem Zweiten Weltkrieg baute die „Königin
der Kleider" mit Burda-Moden einen der größten
deutschen Zeitschriftenverlage auf.

Aenne Burda war die Tochter des Lokomotiv-
führers Franz Lemminger und seiner Frau Maria.
Sie besuchte eine Klosterschule und nach der mittle-
ren Reife an der Höheren Handelsschule Offenburg
absolvierte sie eine kaufmännische Lehre im Offen-
burger Elektrizitätswerk. Dort musste sie auch
säumige Beiträge bei den Zahlern eintreiben und
lernte dabei ihren späteren Mann, Dr. Franz Burda
(1903–1986), kennen.

Den Grundstein zu Aenne Burdas eigenem Verlag
legte ihr Mann in doppelter Hinsicht: Franz Burda
finanzierte den Verlag „Elfi-Moden" seiner Geliebten
und ehemaligen Sekretärin Elfriede Breuer. Als Aenne
Burda davon erfuhr, reichte sie nicht etwa die Scheidung ein, sondern übernahm den zu diesem Zeitpunkt
fast bankrotten Verlag mit der finanziellen Unterstützung ihres Mannes. So konnte sie 1949 einen eigenen
Modeverlag mit damals 48 Mitarbeitern gründen.
Ab Januar 1950 erschien „Burda-Moden" mit einer
Auflage von 100.000 Exemplaren. Die bahnbrechende
Geschäftsidee des Magazins sind die seit 1952 bei-
liegenden Schnittmuster-Bögen, die es den Lese-
rinnen erlauben, in Heimarbeit Modelle aus dem
Magazin selbst zu nähen und ihre Vorstellungen von
schicker Mode preiswert zu verwirklichen.

Nach der Übernahme von „Bayer Moden" im
Oktober 1961 war „Burda-Moden" die weltgrößte
Modezeitschrift. Das Burda Modemagazin erschien
2005 in 89 Ländern, übersetzt in 16 Sprachen. 1987
wurde die Zeitschrift „Burda-Moden" als erste
westliche Zeitschrift in russischer Sprache in der
Sowjetunion verkauft. In ihren Erinnerungen
bezeichnet Aenne Burda die Präsentation ihrer
Zeitschrift und Kollektion beim Frauentag, am
8.3.1987 in Moskau als ihren Lebenshöhepunkt.

1994, nach 45 Jahren, wies ihr Verlag einen
Umsatz von 172 Mio. DM (ca. 86 Mio. Euro) aus.
Erst im Alter von 85 Jahren zog sich Aenne Burda
aus der Verlagsleitung zurück.

In jüngeren Jahren war Aenne Burda eine Lieb-
haberin schneller Sportwagen und genoss den mon-
dänen Auftritt bei Modeschauen und Filmgalas.
Nach ihrem Rücktritt aus der Verlagsleitung widme-
te sie sich ihrer privaten Leidenschaft, der Malerei
mit Ölfarben. Burda hatte einen starken Willen zum
Erfolg und duldete weder geschäftliche Widersacher
noch interne Kritik. Guten Ideen und Talenten
gegenüber, wie etwa Jil Sander, war sie immer aufge-
schlossen. Mit ihrer Aenne-Burda-Stiftung förderte
sie Kunst, Kultur, Umwelt- und Denkmalschutz sowie die Altenpflege und unterstützte hilfsbedürftige
Menschen in Offenburg.

Mehr Informationen zu Aenne Burda

Sammeln Sie Informationen über Persönlichkeiten aus dem In- und Ausland, die für das
Thema „Arbeit und Beruf" interessant sind,
und stellen Sie sie im Kurs vor. Sie können
dazu die Vorlage „Porträt" im Anhang verwenden. Beispiele aus dem deutschsprachigen
Bereich: Rudolf-August Oetker, Josef Necker-
mann, Roncalli (Bernhard Paul), Stefan Raab

1 Zukünftiges ausdrücken

Um Dinge, die in der Zukunft liegen, auszudrücken, werden zwei Tempusformen verwendet:

Präsens (oft mit Zeitangabe)	_Morgen_ **spreche** _ich mit meiner Chefin._
Futur I	_Ich_ **werde** _(morgen) mit meiner Chefin_ **sprechen**.

Das Futur I wird auch oft verwendet, um Vermutungen auszudrücken.

○ _Wo ist Thomas?_ – ● _Er wird noch bei der Arbeit sein._   (= Ich weiß es nicht sicher.)

Bildung des Futur I   _werden_ + Infinitiv

2 Verben mit Präposition

Viele Verben stehen mit einer oder mehreren Präpositionen. Bei Verben mit Präposition bestimmt die Präposition den Kasus der zugehörigen Satzteile.

diskutieren **über** + Akk.	_Wir diskutieren_ **über** _die neuen Arbeitszeiten._
diskutieren **mit** + Dat.	_Wir diskutieren_ **mit** _unserem Chef._
diskutieren **mit** + Dat. **über** + Akk.	_Wir diskutieren_ **mit** _unserem Chef_ **über** _die neuen Arbeitszeiten._

3 Pronominaladverbien (daran, darauf, darüber, ...) und Fragewort (woran, wofür, worüber, ...)

Sich auf eine Sache / ein Ereignis beziehen. ➔ _da(r)-_ + Präposition:

Ich freue mich **über die neue Stelle**.	_Ich freue mich_ **darüber**.
Er nimmt **an einer Schulung** _teil._	_Er nimmt_ **daran** _teil._

Bestimmte Informationen können durch ein Fragewort ermittelt werden. ➔ _wo(r)-_ + Präposition:

○ **Woran** _denkst du jetzt?_	● **An** _unsere Zukunft!_
○ **Wovon** _redet er?_	● **Von** _unserem neuen Projekt._

Merke: Nach _wo..._ und _da..._ wird ein _r_ eingefügt, wenn die Präposition mit einem Vokal beginnt: auf ➔ worauf/darauf

Person oder Sache?

a) eine Sache / ein Ereignis:
   mit Fragewort + Präposition
   mit Pronominaladverb
	○ **Worüber** _sprecht ihr?_
	● _Über den Test._
	○ _Bitte erinnere mich nicht_ **daran**!

b) eine Person / eine Institution:
   mit Präposition + Pronomen
   mit Fragewort + Pronomen
	○ _Ich treffe heute Sabine, erinnerst du dich_ **an sie**?
	● **An wen**, ... Sabine? Ah natürlich, deine frühere Kollegin.

Servicewüste Deutschland

In Deutschland hat sich die Situation auf dem Arbeitsmarkt verändert. Arbeitsplätze sind weniger geworden und die hohe Arbeitslosigkeit ist ein Problem.

1 a Sehen Sie den Film. Worum geht es?

   b Was ist mit dem Titel „Servicewüste Deutschland" gemeint?

1 ▶ 2 a Sehen Sie die erste Filmsequenz. Was erfahren Sie über die Situation von Robert Garnik?

   b Beschreiben Sie seine Geschäftsidee. Was halten Sie von seiner Initiative?

3 Robert Garnik sagt, „dass man hier keine Arbeit kriegt, weil man scheinbar mit über vierzig zu allem zu alt ist".
Diskutieren Sie: Welche Rolle spielt das Alter bei der Arbeitssuche? Wie ist das in Ihrem Land?

2 ▶ 4 a Sehen Sie die zweite Filmsequenz. Warum hat Robert Garnik so wenig Kunden? Was sagen die Passanten?

   b Nehmen Sie Stellung zu den Äußerungen der Passanten.

3 📖 5 Sehen Sie die dritte Sequenz.

a Wie nutzt die Frau den Service des Schuhputzers?

b Sind die Deutschen Servicemuffel? Welche Gründe nennt der Kunde?

c Was unternimmt Robert Garnik, um seine Situation zu verbessern, und was könnte seiner Meinung nach seine Verdienstchancen steigern?

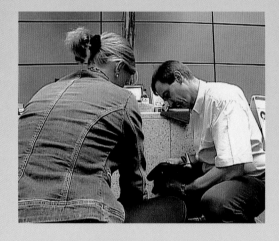

6 Glauben Sie, dass Robert Garnik mit dieser Geschäftsidee eine Perspektive hat?

7 Welche Serviceangebote werden in Ihrem Land häufig genutzt?

8a Was ist mit den Sprichwörtern gemeint? Halten Sie die Aussagen für realistisch? Diskutieren Sie.

„Jeder ist seines Glückes Schmied."

„Sich regen, bringt Segen."

b Sammeln Sie ähnliche Sprichwörter in Ihrer Sprache.

Für immer und ewig

Arbeiten Sie zu dritt. Ordnen Sie die Fotos zu einer Geschichte. Schreiben Sie dann Dialoge oder kurze Texte zu den Bildern und tragen Sie Ihre Geschichte vor.

Lebensformen

1a Viele Menschen leben heutzutage nicht mehr in einer traditionellen Familie. Sehen Sie sich die verschiedenen Lebensformen in der Grafik an und erklären Sie sie im Kurs. Kennen Sie noch andere Lebensformen?

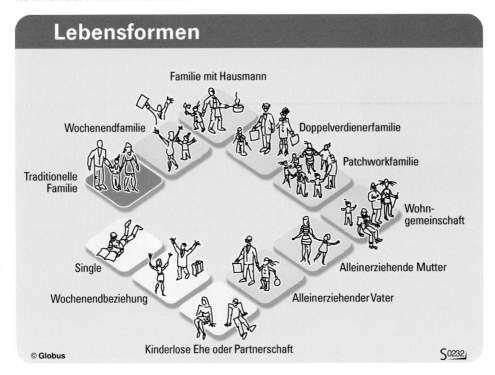

▶ Ü 1

b Bilden Sie Gruppen. Wählen Sie drei Lebensformen und notieren Sie Stichpunkte.

Ursachen	Folgen	Vorteile	Nachteile

Diskutieren Sie dann im Kurs.

Wenn Kinder in einer Patchworkfamilie aufwachsen, lernen sie ...

Es gibt immer mehr Alleinerziehende, weil ...

▶ Ü 2 *Wochenendbeziehungen haben auch Vorteile: Man kann zum Beispiel ...*

 2a Hören Sie einen Radiobeitrag und erklären Sie kurz, worum es geht.
2.8

b Hören Sie den ersten Abschnitt noch einmal, beantworten Sie die Fragen 1 und 2 und ergänzen Sie die Zahlen in 3.

1. Wie hoch ist die Scheidungsrate in Deutschland?
2. Welche Gründe werden dafür im Beitrag genannt?
3. Familienformen, in denen Kinder in Deutschland leben:

_____ % mit beiden leiblichen Eltern

_____ % mit einem alleinerziehenden Elternteil

▶ Ü 3 _____ % in einer Patchworkfamilie

26

c Hören Sie den zweiten Abschnitt noch einmal und notieren Sie.

Lebensform?

Familienmitglieder?

Situation?

Frau Schröder und Lara   *Herr Massmann*

d Schreiben Sie anhand Ihrer Notizen ein kurzes Porträt zu einer der beiden Familien.

3a In dem Radiobeitrag haben Sie die folgenden reflexiv gebrauchten Verben gehört. Wählen Sie drei Verben und schreiben Sie Beispielsätze.

sich scheiden lassen, sich sehen, sich gut verstehen, sich treffen (mit), sich entschließen, sich wünschen, sich trennen, sich verlieben, sich gewöhnen an, sich etwas sagen lassen, sich ändern, sich zusammenraufen – *pull yourself together*

b Welche anderen reflexiven Verben kennen Sie? Sammeln Sie an der Tafel.

c Welche Beispielsätze gehören zu welcher Regel?

a ○ Zieh dich warm an.
  ● Ja, ja, ich zieh mir den warmen Mantel an.

c Ich habe mich entschlossen, wieder zu arbeiten.
   Er hat sich sofort in sie verliebt.

b Wir verstehen uns wirklich gut und unternehmen viel gemeinsam.
   Ich verstehe ihn einfach nicht.

d Ich wünsche mir mehr Zeit.
   Merk dir die Regel!

Ⓖ

1. Manche Verben sind immer reflexiv. *C*
2. Andere Verben können reflexiv gebraucht werden oder mit einer Akkusativergänzung. *B*
3. Reflexivpronomen stehen normalerweise im Akkusativ. Gibt es eine Akkusativergänzung, steht das Reflexivpronomen im Dativ. *A*
4. Verben, deren Reflexivpronomen immer im Dativ stehen, brauchen immer auch eine Akkusativergänzung. *D*

▶ Ü 4–5

4 Überlegen Sie sich zu zweit eine kurze Geschichte und erzählen Sie. Verwenden Sie folgende Verben:

sich kennenlernen	sich interessant finden	heiraten	sich scheiden lassen
sich verlieben	sich verloben	sich verabreden	sich trennen	sich gut verstehen

Partnerglück im Internet

1a Sehen Sie sich das Werbeplakat an.
Wofür wird hier Werbung gemacht?

b Lesen Sie den Text. Notieren Sie aus dem
Text positive und negative Aspekte der
Kontaktsuche per Internet. Welche Vor-
und Nachteile würden Sie ergänzen?

Positive Aspekte: *gezielte Suche, ...*
Negative Aspekte: *zeitlich begrenzt*
(sechs Monate), ...

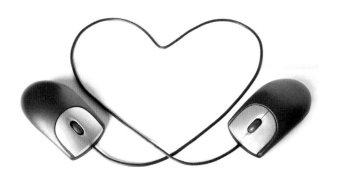

Boom im Netz der einsamen Herzen

Nicht der schon wieder! Schnell schiebt Anja den Brief eines geschiedenen Lehrers und Hobbytauchers in den Papierkorb. Sie trinkt von ihrer Apfelsaftschorle und wartet
5 gespannt auf eine Nachricht von dem Neuen. Er heißt Martin und ist Ingenieur, so viel weiß sie schon. Zwei Stunden später ist die E-Mail endlich da. Martin will Anja in die Oper einladen, aber die 35-Jährige hat es sich zur Regel
10 gemacht, sich nicht zu früh zu treffen. Sie möchte erst einmal online herausfinden, ob er ihr gefallen könnte.

So wie Anja suchen viele Singles ihr Glück im Internet. Sie sind im Durchschnitt zwi-
15 schen 35 und 50 Jahre alt und beruflich stark eingespannt. Nach einem langen Tag haben die meisten von ihnen keine Lust mehr auszugehen, so auch Anja. Online kann sie an einem Abend mit vielen Männern Kontakt aufneh-
20 men, per E-Mail Telefonnummern tauschen und sich verabreden. Das Ganze hat allerdings auch seinen Preis: 179 Euro kostet die sechsmonatige Partnersuche mithilfe der Online-Vermittlungsagentur Parship. Viel Geld, aber
25 viel effizienter als ein paar Dutzend Barbesuche. Denn in den Internet-Börsen haben ja alle das

gleiche Ziel: einen Partner finden, meint Anja.

Von den über elf Millionen Singles in
30 Deutschland sucht nach einer Umfrage von Parship fast die Hälfte ihr Liebesglück im Internet. Während jüngere Singles noch daran glauben, der großen Liebe zufällig im Café oder beim Einkaufen über den Weg zu laufen,
35 nimmt dieser Glaube ans Schicksal mit zunehmendem Alter ab. Singlebörsen versprechen im Netz, für jeden einen Partner zu finden. Mittlerweile gibt es über 2.500 Singlebörsen und Partnerschaftsagenturen im Internet, die
40 gegen Geld ihre Dienste anbieten. Mehr als 37 Millionen Euro hat diese Branche 2004 eingenommen. Dabei stellt sich die Frage, wie erfolgreich die Börsen im Netz der einsamen Herzen funktionieren. Die Branche führt
45 Studien an, denen zufolge mehr als ein Drittel der Nutzer einen neuen Partner im Internet findet. Für Anja ist das ein schwacher Trost. Zwar hat sie sich mit Martin, dem Ingenieur, getroffen. Doch der Funke ist auch beim tie-
50 fen Blick in die Augen nicht übergesprungen. Da ist sogar das Internet machtlos.

Partnersuche im Internet in Zahlen:
Jeder fünfte Internetbenutzer in Deutschland setzt bei der Partnersuche auf das Internet.
6,7 Millionen Menschen (20,7% der Internetbenutzer) haben im Juli 2005 Online-Partnerbörsen benutzt. Interessant: 78% gaben an, bei ihrer Selbstbeschreibung in Partnerbörsen die Wahrheit zu sagen. Und fast die Hälfte der Befragten ist bereit, pro Monat 5 € und mehr zu bezahlen.

▶ Ü 1

c Wie finden Sie diese Art der Partnersuche? Könnten Sie sich vorstellen, auf diese Art einen
Partner zu suchen? Welche anderen Möglichkeiten kennen Sie?

2a Sie haben in einer Zeitschrift den Artikel „Boom im Netz der einsamen Herzen" gelesen und wollen Ihre Meinung dazu schreiben. Welche Art von Brief müssen Sie dafür formulieren? Markieren Sie.

☐ persönlicher Brief ☐ Beschwerdebrief
☐ Leserbrief ☐ Anfrage

b Sehen Sie sich den Musterbrief an. Ergänzen Sie die Bezeichnungen für die Briefteile.

Grußformel	Hauptteil	~~Ort~~	Unterschrift	Einleitung	
Datum	Anschrift	~~Betreff~~	Schluss	Anrede	

Ort _____

_____

Berlin, den 23.09.2…

Redaktion mobil
Leserzuschriften
Griegstraße 75
22763 Hamburg

Betreff _____

Ihr Artikel vom 21.09.2…

_____

Sehr geehrte Damen und Herren,

_____

mit großem Interesse habe ich Ihren Artikel *Boom im Netz der einsamen Herzen* gelesen. Im Artikel wird gesagt, dass …

_____

Ich persönlich finde diese Art der Partnersuche …
Es ist erschreckend/erfreulich, …

_____

Ich würde mich freuen, wenn Sie meinen Beitrag veröffentlichen würden.

_____

Mit freundlichen Grüßen

_____

Claudia Kaiser

▶ Ü 2

c Sammeln Sie in der Gruppe weitere Redemittel für die Einleitung und für den Schluss.

In Ihrer Zeitschrift vom … veröffentlichten Sie einen Artikel zum Thema …
Zum Schluss möchte ich Sie darauf aufmerksam machen, dass …

d Schreiben Sie nun einen Leserbrief zu den folgenden Punkten:

– wie Sie diese Möglichkeit der Partnersuche finden
– ob Sie schon Erfahrungen mit der Partnersuche im Internet gemacht haben
– welche anderen Möglichkeiten Sie gut/besser finden, einen Partner / eine Partnerin kennenzulernen

Die große Liebe

1 Glauben Sie an die große Liebe?

2 Ein kleiner Augenblick, ein ganz besonderer Satz, und plötzlich weiß man: Das ist die große Liebe. Lesen Sie drei Texte aus einer Zeitschrift und beantworten Sie die Fragen.

1. Wie oder wo haben sich die Paare kennengelernt?
2. Was ist die besondere Situation der Paare?
3. Welche Pläne haben die Paare?

■ Paulo Gomes, 35: Ich komme aus São Paulo. Anne habe ich in England kennengelernt, wo wir beide bei einer Marketingfirma gearbeitet haben. Mir war ziemlich schnell klar, dass Anne die Frau ist, mit der ich eine Familie gründen will, und ich bin zu ihr nach Hamburg gezogen. Es hat dann eine Weile gedauert, bis ich eine Arbeit gefunden habe, aber jetzt arbeite ich in einem wirklich netten Team. Manchmal fehlen mir meine Freunde, die alle in Brasilien leben. Unsere Kinder sehen ihre Großeltern höchstens einmal im Jahr, was ich wirklich schade finde. Und die deutsche Mentalität ist mir oft zu ernst, ich vermisse die brasilianische Lebensart. Spätestens in zwei oder drei Jahren möchte ich mit meiner Familie nach Brasilien ziehen.

aber gar nicht vorstellen kann. Dort eine Arbeit zu finden, die meinen Qualifikationen entspricht, wäre sicher sehr schwierig, zumal mein Brasilianisch nicht besonders gut ist. Und die Kinder müssten sich an eine Umgebung gewöhnen, die ihnen fremd ist.

■ Pia Fischer, 40: Wir passen einfach perfekt zueinander. Es gibt eigentlich nichts, was mich an ihm stört. Conni ist so begeisterungsfähig und wir teilen so viele Interessen. Nur unsere Umwelt hat immer noch ein Problem mit unserer Beziehung. Meine Familie kann nicht verstehen, dass ich mit einem Mann zusammen bin, der zwölf Jahre jünger ist als ich. Komischerweise hat niemand ein Problem damit, wenn der Mann älter ist als die Frau. Mich interessiert dieser Altersunterschied nicht. Ich fühle mich einfach wohl mit ihm.

Cornelius Horsmann, 28: Kennengelernt habe ich Pia in dem Café, in dem ich jobbe. Ich fand sie sofort interessant. Pia ist eine faszinierende Frau, die weiß, was sie vom Leben will, und die schon eine Menge erlebt hat. Die Vorurteile, denen wir ständig begegnen, sind schon unglaublich. Aber mir ist es völlig egal, was die anderen sagen, und nächstes Jahr werden wir heiraten.

■ Ernst Kostner, 77: Maja habe ich vor einem Jahr durch eine Kontaktanzeige kennengelernt. In dem Moment, als wir uns angesehen haben, wusste ich: Das ist sie! Ich wollte gerne eine Frau, mit der ich etwas erleben kann. Maja ist meine große Liebe, weil wir zusammen lachen können und ich mit ihr alles nachholen kann, was ich verpasst habe. Einmal ist Maja nachts um drei ein Tanzschritt eingefallen, den sie dann geübt hat. Ich bin aufgewacht und wir haben zusammen weitergetanzt. Einfach so.

Maja Stinner, 73: Mit Ernst ist einfach immer etwas los. Er ist sehr aktiv, schmiedet immer Pläne. Nächsten Monat zum Beispiel fahren wir zusammen nach Prag, wo wir an einem Tanzwettbewerb teilnehmen.

Anne Gomes, 32: Paulo ist der Mensch, dem ich grenzenlos vertraue. Er ist mein bester Freund und gleichzeitig meine große Liebe. Das passiert sicher nur einmal im Leben. Allerdings plagt ihn immer wieder das Heimweh und am liebsten würde er mit mir und den Kindern nach Brasilien ziehen, was ich mir

▶ Ü 1–2

3a Wovon hängt die Form des Relativpronomens ab? Markieren Sie und ergänzen Sie dann die Regel.

Paulo ist der Mensch, dem ich grenzenlos vertraue.

Einmal ist Maja nachts ein Tanzschritt eingefallen, den sie dann geübt hat.

Anne ist die Frau, mit der ich eine Familie gründen will.

(G)

Artikel – Kasus – Informationen – Bezugswort

Relativsätze geben genauere ___Informationen___, beschreiben etwas oder jemanden.
Form des Relativpronomens:
→ wie bestimmter ___Artikel___ (Ausnahmen: Dativ Plural und Genitiv)
→ Genus (der/das/die) und Numerus (Singular/Plural) richten sich nach dem ___Bezugswort___.
→ Der ___Kasus___ richtet sich nach dem Verb oder der Präposition im Relativsatz.

b Lesen Sie die Beispielsätze und ergänzen Sie die Regel.

Ich habe Anne in der englischen Kleinstadt kennengelernt,

in der wir gearbeitet haben.	**in die** ich gezogen bin.	**aus der** mein Kollege kommt.
wo wir gearbeitet haben.	**wohin** ich gezogen bin.	**woher** mein Kollege kommt.
Ort	**Richtung auf etwas zu**	**Richtung von etwas weg**

(G)

Gibt ein Relativsatz einen Ort oder eine Richtung an, kann man alternativ zu Präposition + Relativpronomen auch ___wo___ / ___wohin___ / ___woher___ verwenden.

c Sehen Sie sich die Beispiele an. Worauf bezieht sich das Relativpronomen *was*? Ergänzen Sie die Regel.

Meine Kinder sehen ihre Großeltern höchstens einmal im Jahr, was ich wirklich schade finde.
Mit Maja kann ich alles nachholen, was ich verpasst habe.
Es gibt eigentlich nichts, was mich an ihm stört.

(G)

Bezieht sich das Relativpronomen auf einen ganzen Satz oder stehen die Pronomen *etwas*,
___alles___ und ___nichts___ im Hauptsatz, dann verwendet man das Relativpronomen *was*.

▶ Ü 3–4

4 Beschreiben Sie Ihren Traumpartner / Ihre Traumpartnerin. Bilden Sie mindestens fünf Relativsätze.

Ich suche eine Partnerin, mit der ich zum Mond fliegen kann.
Mein Traummann ist ein Mensch, der immer zu mir hält.

▶ Ü 5–6

Eine seltsame Geschichte

1a Lesen Sie den ersten Teil einer Geschichte aus dem Roman „Mein Name sei Gantenbein" von Max Frisch. Über wen wird erzählt? Was ist passiert?

Teil 1: Im Flugzeug

1   Eine Geschichte […] von einem Mann, der immer wieder einmal entschlossen ist, seinen Lebenswandel zu ändern, und natürlich gelingt es ihm nie … Als er wieder einmal heimwärts flog, einer, der nicht immer hinausguckt, wenn die Maschine draußen auf der Piste[1] steht und auf die Starterlaubnis wartet, und der seine Zeitung schon vor dem Start entfaltet, las er in einem
5   heimatlichen Morgenblatt, das, im fremden Flughafen gekauft, natürlich etwas veraltet war, zufällig seine eigene Todesanzeige. Niemand hatte ihm sein Hinscheiden[2] mitgeteilt; niemand hatte gewußt, wo er sich in diesen Tagen befand, nicht einmal seine Frau. Er selbst, kaum hatte er seine Todesanzeige wahrgenommen, guckte nun doch zum runden Fenster hinaus; aber an Aussteigen war nicht mehr zu denken, die Piste flitzte vorbei, und eben hob sich die Maschine
10 vom Boden steilauf. Noch sah er Wiesen, Gehöfte von oben, Kiefernwald, mit Straßen, ein Fuhrwerk auf einer Straße, kurz darauf einen Bahnhof mit Gleisen, aber schon wie ein Spielzeug. Dann Nebel. Ein Glück, daß niemand neben ihm saß; er hätte sich kaum getraut, das Morgenblatt nochmals aufzuschlagen. Nicht bloß der Name, schwarz umrahmt, war genau der seine; auch die Namen der Hinterbliebenen[3] stimmten. Offenbar erbleichte[4] er trotz besseren Wissens. Die
15 Stewardeß lächelte, als sie fragte, ob sie irgend etwas für ihn tun könne, und schraubte an der Zuluftdüse[5] über ihm. Er ließ sich einen Fruchtsaft geben. Das Morgenblatt war von vorgestern, seine Todesanzeige darin dreifach, als wollten sie jeglichen Zweifel ausschließen: eine im Namen der Familie, eine im Namen des Verwaltungsrates, eine im Namen des Berufsverbandes. Gott kam nur in der Anzeige der Familie vor, hingegen waren alle sich einig in bezug auf die
20 Todesursache: Ein tragischer Unfall. Genaueres war aus dem Morgenblatt nicht zu erfahren, wie oft er es auch wieder las, seinen Fruchtsaft trinkend. Vielleicht hat, wie schon einmal, ein Strolch[6] seinen Wagen genommen, diesmal um gegen einen Tanker zu fahren und sich aufs Unkenntlichste[7] zu verbrennen. Begräbnis[8] heute. Das heißt, es reichte dem Mann, wenn das Flugzeug keine Verspätung haben sollte, gerade noch zu seinem Begräbnis.

[1]die Start-/Landebahn, [2]Tod, [3]die Verwandten und Bekannten des Verstorbenen, [4]wurde blass, [5]Öffnung für Frischluft,
[6]hier: ein Dieb, [7]nicht mehr zu erkennen sein, [8]Trauerfeier auf dem Friedhof

b Wie finden Sie den Beginn der Geschichte? Wählen Sie passende Adjektive aus. Begründen Sie.

merkwürdig	lustig	eigenartig	witzig	sonderbar	komisch
originell	sachlich	traurig	absurd	spannend	unsinnig
fantasievoll		unrealistisch			

Ich finde die Geschichte …, weil …   *Ich glaube, das ist eine … Geschichte, weil …*

c Was glauben Sie, wie geht die Geschichte weiter?

Ich vermute, dass der Mann zu Hause anrufen wird.

2a Lesen Sie den zweiten Teil der Geschichte. Waren Ihre Vermutungen richtig?

Teil 2: Auf dem Friedhof

1   Er war der erste auf dem Friedhof; natürlich hatte er sofort, kaum gelandet, zu Hause angerufen, aber vergeblich, die Trauernden waren schon unterwegs. Ein Gärtner, der das faule Laub von den Wegen rechte[1], sonst war noch niemand auf dem Friedhof. Er las die Schleifen an den Kränzen[2]. Ein regnerischer Tag. Vielleicht waren gewisse Schleifen, die er vermißte[3], drinnen
5   auf dem Sarg; aber einzutreten in das Krematorium[4], um nachzusehen, wagte[5] er nicht, zumal er einen hellen Regenmantel trug. Natürlich wollte er die Sache aufklären, das war seine Pflicht. Als er sich bei dem Wärter[6] nach dem Namen des Dahingeschiedenen[7] erkundigte, nahm er seine Pfeife aus dem Mund, etwas ratlos, dann immer verwirrter, als kurz darauf die ersten Wagen vorfuhren. Er trat, als sei er fehl am Platz[8], hinter eine Zypresse, etwas erschüttert war
10   er schon; alle in Schwarz, ihr langsamer Gang in stummen Gruppen oder einzeln, es kamen ziemlich viele, und manche kannte er gar nicht. Leute, die vermutlich eine Gilde[9] oder Firma vertraten, auch Kinder aus der Nachbarschaft, Freunde, die er lange nicht gesehen hatte, alle in Schwarz, während er, als einziger in einem hellen Regenmantel, hinter der Zypresse stand, seine Pfeife in der Hand. Der Augenblick, um vorzutreten, war eigentlich schon verpaßt. Soviele
15   waren es schon, einige weitergereist. Übrigens brauchte er sich nicht besonders zu verstecken, da alle, wenn sie auf dem knirschenden Kies[10] vorbeigingen, auf den Boden blickten, Trauernde und solche, die Trauer spielten. Die einander kannten, nickten[11] nur verhalten. Und niemand rauchte, natürlich nicht, so daß auch er unwillkürlich seine erloschene Pfeife in die Tasche versteckte. Das war schlecht; denn damit anerkannte[12] er die Veranstaltung, noch bevor die ver-
20   schleierte Witwe gekommen war, und konnte nur noch zuschauen, wie alles seinen Gang nahm, ohnmächtig. Die Rührung, die ihn beim Lesen der verregneten Schleifen beschlichen hatte, war vorbei; jetzt empfand er das Ganze als eine Verschwörung[13]. Die Witwe kam, wie erwartet, unter einem schwarzen Schleier, gestützt von zwei Schwägern […] Eigentlich blieb dem Mann nichts anderes übrig, wenn die Veranstaltung schon nicht mehr aufzuhalten war: als letzter zu
25   folgen, um die Trauerrede zu hören […].

[1]kehrte, saubermachte, [2]Gebinde aus Blumen und Zweigen für das Grab, [3]nicht finden konnte, [4]Halle für die Verbrennung der Toten, [5]hatte er nicht den Mut, [6]jemand, der auf dem Friedhof arbeitet, [7]der Verstorbene, [8]als sei er am falschen Ort, [9]Organisation von Handwerkern oder Kaufleuten, [10]viele kleine Steine auf dem Weg, [11]hier: grüßten sich ohne Worte, [12]akzeptierte, [13]ein abgesprochener Plan gegen ihn, um ihm zu schaden

b Beantworten Sie die Fragen zum Text.

1   Welche Leute kommen zur Beerdigung? Wie sind sie gekleidet? *Trauernden. Schwarze Kleidung.*
2   Wie reagiert der Mann darauf? *Anfang ist er glücklich aber dann realisiert er dass er echt tot ist und ist alles so traurig*
3   Warum kann er die Beerdigung nicht mehr aufhalten? *Es ist zu traurig und es tut weh.*

c Wie finden Sie das Verhalten des Mannes? Würden Sie sich anders verhalten? Sie können die folgenden Verben und Adjektive verwenden.

Adjektive:	unehrlich, falsch, ~~verkehrt~~ *falsch*, (nicht so) schlecht, passend, gut durchdacht, (vollkommen) richtig, angemessen, anständig *healthy attitude*, rücksichtsvoll
Verben:	sich anders verhalten, anders reagieren, die Wahrheit sagen, den Irrtum aufdecken, sich irren, sich täuschen, klarstellen, nicht für sich behalten

Ich verstehe den Mann nicht. Ich würde anders reagieren: Ich würde versuchen, den Irrtum aufzudecken. …

d Was denken Sie: Wie endet diese Geschichte?

Eine seltsame Geschichte

3a Lesen Sie das Ende der Geschichte. Beantworten Sie die Fragen.

1 Aus welchem Grund verbrachte er die Nacht nicht bei Freunden?
2 Wieso konnte er zu Hause niemanden telefonisch erreichen?
3 Was machte er zu Hause?

Teil 3: Allein in der Nacht

1   Hutlos im Regen allein, nachdem er die Einladung einer Straßendame höflich ausgeschlagen[1] hatte, entdeckte er, daß er die wenigen Menschen, die nach diesem Tag noch als Freunde in Frage kämen, seit Jahr und Tag vernachlässigt[2] hatte, und es ging nicht, daß man sie jetzt, kurz nach Mitternacht heimsuchte[3] wie ein Geist aus dem Grabe. Vielleicht hätte der eine oder an-
5 dere sich gefreut. Er gedachte[4] ihrer mit Reue[5]. Aber Reue war kein Ort, um sitzen zu bleiben, und irgend etwas mußte geschehen. Als er schließlich in eine Kabine[6] trat und zu Hause anrief, nahm niemand ab; wahrscheinlich schlief die Witwe bei den Schwägern, das heißt, bei ihren Brüdern, die nie viel übrig hatten für diesen Schwager. [...] Der Mann im hellen Regenmantel, der jetzt in der öffentlichen Kabine stand, paßte nie richtig in die Familie; er wußte es selbst. Sie
10 hatten diese Heirat nie ganz verstehen können. Erschüttert von ihrer Trauer – der eigentliche Zusammenbruch kommt meistens erst nach dem Begräbnis – sagten sie wahrscheinlich auch jetzt nicht, was sie schon all die Jahre gedacht hatten, sondern trösteten[7] die Unglückliche. Zum Glück waren da keine Kinder. Sie trösteten, indem sie die Unglückliche verstanden; sie wider-sprachen nicht, als sie schluchzte[8] und schluchzte und redete wie eine Portugiesische Nonne:
15 nicht von ihm, sondern von ihrer Liebe ...

[1]abgelehnt hatte, [2]sich nicht gekümmert hatte, [3]besuchte, [4]dachte an sie, [5]mit Bedauern, [6]hier: Telefonzelle, [7]machten die Trauer durch Gespräche leichter, [8]stark weinte

Teil 4: Zu Hause

1   Er blieb nicht lang in der Wohnung, hatte hier nichts zu bestellen[1], schien ihm, nichts anzu-rühren. Erst als er einen Zinnbecher[2] sah mit sieben Pfeifen drin, konnte er's nicht lassen und suchte die beste heraus, steckte sie in seine Manteltasche, nicht ohne die Pfeife, die er bisher in der Manteltasche hatte, dafür in den Zinnbecher zu stecken. Und damit hatte es sich eigentlich.
5 Dann nochmals ein Rundblick über alles, dann löschte er das Licht. Im Treppenhaus meinte er etwas gehört zu haben, versteckte sich sofort in einer Nische[3], eine Weile atemlos. Schritte treppauf! Aber dann hörte er eine Tür im unteren Stock, dann Stille. Wie ein Liebhaber auf Fußspitzen, besorgt nach jedem Girren[4] der Treppe, erreichte er die Haustür ungesehen; er öffnete sie behutsam[5]. Der Regen hatte aufgehört. Er stülpte[6] seinen Regenmantelkragen auf,
10 schaute an der Fassade empor, ging. – Außer daß er in der Küche versehentlich das Licht hatte brennen lassen, fand man keine Spuren von ihm; das Wasserglas auf dem Schreibtisch war nicht auffällig; sein Hausschlüssel lag im Briefkasten, was unerklärlich blieb ...

[1]hatte hier nichts mehr zu sagen, [2]Zinn = weiches Metall, das silbern glänzt, [3]Ecke, [4]das Geräusch der Holztreppe, wenn man auf die Stufen tritt (veraltet für „knarren"), [5]vorsichtig, [6]schlug nach oben

b Unterstreichen Sie die Stellen im Text, in denen der Leser etwas über die Beziehungen des Mannes zu seiner Familie und zu seinen Freunden erfährt. Beschreiben Sie sie.

c Warum wartet der Mann Ihrer Meinung nach nicht in der Wohnung, bis seine Ehefrau zurück-kommt? Lesen Sie dazu auch noch einmal den ersten und letzten Satz der Geschichte. Hat der Mann am Ende der Geschichte sein Leben verändert?

4 Wie gefällt Ihnen die Geschichte? Ordnen Sie die Redemittel zu und verwenden Sie sie für Ihre Bewertung. Begründen Sie diese auch.

~~Die Geschichte gefällt mir sehr.~~   Ich finde die Geschichte unmöglich.

Die Geschichte ist voller Widersprüche.   Eine sehr lesenswerte Geschichte.

Die Geschichte ist nicht mein Geschmack.   Ich finde die Geschichte sehr spannend.

Für mich ist die Geschichte Unsinn.   Ich finde die Geschichte kurzweilig und sehr unterhaltsam.

Die Geschichte ist gut durchdacht und überraschend.

etwas positiv bewerten	etwas negativ bewerten
Die Geschichte gefällt mir sehr.	

Die Geschichte gefällt mir sehr, weil sie ein unerwartetes Ende hat.   ▶ Ü 1

5 Sie wollen einem deutschen Freund / einer deutschen Freundin die Eindrücke, die die Geschichte auf Sie gemacht hat, mitteilen. Schreiben Sie ihm/ihr zu den folgenden Punkten:

– Berichten Sie von der Geschichte, die Sie gelesen haben.

In der Geschichte geht es um ... / Die Geschichte handelt von ...

– Fassen Sie den Inhalt der Geschichte kurz zusammen.

Den Inhalt der Geschichte kann man so zusammen-fassen: ...

– Schreiben Sie, wie Ihnen die Geschichte gefallen hat und warum Sie die Geschichte empfehlen können oder nicht.

Ich empfehle dir, unbedingt diese Geschichte zu lesen. / Meiner Meinung nach lohnt es sich nicht, die Geschichte zu lesen, weil ...

– Fragen Sie Ihren Freund / Ihre Freundin, ob er/sie gern liest und welche Bücher er/sie bevorzugt.

6 Sehen Sie sich aktuelle Bestsellerlisten an und lesen Sie die Inhaltsangaben zu den Büchern. Welche davon würden Sie gerne lesen? Jeder wählt drei Bücher aus und begründet seine Wahl. Erstellen Sie eine „Kurs-Bestseller-Liste".

Max Frisch

Schriftsteller

Max Frisch, Architekt und Schriftsteller

Max Frisch wurde am 15. Mai 1911 in Zürich geboren und starb dort am 4. April 1991. Neben Friedrich Dürrenmatt gehört Frisch zu den wichtigsten schweizerischen Schriftstellern der Nachkriegszeit.

1930 begann er sein Germanistik-Studium an der Universität Zürich, das er jedoch nach dem Tod seines Vaters 1933 aus finanziellen Gründen abbrechen musste. Er arbeitete zunächst als Korrespondent für die „Neue Zürcher Zeitung". 1936 entschied sich Frisch, Architektur zu studieren, und eröffnete 1942 sein eigenes Architekturbüro. Im selben Jahr heiratete er Gertrud Constanze von Meyenburg und bekam mit ihr drei Kinder. 1947 lernte er Bertolt Brecht und Friedrich Dürrenmatt kennen. 1954 trennte er sich von seiner Familie, schloss 1955 sein Architekturbüro und arbeitete von nun an als freier Schriftsteller.

Von 1958 bis 1963 hatte er eine Beziehung mit der Autorin Ingeborg Bachmann, die er später in seiner Erzählung „Montauk" in Andeutungen beschrieb. Er ließ sich 1959 von seiner Ehefrau scheiden und verlegte 1960 seinen Wohnsitz nach Rom, wo er zunächst bis 1965 zusammen mit Ingeborg Bachmann lebte. 1968 heiratete er Marianne Oellers. Die Ehe dauerte bis 1979. Am 4. April 1991 starb Max Frisch an den Folgen eines Krebsleidens in seiner Wohnung in Zürich.

Für sein literarisches Werk erhielt Frisch zahlreiche Auszeichnungen, unter anderem 1958 den Georg-Büchner-Preis und 1976 den Friedenspreis des Börsenvereins des Deutschen Buchhandels. Zu seinen bekanntesten Werken zählen „Andorra", „Stiller", „Mein Name sei Gantenbein" und der Roman „Homo Faber", der auch verfilmt wurde. Frisch befasst sich immer wieder mit der Frage: Wie kann der Einzelne Gewissheit über die eigene Identität erlangen? Wie konstruiert der Mensch seine eigene Biografie?

Frischs Helden haben Angst vor der Wiederholung, vor einem immer gleichen Alltag, der durch Rollenzuweisungen bestimmt ist. In seinem Spätwerk geht Frisch besonders auf die Beziehungsunfähigkeit und auf die Vergänglichkeit ein.

Max Frisch war außerdem ein scharfsinniger Kritiker des Zeitgeschehens.

Mehr Informationen zu Max Frisch

Sammeln Sie Informationen über Persönlichkeiten aus dem In- und Ausland, die für das Thema „Partnerschaft und Beziehungen" interessant sind, und stellen Sie sie im Kurs vor. Sie können dazu die Vorlage „Porträt" im Anhang verwenden.
Beispiele aus dem deutschsprachigen Bereich: Ingeborg Bachmann – Sigmund Freud – Loriot – Hera Lind

1 Reflexivpronomen

Personalpronomen	Reflexivpronomen im Akkusativ	Reflexivpronomen im Dativ
ich	mich	mir
du	dich	dir
er, es, sie	sich	
wir	uns	
ihr	euch	
sie, Sie	sich	

Manche Verben sind immer reflexiv. Einige Verben können reflexiv gebraucht werden bzw. mit einer Akkusativergänzung. Reflexivpronomen stehen normalerweise im Akkusativ. Gibt es eine Akkusativergänzung, steht das Reflexivpronomen im Dativ. Verben, deren Reflexivpronomen immer im Dativ stehen, brauchen immer auch eine Akkusativergänzung.

2 Relativpronomen

	Singular			Plural
Nominativ	der	das	die	die
Akkusativ	den	das	die	die
Dativ	dem	dem	der	**denen**
Genitiv	**dessen**	**dessen**	**deren**	**deren**

Genus und Numerus des Relativpronomens richten sich nach dem Bezugswort, der Kasus nach dem Verb im Relativsatz oder der Präposition.

Sie war die erste Frau *, die ich getroffen habe.*
+ Akk.

Sie war die erste Kollegin *, **mit** der ich gearbeitet habe.*
mit + Dat.

Gibt ein Relativsatz einen Ort, eine Richtung oder einen Ausgangspunkt an, kann man alternativ zum Relativpronomen auch *wo, wohin, woher* verwenden. Bei Städte- und Ländernamen benutzt man immer *wo, wohin, woher*.

Ich habe Anne in der englischen Kleinstadt kennengelernt,

… wo wir gearbeitet haben.   … wohin ich gezogen bin.   … woher mein Kollege kommt.

Paulo kommt aus São Paulo, wo auch seine Familie lebt.

Bezieht sich das Relativpronomen auf einen ganzen Satz oder stehen die Pronomen *etwas, alles* und *nichts* im Hauptsatz, dann verwendet man das Relativpronomen *was*.

Meine Kinder sehen ihre Großeltern höchstens einmal im Jahr, was ich wirklich schade finde.

Mit Maja kann ich alles *nachholen, was ich verpasst habe.*

Es gibt eigentlich nichts *, was mich an ihm stört.*

Beim Geld hört die Liebe auf _____

1 📖 **1 a** Sehen Sie die erste Sequenz des Films „Beim Geld hört die Liebe auf" ohne Ton. Was vermuten Sie: Worum geht es in dem Beitrag?

b Sehen Sie die erste Filmsequenz mit Ton und überprüfen Sie Ihre Vermutungen.

📖 **2** Sehen Sie den ganzen Film und achten Sie besonders auf die kleinen Spielszenen des Paares. Worum geht es in den vier Szenen? Finden Sie in Gruppen zu jeder Szene eine Überschrift.

2 📖 **3** Sehen Sie die zweite Filmsequenz.

a „Die Männer, absolut! Die sind rationeller, die machen keine Spontaneinkäufe, wie die Frauen ..."

Was denken Sie: Wer kann besser mit Geld umgehen, Männer oder Frauen?

b Welcher Lösungsvorschlag wird im Film genannt, wenn es um das Finanzieren von Extrawünschen geht?

c Was würden Sie Paaren vorschlagen, wenn es um das Finanzieren von Extrawünschen geht?

3 📖 **4 a** Sehen Sie die dritte Filmsequenz. Was sagen der Mann und die Frau in der Spielszene? Übersetzen Sie Mimik und Körpersprache. Gruppe A schreibt die Sätze des Mannes, Gruppe B die der Frau.

    b Die beiden Gruppen stehen sich gegenüber, Gruppe A beginnt den Dialog.

5 Überrascht Sie die Aussage der Passantin? Wie ist die Rollenverteilung beim Lebensmitteleinkauf in Ihrer Familie oder in Ihrem Freundeskreis?

4 📖 **6 a** Sehen Sie die vierte Filmsequenz. Arbeiten Sie zu dritt und formulieren Sie die Gedanken der Personen in der Café-Szene.

    b Sprechen Sie die Gedanken jeder Person synchron zur Szene.

7 Hört beim Geld wirklich die Liebe auf? Ist es wichtig, *meins*, *deins* und *unsers* auseinanderzuhalten? Diskutieren Sie.

8 a Überlegen Sie zu zweit eine Situation, in der es in einer Beziehung zum Streit kommt. Jedes Paar beschreibt die Situation kurz auf einem Zettel. Alle Zettel werden eingesammelt.

    b Jedes Paar zieht einen Zettel und überlegt sich einen Dialog. Sammeln Sie für Ihr Streitgespräch zuerst passendes Vokabular auch mithilfe eines Wörterbuchs.

    c Spielen Sie Ihre Szene vor.

Kaufen, kaufen, kaufen

1 Gehen Sie gerne einkaufen oder ist es Ihnen eher lästig?

2a Sehen Sie sich die Zeichnungen an. Was sagen oder denken die Personen? Notieren Sie in Gruppen.

b Spielen Sie die Szenen.

Christina Stürmer: „Supermarkt"

Morgens nach dem Aufsteh'n ist ein Frühstück wunderschön ...
Leider gibt es wieder nichts im Eiskasten zu seh'n!
Gestern, heute, morgen, oh – das passiert mir immer,
ich werd' das Gefühl nicht los, jeden Tag wird's schlimmer,
doch ich habe keine Lust mehr,
einkaufen zu geh'n ...

Ich zieh' jetzt in den Supermarkt,
da hab' ich alles, was ich brauch',
dort gibt es was zu essen & zu trinken hab'n die auch.
Die Miete ist kein Thema & der Strom ist längst bezahlt.
Ich zieh' jetzt in den Supermarkt,
ich hab' keine andere Wahl!

Taschentücher, Brot, Milch, Seife oder nur ein Keks,
irgendwie wär' ich von früh bis spät nur unterwegs.
Morgens, mittags, abends, nachts – irgendwas fehlt immer,
ich werd' das Gefühl nicht los, es wird immer schlimmer
und ich habe keine Lust mehr,
einkaufen zu geh'n ...

Ich zieh' jetzt in den Supermarkt,
da hab' ich alles, was ich brauch',
dort gibt es was zu essen & zu trinken hab'n die auch.
Die Miete ist kein Thema & der Strom ist längst bezahlt
Ich zieh' jetzt in den Supermarkt
Und fühl' mich wie zuhaus'!

3a Lesen Sie den Text des Liedes
„Supermarkt" von Christina Stürmer.
Geht die Person, die erzählt, gern in
den Supermarkt?

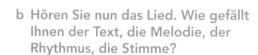
2.10
b Hören Sie nun das Lied. Wie gefällt
Ihnen der Text, die Melodie, der
Rhythmus, die Stimme?

Dinge, die die Welt (nicht) braucht _____

1a Was ist das und was macht man damit? Wenn Sie es nicht wissen, raten Sie.

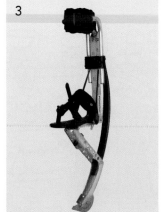

b Lesen Sie nun die Produktbeschreibungen. Welcher Text passt zu welchem Foto?

A Sie sind zu Fuß oder mit Inlineskates unterwegs, und plötzlich kommt von der Seite ein Radfahrer, der Sie nicht sieht. Wenn Sie doch jetzt nur eine Klingel dabei hätten, um auf sich aufmerksam zu machen! Kein Problem: Den neuen Klingelring steckt man sich einfach an den Daumen oder den Zeigefinger und schon sind Sie unüberhörbar. Einfach leicht auf den Ring drücken und schon geht die Klingel los – und Sie kommen sicher durch jede Stadt.

B Wie läuft man in Siebenmeilenstiefeln? Ganz einfach: Zuerst Helm, Knie- und Ellenbogenschützer anlegen und die mobilen Trampoline an den Waden und Füßen befestigen. Schnell auf eine Wiese oder einen Sportplatz gehen und einfach vorsichtig mit dem Hüpfen beginnen, denn mit den eingebauten Sprungfedern kann man bis vier Meter in die Weite und bis zu zwei Meter in die Höhe springen.

C Schon wieder: Die Gäste sitzen am wunderschön gedeckten Tisch, der Gastgeber schenkt edlen Rotwein in die Gläser und natürlich ist gleich auf der weißen Tischdecke ein Fleck. Mit dem Tropfenfänger kann das nicht passieren. Man rollt das runde Blättchen einfach zusammen und steckt es in den Flaschenhals. Und schon sind alle Tischdecken sicher.

D Immer den perfekten Durchblick, ob in der Nähe oder in die Ferne, das bietet das winzig kleine Monokular. Nicht größer als eine Streichholzschachtel und nur 46 Gramm leicht hat man hier ein Fernglas und eine Lupe in einem. Der praktische Durchblick ist so klein, dass man ihn jederzeit in der Hosentasche bei sich tragen und weit in die Ferne blicken kann.

▶ Ü 1

c Welches Produkt würden Sie kaufen?

2a Lesen Sie die Beschreibung des Tropfenfängers noch einmal und ergänzen Sie die Präposition oder das Artikelwort. Achten Sie dabei auf den Kasus nach der Präposition.

Ⓖ

Wechselpräpositionen

Wo? ⊙

Die Gäste sitzen _____ Tisch.

Der Fleck ist **auf der** Tischdecke.

Das Blättchen steckt _____

Flaschenhals.

Wohin?

Die Gäste haben sich **an den** Tisch gesetzt.

Der Rotwein tropft **auf** _____ Tischdecke.

Man steckt das Blättchen _____ _____

Flaschenhals.

b Ergänzen Sie mithilfe der Beispiele aus 2a die Regel.

Ⓖ

Einige lokale Präpositionen werden sowohl mit Dativ als auch mit Akkusativ verwendet.

Man nennt diese Präpositionen „Wechselpräpositionen".

Der Dativ folgt auf die Frage „_____?", der Akkusativ auf die Frage „_____?"

c Ordnen Sie die Präpositionen in der Übersicht zu.

von	in	durch	an	bei	vor	neben	zu	über	nach
zwischen	aus	unter	gegen	um	auf	ab	hinter	bis	

lokale Präpositionen		
mit Dativ	**mit Akkusativ**	**mit Dativ oder Akkusativ (Wechselpräpositionen)**
von, bei,	durch,	auf,

d Schreiben Sie zu jeder Kategorie zwei Beispielsätze.

▶ Ü 2–4

3 Präsentieren Sie ein Produkt, auf das Sie nicht verzichten wollen. Beschreiben Sie es, ohne den Produktnamen zu nennen. Die anderen raten.

etwas beschreiben	
Es ist aus … / Es besteht aus …	Es ist aus Holz/Metall/Kunststoff/Leder …
Man braucht es, um …	Besonders praktisch ist es, um …
Es ist ungefähr so groß/breit/lang wie …	Es eignet sich sehr gut zum …
Es ist rund/eckig/flach/dick.	Ich finde es sehr nützlich, weil …
Es ist schwer/leicht …	Es ist günstig/billig/preiswert.

▶ Ü 5

Konsum heute _____

1 Sehen Sie sich die Fotos an.
Sammeln Sie in Gruppen Wörter und Begriffe,
die Ihnen zu den Fotos einfallen.

► Ü 1

► Ü 2   2   „Konsumgesellschaft" – Klären Sie den Begriff im Kurs.

2.11
3   Hören Sie den ersten Abschnitt einer Gesprächsrunde. Wo und wie leben die drei Talkgäste
und was machen sie beruflich? Wie beurteilen sie das Konsumverhalten in unserer Gesell-
schaft (positiv/negativ/kritisch)? Machen Sie Notizen zu jeder Person.

Viola Zöller   Bodo Fritsche   David Kolonko

_____   _____   _____

_____   _____   _____

_____   _____   _____

_____   _____   _____

2.12
4a   Hören Sie nun den zweiten Abschnitt. Welche Themen werden im Zusammenhang mit
„Konsum" angesprochen?

_Zeitmangel, ..._____

_____

b Hören Sie den zweiten Abschnitt noch einmal. Wer sagt was? Kreuzen Sie an.

	Frau Zöller	Herr Fritsche	Herr Kolonko	Ich stimme zu	Ich stimme nicht zu
1. Unsere Wirtschaft leidet, wenn wir zu wenig kaufen.					
2. Man sollte einen Menschen nicht nach seinem Besitz beurteilen.					
3. Wir müssen unser Konsumverhalten zugunsten der Umwelt ändern.					
4. Wir können nicht an die Umwelt denken, wenn es der Wirtschaft schlecht geht.					
5. Kindern müssen wieder andere Werte vermittelt werden.					
6. Es ist ganz normal, dass auch Kindern bestimmte Produkte wichtig sind.					

c Welchen Aussagen können Sie zustimmen, welchen nicht? Begründen Sie.

Der ersten Aussage kann ich völlig zustimmen, da ...
Ich denke, diese Einstellung ist falsch, denn ...
Ich finde, Herr Kolonko hat recht, wenn er sagt, dass ...

5a Sammeln Sie Ideen: Was können Sie tun, um nicht unnötig neue Dinge zu kaufen?

2.13

b Hören Sie Abschnitt drei und erklären Sie:

– Was macht Herr Fritsche, um weniger zu konsumieren? Wie finden Sie das?
– Warum kauft Frau Zöller gerne ein?   ▶ Ü 3

6 Beschreiben Sie Ihr eigenes Konsumverhalten und gehen Sie dabei auf folgende Punkte ein:

typische Konsumgüter / beliebte Einkaufsorte / mögliche Einsparungen / Wunschprodukte

Zu viel Geld gebe ich sicher für CDs aus. Ich könnte Geld sparen, wenn ich öfter mit Freunden tauschen würde. ...

7 Organisieren Sie einen Tauschring im Kurs. Überlegen Sie, was Sie mit wem tauschen könnten. ▶ Ü 4

Die Reklamation

1a Worauf sollten Sie achten, wenn Sie einen mp3-Player kaufen? Was könnte an so einem Gerät alles problematisch sein?

Kopfhörer	Tonqualität	Batterieverbrauch
Software	Lautstärke	Wackelkontakt ...

Es könnte sein, dass die Kopfhörer nicht in Ordnung sind.
Vielleicht kann man die Lautstärke nicht gut einstellen.

2.14 b Hören Sie ein Telefongespräch und nummerieren Sie die Sätze nach dem Verlauf des Gesprächs.

- [ ] Frau Jakobsen schildert das Problem mit dem mp3-Player.
- [ ] Der Angestellte bedankt sich für den Anruf und verabschiedet sich.
- [1] Frau Jakobsen ruft bei dem Computerhändler an und nennt den Grund ihres Anrufs.
- [ ] Der Angestellte fragt nach der Rechnungsnummer.
- [ ] Der Angestellte bittet Frau Jakobsen, das Problem schriftlich zu schildern.
- [ ] Frau Jakobsen fragt nach dem Namen ihres Gesprächspartners.
- [ ] Der Angestellte hat Fragen zu den Reklamationsgründen.
- ▶ Ü 1 [ ] Frau Jakobsen fragt, wie lange es dauert, bis sie ein neues Gerät bekommt.

2a Lesen Sie die Sätze aus dem Hörtext und markieren Sie die Verben im Konjunktiv II. Kreuzen Sie an, was die Sätze ausdrücken.

	höfliche Bitte	Irreales	Vermutung
1. Ja, hätten Sie da bitte mal die Rechnungsnummer für mich?	[ ]	[ ]	[ ]
2. Da könnte ein Wackelkontakt sein.	[ ]	[ ]	[ ]
3. Ich würde Sie bitten, dass Sie uns das … schriftlich schildern.	[ ]	[ ]	[ ]
4. Ich bräuchte das aber trotzdem schriftlich von Ihnen.	[ ]	[ ]	[ ]
5. Ich hätte mir das Gerät doch in einem Geschäft kaufen sollen.	[ ]	[ ]	[ ]

b Ergänzen Sie die Regeln zum Konjunktiv II.

> Ⓖ
>
> *haben – würde –* Modalverben *– sollen*
>
> Die meisten Verben bilden den Konjunktiv II mit _____ + Infinitiv: ich *würde kaufen*.
> Die _____, *sein*, _____ und das Verb *brauchen* bilden den Konjunktiv II
> mit den Formen des Präteritums und Umlaut (a, o, u ➜ ä, ö, ü).
> *müssen, ich muss, ich musste* ➜ **ich müsste**; *haben, ich habe, ich hatte* ➜ **ich hätte**
> Ausnahme: Die Modalverben *wollen* und _____ bilden den Konjunktiv ohne Umlaut:
> Sie **sollten** das Gerät besser umtauschen.

▶ Ü 2

3a Ergänzen Sie die Aussagen. Verwenden Sie den Konjunktiv II.

sich beschweren	auf Beschwerden reagieren
Könnten Sie mich bitte mit … verbinden?	Ich _____ Sie bitten, sich an den Hersteller zu wenden.
Ich _____ gerne ein Ersatzgerät.	
Ich _____ vorschlagen, dass Sie …	Wir _____ Ihnen ein Leihgerät geben.
_____ ich bitte Ihren Chef sprechen?	_____ Sie bitte zu uns kommen?
Darauf _____ Sie hinweisen müssen.	Wir _____ Ihnen eine Gutschrift geben.
Wenn Sie alles pünktlich verschickt _____,	Ich _____ Sie bitten,
_____ ich jetzt kein Problem.	mir das alles schriftlich zu geben.

▶ Ü 3–5

b Wählen Sie mit einem Partner / einer Partnerin eine Situation und spielen Sie ein Reklamationsgespräch.

Sie haben online eine Hose bestellt und sehen beim Auspacken, dass sich eine Naht auflöst.	Sie haben einen Laptop gekauft und merken zu Hause, dass das Gerät sehr heiß wird.	Sie haben ein Kaffeeservice geliefert bekommen. Ein Teller ist kaputt.

4a Frau Jakobsen hat einen Brief geschrieben. Bringen Sie die Textteile in die richtige Reihenfolge.

☐ Es könnte sein, dass der Lautstärkeregler einen Wackelkontakt hat. Entweder spielt der mp3-Player die Lieder zu laut oder zu leise ab.

☐ Sehr geehrter Herr Müller,

☐ wie bereits telefonisch besprochen, möchte ich Ihnen hiermit schriftlich meine Reklamation mitteilen. Ich habe den bei Ihnen bestellten mp3-Player vor drei Wochen erhalten, aber leider funktioniert er nicht mehr. Man kann die Lautstärke nicht richtig einstellen.

☐ Ich freue mich auf Ihre Antwort und ein neues Gerät.
Mit freundlichen Grüßen

Katarina Jakobsen

☐ Da das Gerät offensichtlich kaputt ist, bitte ich Sie, mir ein neues zu schicken. Ich bin nur noch für zwei Wochen hier in Deutschland und würde Sie daher bitten, diesen Fall so schnell wie möglich zu bearbeiten.

☐ Betreff: Reklamation, Rg.-Nr. 8073472-1

b Wählen Sie eine Situation aus 3b und schreiben Sie eine Reklamation.

Kauf mich!

► Ü 1

1 Welche Werbung haben Sie gelesen, gehört oder gesehen, die Ihnen besonders im
Gedächtnis geblieben ist? Erzählen Sie.

2a Arbeiten Sie zu zweit. Lesen Sie den Text und markieren Sie thematische Abschnitte.

Wie uns Werbung anmacht

① [Der Schokoguss kracht zwischen den weißen Zähnen, während die Sonne glutrot im Meer versinkt, knallharte Typen mit Drei-Tage-Bärten umarmen ihre Pferde, Babys jauchzen in ihren
5 Windeln, Rentner lächeln selig, während die Almwiesen blühen. Und trotz all dieser Klischees: Werbung wirkt, meist unbewusst.]

Wir bemühen uns, die Spots mit professioneller Distanz zu betrachten. Aber auch wenn
10 der Kopf kühl zu bleiben meint, die akustischen und optischen Weichspülungen verrichten trotzdem ihr Werk. Denn Werbung packt uns bei den großen Sehnsüchten – nach Freiheit, Abenteuern und Liebe. Und wie sie das macht, merken wir
15 oft gar nicht. Forscher haben festgestellt, dass Landschaftsbilder bei Männern besonders gute Wirkung zeigen: Maskuline Autos klettern PS-stark über Bergserpentinen und Biertrinker sitzen meist auf Bergeshöhen, an Meeresstränden
20 oder wahlweise auf Segelschiffen. Ob sich das tatsächlich evolutionsgeschichtlich auf die alte Rolle der Männer als Jäger und Sammler zurückführen lässt? Entsprechend traditionell funktioniert Werbung auch bei Frauen: Die
25 messbare Veränderung des Pupillendurchmessers zeigt, auf welche Werbebilder weibliche Kundinnen anspringen. Hier funktioniert vor allem das Kindchenschema. Ein kleiner Junge lockt zum Kaffeekaufen und ganze Kinderrudel
30 werben bei Frauen für die diversen Süßigkeiten und Waschmittel. Doch eine der besten Verkaufsstrategien ist es, den Kunden unter Druck zu setzen: Das Sonderangebot, ein wahres Schnäppchen, in limitierter Auflage und nur
35 noch wenige Tage zu haben – das verkürzt die Kaufentscheidung der Kunden enorm, eine einmalige Gelegenheit will man schließlich nicht verpassen. „Kaufhausmusik" ist inzwischen in Warenhäusern aller Art Standard. Das Gedudel
40 kann einem auf die Nerven gehen, doch Werbepsychologen sind sich sicher: Es versetzt den Kunden in eine angenehme und damit kauffreudige Stimmung. Und die extremen Duftschockwellen in den Parfümabteilungen entfalten
45 ten oben im fünften Stock, wo Sie die CDs durchwühlen, immer noch ihre volle Wirkung. Auch der Einkauf im Supermarkt fällt schon mal üppiger aus, wenn Sie von Anfang an den Duft knusprigen Brotes in der Nase haben. Deshalb
50 sind die Bäcker ja auch am Eingang platziert. Und selbst unter Ihren Füßen sind Marketingstrategen am Werk: Ist Ihnen schon mal aufgefallen, dass sich der Bodenbelag bei Ihrem Rundgang durch ein Kaufhaus oft entscheidend
55 verändert? Gänge zwischen Abteilungen haben oft harten Bodenbelag, damit Sie flotten Schrittes zu den nächsten Regalen eilen. Und vor diesen lädt dann plötzlich kuschelweicher Teppich zum Verweilen ein. Noch eine kleine verkaufsstrate-
60 gische Neuerung der letzten Jahre: In Bekleidungsabteilungen finden sich zunehmend Tische, auf denen die Ware zusammengefaltet ausliegt, statt im Ständer auf dem Bügel zu hängen. Vielleicht finden Sie es lästig, wenn Sie
65 die Klamotte erst in die Hand nehmen müssen und dann wieder halbwegs ordentlich zurück auf den Stapel bringen wollen. Doch die Konsumentenforschung weiß: Haben Sie die Ware einmal in die Hand genommen, werden Sie sie
70 viel eher auch kaufen. Und natürlich gibt es da auch immer noch das Verkaufspersonal, das Ihnen mit Rat und Tat zur Seite steht. Und das hat natürlich auch dazugelernt. Nicht das Verkaufen steht hier im Mittelpunkt des Kauf-
75 gesprächs, sondern die Beratung – mit kleinen Kniffen. Etwa die Bemerkung, dass Ihnen das ausgesuchte Stück zwar richtig gut zu Gesichte steht, aber leider im Preis recht teuer ist. Wie schön! Sie werden kritisch beraten! Eine kleine
80 Kritik am eigenen Produkt bringt mehr Vertrauen bei Ihnen und die Ware oft leichter in Ihre Einkaufstüte. Und Sie als Kunde oder Kundin? Na, Sie können eben oft einfach nicht anders!

b Notieren Sie die Zeilenangaben und geben Sie den Abschnitten eine Überschrift.
Vergleichen Sie im Kurs und begründen Sie Ihre Einteilung der Abschnitte.

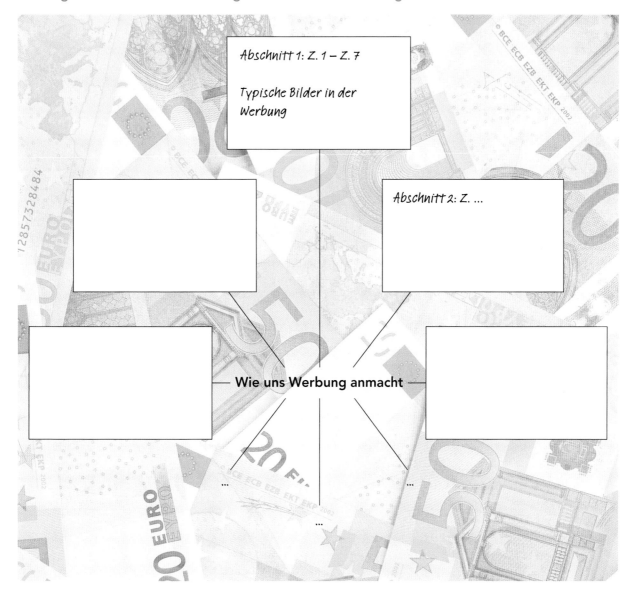

Abschnitt 1: Z. 1 – Z. 7

Typische Bilder in der Werbung

Abschnitt 2: Z. ...

Wie uns Werbung anmacht

c Fassen Sie den Inhalt der einzelnen Abschnitte kurz mit eigenen Worten zusammen.

d Kennen Sie noch andere „Marketing-Tricks" als die im Text genannten? ▶ Ü 2

3 Schätzen Sie sich selbst ein: Lassen Sie sich leicht durch Werbung beeinflussen? Was haben
Sie in der Werbung gesehen und daraufhin gekauft?

 4 Welche Werbekampagnen waren oder sind in Ihrem Land besonders erfolgreich? Gibt es
berühmte Werbefiguren oder berühmte Werbeslogans? Suchen Sie eine für Ihr Land typische
Werbung in einer Zeitschrift/Zeitung oder im Internet und stellen Sie sie vor.

Kauf mich!

5   Sehen Sie sich die Werbungen an. Wofür wird hier geworben? Welches Werbeplakat gefällt
Ihnen am besten? Welches gefällt Ihnen nicht? Warum?

6a Hören Sie die Radio-Werbungen. Welches Bild passt zu welchem Spot? Schreiben Sie die
Nummer des Spots zu dem passenden Bild.

b Wofür werben die einzelnen Spots? Notieren Sie.

1: ...   *2:* ...

c Hören Sie die Radio-Werbungen noch einmal und entscheiden Sie, ob die Aussagen richtig
oder falsch sind.

	r	f
1. Netec löst alle Probleme mit dem Computer.	☐	☐
2. Weitere Informationen zu den Reisegutscheinen gibt es ausschließlich im Internet.	☐	☐
3. Apollo-Optik will sich mit den günstigen Brillen-Fassungen bei den Kunden bedanken.	☐	☐
4. Der neue Tarif ist nur einen Monat gültig.	☐	☐

7a Bilden Sie Gruppen und entwickeln Sie eine Werbung. Entscheiden Sie:

- für welches Produkt oder welche Dienstleistung Sie werben wollen
- ob Sie eine Anzeige oder einen Radio-Spot entwerfen wollen

Anzeige:
- Fertigen Sie eine Zeichnung an oder
  suchen/machen Sie ein passendes Foto.
- Überlegen Sie sich einen Werbeslogan,
  der die Kunden anspricht.

Radio-Spot:
- Überlegen Sie sich einen kurzen Dialog,
  einen Text oder ein Lied.
- Überlegen Sie sich einen Werbeslogan,
  der die Kunden anspricht.

b Präsentieren Sie Ihre Werbung im Kurs und entscheiden Sie gemeinsam, welche besonders
ansprechend ist.

▶ Ü 3

BILLA

Österreichs größter Supermarkt

1953 eröffnet der damals 36-jährige Pianist Karl Wlaschek in Wien seine erste Parfümerie und bietet Markenartikel zu Diskontpreisen an; eine Idee, die sich erfolgreich durchsetzte und zu weiteren Filialen der WKW (Warenhandel Karl Wlaschek) führte. 1960 umfasst die WKW-Kette bereits 45 Filialen, und Karl Wlaschek überträgt seine Diskontidee auch auf den Lebensmittelbereich.

Karl Wlaschek, Gründer von Billa

Ein Jahr später erhält das Unternehmen einen neuen Namen, „BILLA" (für „Billiger Laden").

1966 eröffnet BILLA in Wien Strebersdorf den ersten 1.000 m² großen Supermarkt und überschreitet Ende des Jahrzehnts die erste Umsatz-Milliarde. 1970 geht BILLA als erster Supermarkt Österreichs mit seiner Werbung ins Fernsehen. Ein erfolgreicher Schritt, denn bereits fünf Jahre später wird die zweite Umsatzmilliarde überschritten. 1981 erinnert man sich der Wurzeln und gründet mit „Bipa" eine eigene Parfümerie-Kette.

Nach ersten Filialeröffnungen Anfang der 90er-Jahre in Italien, Ungarn und der Slowakei verfolgt EUROBILLA bis heute erfolgreich die Umsetzung seiner Unternehmensphilosophie im gesamten osteuropäischen Raum. 1990 geht BILLA mit dem „Konsumentenstudio" und Prominenten wie Elmar Wepper auf Sendung und schafft damit einen zeitgemäßen Fernsehauftritt mit seriösem Infotainment.

1994 vertreibt BILLA als erster Supermarkt biologische Produkte auf breiter Basis mit der Einführung der Produktserie „Ja! Natürlich". Diese Bio-Linie sichert durch langfristige Abnahmeverträge die Existenz heimischer Bergbauern. Im Juli 1996 wechselt der Konzern zur deutschen REWE-Gruppe. Am 18. Juli 2000 eröffnet BILLA den modernsten Supermarkt Europas: In dieser hoch technisierten Filiale werden zum ersten Mal Self Scanning, sprechende Einkaufswagen, elektronische Preisauszeichnung, Internet und Informations-Surfkiosk und viele weitere Raffinessen eingesetzt. Im Herbst 2002 startet BILLA eine groß angelegte Arbeitsplatz-Initiative. Einer der wichtigsten Schwerpunkte: die fundierte und zielsichere Ausbildung der Lehrlinge. 2004 führt BILLA mit der „Großen Ernährungsumfrage" als erster Supermarkt Österreichs die größte Marktforschung dieser Art durch. 80.000 Österreicher nehmen an der Umfrage teil.

Junge Menschen, die bei BILLA eine Lehre absolvieren, erhalten eine fundierte Ausbildung, in der es ein richtiges Coaching gibt. Der Einsatz auf dem Ausbildungssektor wird honoriert. BILLA wird für seine außergewöhnlichen Leistungen im Lehrlingswesen das Staatswappen des Bundesministeriums für Wirtschaft und Arbeit verliehen.

Am 6. Juli 2006 feiert BILLA die Eröffnung der tausendsten Filiale in Niederösterreich. BILLA hat es geschafft, in 50 Jahren sein Filialnetz von 1 auf 1.000 auszubauen.

Mehr Informationen zu BILLA

Sammeln Sie Informationen über Persönlichkeiten oder Konzerne aus dem In- und Ausland, die für das Thema „Konsum" interessant sind, und stellen Sie sie im Kurs vor. Sie können dazu die Vorlage „Porträt" im Anhang verwenden.
Beispiele aus dem deutschsprachigen Bereich: Aldi (Karl und Theo Albrecht) – Albert Steigenberger – Konrad Birkenstock – Carl Zeiss – Grete Schickedanz

1 Lokale Präpositionen

mit Dativ	mit Akkusativ	mit Dativ oder Akkusativ (Wechselpräpositionen)
von, aus, zu, ab, nach, bei	bis, durch, gegen, um	in, an, auf, neben, zwischen, über, unter, vor, hinter

Wechselpräpositionen

Frage *Wo?*: Wechselpräposition mit Dativ	Frage *Wohin?*: Wechselpräposition mit Akkusativ
○ *Wo* (sitzen) *die Gäste?* ● *Am Tisch.*	○ *Wohin* (setzen) *sich die Gäste?* ● *An den Tisch.*

2 Konjunktiv II

Man verwendet den Konjunktiv II, um:

Bitten höflich auszudrücken	*Könnten Sie mir das bitte genau beschreiben?*
Irreales auszudrücken	*Hätten Sie die Ware doch früher abgeschickt.*
Vermutungen auszudrücken	*Es könnte sein, dass er einen Defekt hat.*

Die meisten Verben bilden den Konjunktiv II mit den Formen von *würde* + Infinitiv.

ich **würde** anrufen	wir **würden** anrufen
du **würdest** anrufen	ihr **würdet** anrufen
er/es/sie **würde** anrufen	sie/Sie **würden** anrufen

Die Modalverben *haben*, *sein* und *brauchen* bilden den Konjunktiv II mit den Formen des Präteritums und Umlaut. Die erste und die dritte Person Singular hat im Konjunktiv II immer die Endung *-e*.

ich wäre, hätte, müsste, …	wir wären, hätten, müssten, …
du wär(e)st, hättest, müsstest, …	ihr wär(e)t, hättet, müsstet, …
er/es/sie wäre, hätte, müsste, …	sie/Sie wären, hätten, müssten, …

Merke: ich sollte, du solltest, …; ich wollte, du wolltest, …

Viele unregelmäßige Verben können den Konjunktiv II wie die Modalverben bilden, meistens verwendet man jedoch die Umschreibung mit *würde* + Infinitiv.

Ich käme gerne zu euch. / Ich würde gerne zu euch kommen.

Kaufen, kaufen, kaufen

1 a Klären Sie gemeinsam folgende Begriffe:

Designerwelt, Feinschmecker, Konsumfalle, Schlaraffenland, Schnäppchen

b Überlegen Sie, um welche Themen es in dem Film „Kaufen, kaufen, kaufen" gehen könnte.

2 a Sehen Sie den Film und notieren Sie die dargestellten Themen. Stimmen sie mit Ihren Vermutungen überein?

b Welche Bilder aus dem Film sind Ihnen besonders in Erinnerung geblieben? Beschreiben Sie ein oder zwei Bilder und ordnen Sie sie den Themen zu.

3 a Entscheiden Sie sich für eine der drei „Experten-Gruppen". Lesen Sie zuerst den Arbeitsauftrag für Ihre Gruppe und sehen Sie den Film noch einmal.

3 b Jede Gruppe stellt danach Ihre Ergebnisse mit Beispielen vor.

Experten-Gruppen

Gruppe A
Die Verkaufsstrategie

Gruppe B
Die Feinschmeckeretage

Gruppe C
Die Kunden

Gruppe A • Die Verkaufsstrategie

A1 Machen Sie Notizen zu folgenden Fragen:

a Was sieht man in den Schaufenstern?

b Wie wird man am Eingang empfangen?

c Welche Sinne werden angesprochen?

d Welche Rolle spielen die Präsentation und die Platzierung der Waren?

A2 Fassen Sie in der Gruppe Ihre Informationen und Beobachtungen zu Verkaufsstrategien zusammen.

Gruppe B • Die Feinschmeckeretage

B1 Machen Sie Notizen zu folgenden Fragen:

a Welches Konzept hat die Feinschmeckeretage?

b Was wird den „Feinschmeckern" alles geboten?

c Wie reagieren die Kunden?

B2 Fassen Sie in der Gruppe Ihre Informationen und Beobachtungen zur Feinschmeckeretage zusammen.

Gruppe C • Die Kunden

C1 Machen Sie Notizen zu folgenden Fragen:

a Warum gehen die Leute ins KaDeWe?

b Was erleben die Kunden im Kaufhaus? Welche Erfahrungen machen sie?

c Wie wirken sich Schnäppchen und geschickt platzierte Waren auf das Kaufverhalten aus?

C2 Fassen Sie in der Gruppe Ihre Informationen und Beobachtungen zum Verhalten der Kunden zusammen.

4 Sprechen Sie im Kurs darüber,

- was Ihnen im KaDeWe gefällt und was Sie dort kaufen würden.

- ob Sie auch schon einmal Dinge gekauft haben, die Sie eigentlich gar nicht kaufen wollten.

5 Berichten Sie über Kaufhäuser oder andere Einkaufsmöglichkeiten in Ihrem Land. Welche Attraktionen gibt es? Was verlockt die Menschen zum Konsum?

Endlich Urlaub

1 Lesen Sie die Aussagen und sehen Sie sich die Bilder an. Wählen Sie in jedem Block eine Aussage aus, die auf Sie zutrifft, und kreuzen Sie an.

_____ **Was für ein Reisetyp sind Sie?** _____

☐ Ich plane nicht so gerne. Am liebsten fahre ich einfach los.   4

☐ Vorbereitung ist die halbe Reise. Reiseführer helfen mir dabei.   3

☒ Last-Minute-Trips in die Sonne sind super. Die kann ich schnell im Internet buchen.   2

☐ Mein Reisebüro kennt die Orte, an die ich gerne fahre und wo ich mich wohlfühle.   1

Wenn Sie übernachten, dann wählen Sie am liebsten ...

☐ Zelt   4   ☒ Pension   2   ☐ Hotel   3   ☐ Ferienhaus   1

☐ Ich fahre am liebsten in die unberührte Natur und entdecke neue Landschaften.   4

☐ Ich mag es, wenn ich auch an meinem Urlaubsort nichts von zu Hause vermisse.   1

☒ Wenn ich verreise, besuche ich gerne Museen oder gehe ins Theater.   3

☐ Bloß nicht an langweilige Orte reisen, an denen nichts los ist.   2

Welchen Reiseführer würden Sie für Ihre Reise am liebsten einpacken?

☐ keinen   1   ☐ Wanderführer   4   ☐ Kunstreiseführer 3   ☒ Szeneführer   2

☐ An unserem Ort kennt man uns schon. Das ist doch schön. 1

☑ Auf Reisen möchte ich gerne lustige Leute kennenlernen. 2

☐ Ich bin gerne alleine unterwegs, da kann ich frei entscheiden. 4

☐ Manche Führungen mache ich in der Gruppe, sonst bleibe ich lieber für mich. 3

☑ Wenn ich verreise, probiere ich gerne die Landesspezialitäten. Das gehört doch dazu. 4

☐ In fremden Ländern sollte man beim Essen vorsichtig sein. Lieber keine Experimente. 1

☐ Ich buche am liebsten Halbpension. Da muss ich mich um nichts kümmern. 2

☐ Abends ein gutes Essen in einem schönen Restaurant und ein Glas Wein. Herrlich! 3

Welches Reisegepäck würden Sie wählen?

☐ 3　　☑ 4

☐ 2　　☐ 1

☑ Meine schönen Erinnerungen sind die besten Reise-Mitbringsel. 4

☐ Wir kaufen immer etwas für unsere Nachbarn. Fürs Blumengießen. 1

☐ Von jeder Reise bringe ich mir ein schickes Andenken mit. 3

☐ Ich kaufe nichts. Meine Koffer sind schon auf dem Hinweg voll. 2

2a Zählen Sie Ihre Punkte zusammen und lesen Sie auf Seite 108 nach, welcher Reisetyp Sie sind.

b Oder sind ein ganz anderer Typ? Welche anderen Typen gibt es noch?

Ich mache am liebsten Gruppenreisen, weil ...
Ich möchte gar nicht weit verreisen ...
Am liebsten bin ich ...

Organisiertes Reisen

1a In welche Länder, Gebiete oder Regionen sind Sie
   schon gereist? Zu welchem Zweck? Berichten Sie.

b Welche Art von Reisen bevorzugen Sie? Begründen Sie.

   Ich liebe organisierte Reisen, weil ...

▶ Ü 1–2   *Meine Ferien plane ich am liebsten selbst, weil ...*

2a Lesen Sie den ersten Abschnitt des Textes bis Zeile 13.
   Warum wurde der Begriff Fremdenverkehr ersetzt?

Thomas Cook – der Tourismus-Pionier

1 Endlich Ferien! Das bedeutet für viele, den
Alltagstrott hinter sich zu lassen und Tourist zu
sein. Für die meisten Menschen ist *Tourismus*
ein moderner Begriff, doch steht er bereits seit
5 etwa 1810 in den deutschen Wörterbüchern.
Allerdings war der Begriff *Fremdenverkehr* zu
dieser Zeit viel gebräuchlicher. Doch kann man
Gäste als *Fremde* bezeichnen? Nachdem man
jahrelang diesen Begriff kritisiert hatte, einigte
10 man sich 1989 auf dem Österreichischen Frem-
denverkehrstag, das Wort *Fremdenverkehr* durch
Tourismus und das Wort *Fremde* durch *Gäste* zu
ersetzen.

Tourismus als allgemeine Bezeichnung für
15 das Reisen zu Erholungszwecken verbreitete
sich im 19. Jahrhundert. Hier beginnt die
Geschichte der Pauschalreisen. Thomas Cook
organisierte 1845 die ersten Reisen nach
Liverpool und 1855 die erste Europarundreise
20 für britische Touristen. Sie führte über Brüssel,
Köln, Heidelberg, Baden-Baden, Straßburg
und Paris zurück nach London. Als das Geschäft
mehr Kunden gewann, stieg sein Sohn John
Mason Cook 1864 in das Geschäft ein. Er
25 organisierte die erste Amerika-Reise, die 1866
stattfand. Bevor Thomas Cook im Jahre 1871
das Unternehmen „Thomas Cook & Son"
gründete, führte er 1868 das wichtigste Instrument der Pauschalreise ein: den Hotelvoucher.
30 Diesen Beleg braucht man auch heute noch,
wenn man eine Pauschalreise macht. Während

Thomas Cook 1872 sein erstes Büro in Kairo
eröffnete, begann in Liverpool die erste organisierte Weltreise, die 222 Tage dauerte und bei
35 der 40.000 km zurückgelegt wurden.

Mit einer Zeitung, die alle Angebote ent-
hielt, informierte das Unternehmen regelmäßig seine Kunden in Frankreich, Deutschland,
Indien, Australien, Asien und Amerika. Nach-
40 dem das Unternehmen im Jahre 1900 weltweit
Marktführer in der Reisebranche geworden
war, verkaufte es ab 1919 auch die ersten Flugtickets. Das Unternehmen geriet nach dem
Zweiten Weltkrieg in die Hände unterschiedli-
45 cher Besitzer. Heute ist die Thomas Cook AG
mit mehr als 160 Jahren Tradition die älteste
und bekannteste Marke der Tourismusbranche.

b Lesen Sie den ganzen Text. Notieren Sie zu den Daten die entsprechenden Ereignisse in
   Stichpunkten. Formulieren Sie mündlich zu jedem Stichpunkt einen Satz.

   1845: *erste Reisen nach Liverpool*

▶ Ü 3   1855, 1864, 1866, 1868, 1871, 1872, 1900, 1919

3a In Temporalsätzen werden Zeitverhältnisse beschrieben. Ergänzen Sie, was wann passiert.

vor	nach	gleichzeitig mit

Ⓖ

A _____ B	Als das Geschäft mehr Kunden gewann (A), stieg sein Sohn in das Geschäft ein (B).	als, wenn, während
A _____ B	Nachdem das Unternehmen im Jahre 1900 weltweit Reisemarktführer geworden war (A), verkaufte es ab 1919 auch die ersten Flugtickets (B).	nachdem
A _____ B	Bevor Thomas Cook im Jahre 1871 das Unternehmen „Thomas Cook & Son" gründete (A), führte er 1868 den Hotelvoucher ein (B).	bevor

▶ Ü 4

b Der Konnektor *nachdem* wird mit Zeitenwechsel gebraucht. Lesen Sie die Sätze und ergänzen Sie die Zeitformen.

Ⓖ

Gegenwart:	Das Unternehmen <u>verkauft</u> die ersten Flugtickets,	Präsens
	nachdem es weltweit Marktführer <u>geworden ist</u>.	Perfekt
Vergangenheit:	Das Unternehmen _____ die ersten Flugtickets,	Präteritum
	nachdem es weltweit Marktführer _____.	Plusquamperfekt

▶ Ü 5

4 Die folgenden Konnektoren bezeichnen einen Zeitraum *vom Anfang* oder *bis zum Ende* einer Handlung. Lesen Sie die Beispiele und ergänzen Sie.

Ⓖ

Beispiele	**Zeitraum**
Seit/seitdem Thomas Cook 1869 die erste Reise auf dem Nil anbot, stieg die Nachfrage nach organisierten Schiffsreisen.	_____ der Handlung
Thomas Cook führte das Unternehmen, bis er es 1879 seinem Sohn übergab.	_____ der Handlung

▶ Ü 6–9

5 Fassen Sie den Text auf Seite 138 schriftlich zusammen, indem Sie Ihre Stichpunkte zu den Zeitangaben aus Übung 2b ausformulieren. Benutzen Sie dazu temporale Konnektoren.

Nachdem Thomas Cook 1845 die ersten Reisen nach Liverpool organisiert und durchgeführt hatte, begann 1855 die erste Europarundreise für britische Touristen. ...

6 Erfinden Sie gemeinsam eine Reisegeschichte. Arbeiten Sie zu zweit. Beginnen Sie den Satz. Ihr Partner / Ihre Partnerin beendet ihn und formuliert einen neuen Satzanfang.

A: *Als ich einmal in der Sahara war, ...*   B: *..., ritt ich auf einem Kamel.*

C: *Nachdem das Kamel ...*   D: *...*

Urlaub mal anders

1a Lesen Sie die Überschrift und sehen Sie sich die Bilder an. Wofür könnten sich Menschen in Workcamps engagieren?

Workcamps

sich engagieren
in internationalen Gruppen

b Lesen Sie den Text. Sammeln Sie mögliche positive und negative Aspekte zu den Workcamps.

Schuften im Urlaub

Jeden Tag fünf bis sieben Stunden im Schweiße seines Angesichts zu arbeiten, statt sich am Strand in der Sonne zu aalen, ist wohl nicht die alltägliche Auffassung von Urlaub. Trotzdem sind internationale Workcamps in aller Welt begehrt. Denn beim gemeinsamen Steineschleppen, Kinderhüten oder Weganlagenreparieren lernen die Teilnehmer sich und andere auf ungewöhnliche Weise kennen und bekommen zusätzlich eine besondere Sichtweise auf das jeweilige Aufenthaltsland. Die meisten „Workcamper" schätzen besonders die Möglichkeit, durch ehrenamtliche Arbeit und interkulturelles Miteinander ein gemeinnütziges Projekt voranzubringen. Workcamps gibt es in vielen Ländern dieser Erde und die Aufgaben reichen von Friedensarbeit über Umweltschutz bis hin zu Kulturprojekten.

c Klären Sie in der Gruppe die folgenden Ausdrücke und nennen Sie dazu konkrete Beispiele aus Ihrer Erfahrung.

Ehrenamtliche Arbeit: _____

Interkulturelles Miteinander: _____

Gemeinnütziges Projekt: _____

2.19

2 Hören Sie ein Interview mit der Workcamp-Teilnehmerin Britta Kühlmann. Notieren Sie Informationen zu folgenden Themen.

Reiseziel	Arbeit	Bekanntschaften	Unternehmungen

▶ Ü 1

3 Lesen Sie die Aussagen. Wie sehen Sie das? Diskutieren Sie in Gruppen und benutzen Sie die Redemittel im Kasten.

1. Workcamps sind nur etwas für junge Leute.

2. Arbeit und Erholung sind zweierlei.

3. Land und Leute lernt man am besten im normalen Alltag kennen.

4. Die meisten Menschen engagieren sich ehrenamtlich.

5. Die Leute im Workcamp werden ausgenutzt.

6. Für ältere Menschen sind Workcamps zu anstrengend.

Zustimmung ausdrücken	starke Zweifel ausdrücken	Unmöglichkeit ausdrücken
Ja, das kann ich mir (gut) vorstellen.	Es ist unwahrscheinlich, dass …	Es kann nicht sein, dass …
Ja, das ist richtig.	Ich glaube/denke kaum, dass …	Es ist (völlig) unmöglich, dass …
Das finde/denke ich auch.	Wohl kaum, denn …	Es ist ganz sicher nicht so, dass …
Ja sicher! …	Ich bezweifle, dass …	… halte ich für ausgeschlossen.
Selbstverständlich ist das so, weil …	Ich habe da so meine Zweifel.	Das kann ich mir überhaupt nicht vorstellen.
Ja, das sehe ich auch so …	Ich sehe das (schon) anders, da/weil …	

▶ Ü 2–3

4a Können Sie sich vorstellen, Ihren Urlaub in einem Workcamp zu verbringen? Sammeln Sie Argumente und entscheiden Sie sich dafür oder dagegen.

Pro	Contra
Etwas Sinnvolles im Urlaub tun	Arbeiten ohne Geld
Tätigkeiten nach eigenem Interesse aussuchen	Keine Ruhe
Keine Langeweile	…
…	

b Diskutieren Sie Ihre Ansichten nun in Gruppen.

> Das Workcamp wäre eine Möglichkeit für mich, einen interessanten Urlaub zu machen.

> Ich bezweifle, dass das für mich wirklich Urlaub sein kann.

c Haben Sie schon einmal im Ausland gearbeitet oder bei einem Sprachkurs in einer Gastfamilie gewohnt? Welche positiven oder negativen Erfahrungen haben Sie gemacht? Haben Sie die Menschen, die Kultur usw. besser kennengelernt als auf einer Urlaubsreise?

Ich war schon als Au-pair in der Schweiz. Die Familie war wirklich nett, aber …

Ich habe zwei Wochen lang in einem Projekt in Japan gearbeitet und …

Der schöne Schein trügt ...

1 Notieren Sie, was für Sie wichtig ist, wenn Sie eine Urlaubsreise machen wollen. Stellen Sie Ihre Notizen im Kurs vor.

Hotel direkt am Meer, nicht weit weg vom Zentrum, Vollpension, ...

2a Lesen Sie die folgenden Angaben aus Reisekatalogen. Erklären Sie, wie Sie diese Angaben verstehen.

Direktflug

ein kurzer Transfer zum Hotel

direkt am Meer

Meerseite

verkehrsgünstige Lage

relativ ruhig mitten in der Altstadt

b Lesen Sie jetzt einen Ratgeber zum Thema „Reiseprospekte richtig verstehen". Vergleichen Sie die Erklärungen mit Ihren eigenen aus 2a. Welche Umschreibungen haben sie besonders überrascht?

Ärger an den schönsten Tagen

Schmutziger Strand, Baustelle statt Meerblick, Flieger verspätet, Hotel überbucht: Jedes Jahr gehen nach der Urlaubszeit in Deutschland rund anderthalb Millionen Beschwerden von Reisenden bei den Reiseveranstaltern ein. Rund 30.000 davon landen regelmäßig vor Gericht, weil enttäuschte Urlauber ihr Geld zurückhaben wollen.

Aber viele Streitereien lassen sich vermeiden, wenn man weiß, wie die Angebote in den Prospekten zu lesen sind. In den Katalogen finden sich Beschreibungen des Ferienortes, die aus der Umgangssprache stammen, allerdings etwas anderes bedeuten, als man meinen könnte. So muss man bei Buchung eines Direktfluges – anders als bei einer Non-Stop-Verbindung – mit Zwischenlandungen rechnen. Sollte nach Ankunft am Urlaubsort nur „ein kurzer Transfer zum Hotel" notwendig sein, befindet sich das Hotel in der Nähe des Flughafens. Fluglärm ist somit nicht auszuschließen. Nachfragen sollte man vor der Buchung auf jeden Fall auch dann, wenn sich das Hotel „direkt am Meer" befindet. Das Hotel könnte sich dann nämlich ebenso an einer Steilküste oder am Hafen befinden, aber nicht am erhofften Badestrand. „Meerseite" heißt nicht, dass man freien Blick aufs Meer hat, sondern meist ist der Blick durch andere Häuser verstellt. Wer ganz sicher einen Blick aufs Meer haben möchte, muss auf „Meerblick" im Katalog achten.

Auch bei der Lage des Hotels ist Vorsicht geboten. Eine „verkehrsgünstige Lage" bedeutet, dass das Hotel sehr wahrscheinlich an einer Hauptverkehrsstraße liegt. Dagegen meint „relativ ruhig mitten in der Altstadt", dass man am besten tagsüber schläft, denn in der Nacht beginnt das große Halligalli.

Aber welche Reklamationen sind berechtigt? Kleinere Unannehmlichkeiten, wie zum Beispiel geringfügige Verspätungen, Staub, etwas Lärm oder kleinere Wartezeiten beim Essen muss der Reisende entschädigungslos hinnehmen. Wenn der Reisende aber erhebliche Mängel hinnehmen muss, kann er einen Teil vom bezahlten Reisepreis zurückfordern. Wie viel Prozent das sein können, ist in der „Frankfurter Tabelle" nachzulesen. Fehlt zum Beispiel der im Prospekt beschriebene Swimmingpool, oder ist er nicht im Betrieb, können die Reisenden bis zu 20% des Reisepreises zurückfordern. Ab einer Wartezeit von über vier Stunden an Flughäfen können sie 5% Entschädigung verlangen.

Wichtig ist, dass die Reisenden noch während des Urlaubs reklamieren und die Mängel nach der Reise innerhalb eines Monats dem Reiseveranstalter schriftlich mitteilen.

▶ Ü 1

c Welche Formulierungen aus Reiseprospekten (1–6) passen zu den Erklärungen (A–F)? Ordnen
Sie zu.

1 __ unaufdringlicher Service

2 __ zweckmäßig eingerichtete Unterkunft

3 __ Strandnähe

4 __ aufstrebende Gegend

5 __ für junge Leute geeignet

6 __ Leihwagen ist empfehlenswert

A Das Hotel liegt eventuell abgelegen.

B Man geht 20–30 Minuten zum Strand.

C Minimalausstattung ohne Komfort.

D Das Personal ist eventuell etwas langsam.

E Es gibt viele Baustellen.

F Im Hotel werden häufig Partys gefeiert.

3 Lesen Sie die folgenden Beispiele und ordnen Sie sie in die Tabelle ein.

> nach der Reise   bis nächstes Jahr   während des Urlaubs   ab einer Wartezeit von vier Stunden
>
> innerhalb eines Monats   an den schönsten Tagen   für drei Tage   vor der Buchung
>
> beim Essen   in der Nacht   seit einem Monat   über eine Woche

temporale Präpositionen		
mit Dativ	mit Akkusativ	mit Genitiv
nach der Reise, …	…	…

▶ Ü 2–3

4a Überlegen Sie, worüber Sie sich auf Reisen beschweren könnten. Schreiben Sie Situationen
auf Kärtchen.

seit zwei Tagen
kein warmes Wasser

Baulärm
in der Nacht

bei Ankunft am
Flughafen kein
Transferbus da

b Tauschen Sie die Kärtchen im Kurs aus und spielen Sie zu zweit die Situationen: A bringt die
Beschwerde vor, B reagiert darauf, dann umgekehrt.

Ich habe die ganze Nacht nicht geschlafen. Der Lärm ist unerträglich. Ich möchte ein ruhiges Zimmer …

Eine Reise nach Hamburg

1a Was wissen Sie schon über die Hansestadt Hamburg? Sammeln Sie Informationen.

b Typisch Hamburg: Klären Sie vor dem Lesen folgende Wörter und Ausdrücke.

die Elbe	der Seemann	die Heuer	das Kontor	das Schmuddelwetter
die Börse	der Reeder	hanseatisch	die Alster	

c Lesen Sie jetzt den Text aus einem Reiseführer. Wie hat sich Hamburg verändert?

Der Hafen ist heute ...　　　　　　　*Die Elbchaussee ist nicht mehr ...*

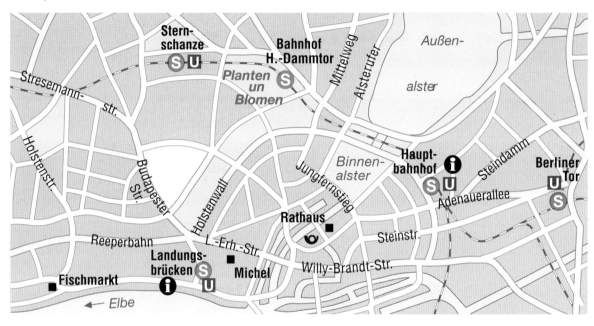

1 　　Hamburg – das Tor zur Welt – das sind tutende Schiffe auf der Elbe, der Hafen, Seefahrerkneipen rund um die *Reeperbahn*.
　　Hamburg: Das sind die reichen Straßen
5 *Elbchaussee* und *Jungfernstieg*, über den die eleganten Hamburger ihre Gattinnen führen. Ihr Geld verdienen die Hanseaten in ihren Kontorhäusern, wo sie sich am liebsten mit der Kalkulation ihres Fernhandels beschäftigen.
10 　　Mit Hamburg verbinden sich Personen wie Hans Albers, Freddy Quinn und Heidi Kabel in ihrem *Ohnsorg-Theater*. Und zu Hamburg gehören das Schmuddelwetter mit Nebel, Regen und Wind, der Fischmarkt am Sonn-
15 tagmorgen an den *Landungsbrücken* und die St. Michaelis Kirche, liebevoll *Michel* genannt. So sehen viele Hamburg.
　　Doch vergleicht man diese Ansichten mit dem heutigen Hamburg, so erlebt man einige

20 Überraschungen: Die tutenden Schiffe gibt es noch, den Hafen auch. Doch liegt dieser nun nicht mehr am Stadtzentrum, sondern eher am südlichen Ufer der Norderelbe, wo die Schiffe an den hochmodernen Container-
25 terminals be- und entladen werden. Keine Zeit mehr für die Seeleute, über *St. Pauli* und die Reeperbahn zu bummeln und die Heuer in einer Nacht zu verprassen. St. Pauli ist heute mehr ein Szeneviertel mit Bars, Restaurants
30 und Kulturprogramm für jeden Geschmack. Die Elbchaussee ist nicht mehr reserviert für Reiche, die hier in ihren Villen leben. In den Parks entlang der Elbe geht heute ganz Hamburg spazieren. Dem vornehmen Jung-
35 fernstieg an der *Binnenalster* machen die modernen Hamburger Passagen oder auch die neu entstehende „HafenCity" Konkurrenz.

Und die Hanseaten sind auch nicht mehr, was sie einst waren. Der Handel per Schiff
40 spielt zwar noch eine große Rolle, aber Hamburg hat sich in den letzten Jahrzehnten von einer Hafenstadt zu einer Stadt mit Hafen gewandelt. Als Sitz von Versicherungen, Banken, Verlagen und Multimediafirmen ist
45 sie heute ein Dienstleistungszentrum. Die Hanseaten sind nicht mehr Reeder, sondern Manager.

Aber nicht nur zum Arbeiten und Einkaufen, nein, auch zum Erholen und Entspannen lädt
50 die Stadt Hamburg ein.
Mit seinem Zoo *Hagenbecks Tierpark*, den vielen schönen Parks, z.B. *Planten un Blomen*, und seinen zahlreichen Museen und Theatern ist Hamburg immer eine Reise wert.
55 Die Sehenswürdigkeiten mit dem *Rathaus*, der *Börse* oder den *Fleeten* im Innenstadtbereich sind leicht zu erreichen. Gehen Sie selbst auf Entdeckungstour. Los geht's!

2 Sie möchten eine Woche nach Hamburg fahren und haben im Internet eine günstige Übernachtung gefunden. Sie möchten das Zimmer telefonisch reservieren.

a Wonach sollten Sie sich erkundigen? Welche Informationen müssen Sie geben?

b Hören Sie das Telefongespräch und ergänzen Sie.

2.20

1. Herr Stadler sucht ein Zimmer vom _____ bis zum _____ .

2. Er braucht ein _____ mit _____, das _____ und _____ ist.

3. Das Zimmer kostet _____ Euro.

4. Er kommt mit dem _____ .

5. Das Hotel schickt ihm eine _____ .

c Ein Zimmer telefonisch buchen – Was sagt der Gast? Was sagt die Mitarbeiterin des Hotels? Ordnen Sie zu und ergänzen Sie weitere Redemittel.

Guten Tag, mein Name ist ...   Ich möchte ein Zimmer bei Ihnen buchen.

Hotel ..., mein Name ist ...   Das Zimmer kostet ... Euro pro Nacht.

Wann möchten Sie an-/abreisen?   Wie lautet Ihre Adresse?

Wie lange werden Sie bleiben?   Ich komme mit dem Auto/Zug/ ...

Das Zimmer sollte ruhig/klimatisiert / ein Nichtraucherzimmer ... sein.

Ich reise am ... wieder ab.   Reisen Sie alleine?   Ich brauche ein Zimmer für ... Nächte.

Wir sind zu zweit.   Wie reisen Sie an?   Können Sie mir eine Wegbeschreibung schicken?

Wünschen Sie eine Reservierungsbestätigung?

Haben Sie einen besonderen Wunsch?   Wir haben ein / leider kein Zimmer frei.

Was kostet das Zimmer?   Auf welchen Namen darf ich das Zimmer reservieren?

d Schreiben und spielen Sie jetzt selbst Telefongespräche für eine Zimmerreservierung.

Eine Reise nach Hamburg

3 Etwas in Hamburg unternehmen – Informationen erfragen

a Hören Sie den Dialog und notieren Sie die Informationen der Touristeninformation.

   1. Guten Tag. Können Sie mir sagen, wann und wo es morgen Stadtführungen gibt?
   2. Wie lange dauert eine Führung?
   3. Zwei Stunden ... das ist ziemlich lang. Geht man zu Fuß?
   4. Was würden Sie empfehlen?
   5. Gut, aber ich muss noch einmal überlegen. Wo könnte ich mich denn anmelden?

b Nach welchen Informationen könnte man noch fragen?

4 Sie hören fünf Auskünfte. Was wurde gefragt? Schreiben Sie mögliche Fragen auf und vergleichen Sie sie im Kurs.

5 Arbeiten Sie zu zweit und erfragen Sie abwechselnd die fehlenden Informationen. A beginnt.

A: Ihre Fragen	**B: Ihre Antworten**
Vom Flughafen zur Innenstadt? Dauer? Preis?	Airport-Express-Bus, Fahrzeit: 25 Minuten, Kosten: 5,– € einfach / 8,– € Hin- und Rückfahrt
Günstige Fahrten mit Bus, U- und S-Bahn?	Hamburg Card: 7,80 € Tageskarte
Weg zu Hagenbecks Tierpark?	Ab Hauptbahnhof: Linie U2, Niendorf Nord, Station Hagenbecks Tierpark
Kultur-Infos im Internet?	Kulturtermine: www.hamburg-kultur.de

A: Ihre Antworten	**B: Ihre Fragen**
Am 28. Juli 2007 frei: Hotel Hansa (DZ 79,– €) / Pension Alsterrose (DZ 65,– €)	Aufenthalt Hamburg am 28.07.07 Doppelzimmer frei? Max. 80,– €
Fischmarkt: St. Pauli / So. 5.00 – 9.30 Uhr	Hamburger Fischmarkt: Wann? Wo?
Alsterkreuzfahrt: weiße Schiffe / alle 30 min. / Jungfernstieg / Dauer: ca. 60 min. / 8,50 €	Rundfahrt auf der Alster / Wo? / Wann? / Kosten? / Dauer?

6 Welche Sehenswürdigkeiten sind hier abgebildet und wo finden Sie diese auf dem Stadtplan (S. 144)?

7 Unterwegs mit ...

a Diese beiden Personen leben in Hamburg. In den Texten wird berichtet, wie ihr idealer Tag aussieht. Wen würden Sie gerne begleiten? Warum? Warum nicht?

Tim Mälzer

Er gilt als „Junger Wilder" unter Deutschlands Fernsehköchen. Die Kochshow des 35-Jährigen hat gute Quoten, seine Kochbücher führen die Bestseller-Listen an, und in seinem Restaurant „Das Weiße Haus" in Övelgönne muss man lange im Voraus reservieren. Ein idealer Tag ist für ihn ein Tag unter Menschen. Ob Hafengeburtstag, Eppendorfer Schlemmermeile, Altonale oder Alstervergnügen: Er liebt Volksfeste. Besonders den Dom, Hamburgs riesigen Rummel, der dreimal pro Jahr stattfindet. Laute Musik, grelle Lichter, lachende Kinder. Er mag es, wenn Leute gut drauf sind. Und wo es etwas Gutes zu Essen und zu Trinken gibt, das weiß Herr Mälzer mit Sicherheit auch.

TV-Kommissarin Bella Block ist wohl die derzeit bekannteste Rolle der Schauspielerin Hannelore Hoger, Tochter eines Inspizienten des Ohnsorg-Theaters. Ihr idealer Tag beginnt in der Hamburger Kunsthalle, in dem ihr Lieblingsbild „Das Paar vor den Menschen" von Ernst-Ludwig-Kirchner hängt. Nach einem Abstecher in die Galerie der Gegenwart fährt sie zum Restaurant Louis C. Jacob. Dort sitzt sie am liebsten auf den Lindenterrassen, die Max Liebermann 1902 als einen seiner Lieblings- plätze malte. Gestärkt bummelt sie anschließend durch Eppendorf, wo man ohne Großstadthektik wunderbar einkaufen gehen kann. Der Tag endet im kleinen St. Pauli Theater. „Tritt man dort auf, fühlt man sich vom Publikum regelrecht umarmt.", schwärmt Frau Hoger.

Hannelore Hoger

b Wie sieht ein idealer Tag in Ihrer Stadt aus? Wohin würden Sie einen Gast mitnehmen? Schreiben Sie einen kurzen Text.

▶ Ü 1–2

8 Projekt: Suchen Sie sich nun eine deutschsprachige Stadt aus, die Ihnen besonders gut gefällt und recherchieren Sie Informationen im Internet über Ihre An- und Abreise, Ihre Unterkunft, Preise und Ihr Programm für einen fünftägigen Aufenthalt.

Städte:	An- und Abreise:	Programm:	Sonstiges:
www.berlin.de www.wien.at www.zuerich.ch ...	www.flug.de www.bahn.de www.sbb.ch www.oebb.at	www.theater.de www.tourismus-schweiz.ch	www.konsulate.de ...

Fünf starke Tage in Wien

Tag 1	Tag 2	Tag 3
Ankunft (14.30) Bummel durch die Kärtner Straße Lecker: Original Sachertorte im Café Central	Auf zum Naschmarkt ...	

Alexander von Humboldt

Naturforscher und Mitbegründer der Geografie

Alexander von Humboldt wurde am 14. September 1769 in Berlin geboren. Sein Vater war ein preußischer Offizier und königlicher Kammerherr, seine Mutter stammte aus einer französischen Familie. Alexander wuchs zusammen mit seinem älteren Bruder Wilhelm auf, dem späteren Sprachforscher, Erziehungsminister und Gründer der heutigen Humboldt-Universität zu Berlin. Die Brüder erhielten eine umfassende Bildung und Erziehung. Alexander begeisterte sich früh für die großen Entdeckungsreisenden seiner Zeit, besonders für James Cook. Er zeigte großes Interesse an Naturgegenständen und wurde in seinem Umfeld als „der kleine Apotheker" bezeichnet, weil er Insekten, Steine und Pflanzen sammelte.

Alexander von Humboldt, Forschungsreisender

Mit Blick auf ihre Karriere im Staatsdienst schickte die Mutter 1787 ihre Söhne zum Studium nach Frankfurt (Oder) an die Viadrina. Wilhelm sollte dort Jura studieren, Alexander Staatswirtschaftslehre. Wegen Unterforderung verließen beide die Universität nach einem Semester wieder. 1789 begann Alexander an der Universität Göttingen, dem Zentrum der wissenschaftlichen Aufklärung in Deutschland, Chemie und Physik zu studieren. Zu dieser Zeit lernte er auch Georg Forster kennen, der James Cook auf seiner zweiten Weltreise begleitet hatte. Angeregt durch Forster, beschloss Alexander, die Welt zu bereisen, auch wenn er nach außen die Wünsche der Mutter respektierte: 1790 bis 1791 besuchte er die Handelsakademie in Hamburg. Unmittelbar danach nahm Alexander an der Bergakademie in Freiberg/Sachsen das Studium auf. Eine glänzende Karriere im Staatsdienst stand ihm offen: 1792 wurde er in Preußen Assessor. 1796 gelangte Alexander durch den Tod der Mutter in den Besitz eines großen Vermögens, das ihm die Finanzierung seines Lebenstraums ermöglichte: als Forschungsreisender die Welt zu erkunden. Am 5. Juni 1799 brach Humboldt mit Freunden in die Neue Welt auf. Seine Forschungsreisen, von denen er mehrere unternahm, führten ihn über Europa hinaus nach Lateinamerika, in die USA sowie nach Zentralasien. Wissenschaftliche Forschungen betrieb er in den Bereichen der Physik, Chemie, Geologie, Mineralogie, Vulkanologie, Botanik, Zoologie, Ozeanografie, Astronomie und Wirtschaftsgeografie. Noch im Alter von 60 Jahren legte Humboldt 15.000 Kilometer mithilfe von 12.244 Pferden auf seiner russisch-sibirischen Forschungsreise zurück.

In den Folgejahren war er als Diplomat in Paris unterwegs und begleitete den König auf Reisen. In den Jahren 1845 bis 1858 verfasste Alexander sein mehrbändiges Hauptwerk mit dem Titel „Kosmos", das ein echter Bestseller wurde. Alexander von Humboldt starb am 06. Mai 1859 in seiner Wohnung in Berlin. Am 10. Mai wurde er mit einem Staatsbegräbnis im Berliner Dom beigesetzt. Alexander von Humboldt wird wegen seiner vielen Forschungsreisen als „der zweite Kolumbus" bezeichnet. Charles Darwin sagte über ihn, er sei der größte reisende Wissenschaftler gewesen, der jemals gelebt habe.

Mehr Informationen zu Alexander von Humboldt

Sammeln Sie Informationen über Persönlichkeiten aus dem In- und Ausland, die zum Thema „Reisen" interessant sind, und stellen Sie sie im Kurs vor. Sie können dazu die Vorlage „Porträt" im Anhang verwenden. Beispiele aus dem deutschsprachigen Bereich: Heinrich Schliemann – Georg Forster – Georg Schweinfurth

1a Temporalsätze

Frage	Bedeutung	Konnektor	Beispiel
Wann?	Gleichzeitigkeit A gleichzeitig mit B	wenn, als, während	**Als** Thomas Cook 1845 die ersten Reisen organisierte (A), legte er den Grundstein für Pauschalreisen (B). **Wenn** man eine Pauschalreise bucht (A), erhält man noch heute den Hotelvoucher (B). **Während** Thomas Cook 1872 sein erstes Büro in Kairo eröffnete (A), begann in Liverpool die erste organisierte Weltreise (B).
	Vorzeitigkeit A vor B	nachdem	**Nachdem** das Unternehmen weltweit Marktführer geworden war (A), verkaufte es ab 1919 auch die ersten Flugtickets (B).
	Nachzeitigkeit A nach B	bevor	**Bevor** Thomas Cook im Jahre 1871 das Unternehmen „Thomas Cook & Son" gründete (A), führte er den Hotelvoucher ein (B).
Seit wann?	Zeitraum vom Anfang der Handlung	seit, seitdem	**Seitdem** Thomas Cook 1869 die erste Reise auf dem Nil anbot, stieg die Nachfrage nach organisierten Schiffsreisen.
Wie lange? Bis wann?	Zeitraum bis zum Ende der Handlung	bis	Thomas Cook führte das Unternehmen erfolgreich, **bis** er es 1879 seinem Sohn übergab.

Merke: Nach *als* steht ein einmaliger Vorgang in der Vergangenheit.
Als das Geschäft mehr Kunden gewann, stieg sein Sohn in das Geschäft ein.

Nach *wenn* steht ein Vorgang in der Vergangenheit, der sich wiederholt.
Wenn ich in den letzten Jahren verreiste, buchte ich immer Clubhotels.
Wenn kann auch für ein Ereignis in der Gegenwart oder Zukunft stehen.

b Zeitenwechsel bei *nachdem*

Gegenwart: Das Unternehmen verkauft die ersten Flugtickets,   Präsens
nachdem es weltweit Marktführer geworden ist.   Perfekt

Vergangenheit: Das Unternehmen verkaufte die ersten Flugtickets,   Präteritum
nachdem es weltweit Marktführer geworden war.   Plusquamperfekt

2 Temporale Präpositionen

mit Dativ	mit Akkusativ	mit Genitiv
ab, an, aus, bei, in, nach, seit, vor, von … bis, von … an, zu, zwischen	bis, für, gegen, um, über	außerhalb, innerhalb, während

Erfurt

1 Petersberg

3 Domplatz

2 Dom

7 EGA, Erfurter Messe, Neue Oper

70

3 Welche besonderen Veranstaltungen und Feste gibt es in Ihrem Land, in Ihrer Stadt? Berichten Sie.

Was ist der Ursprung des Festes? Was gibt es zu sehen? Was kann man alles machen?

Natürlich Natur!

1 Spielen Sie das Umwelt-Spiel. Sie können mit 4-6 Spielern spielen.

Sie brauchen einen Würfel und für jeden Spieler / jede Spielerin eine Spielfigur (z.B. eine Münze oder ein Gummibärchen) und einen „Experten", der die Lösungen aus den Lehrerhandreichungen hat. Es gibt drei verschiedene Typen von Spielfeldern.

Orange Felder: Wenn Sie auf ein oranges Feld kommen, haben Sie entweder etwas falsch gemacht und Sie müssen eine Runde aussetzen, oder Sie haben etwas sehr gut gemacht und dürfen noch einmal würfeln.

Blaue Felder: Hier erklären Sie etwas oder spielen es vor. Ihre Mitspieler einigen sich gemeinsam auf Ihre Punktzahl:
0 Punkte   Ihre Lösung ist nicht umweltfreundlich.
1 Punkt   Ihre Lösung ist umweltfreundlich.
Je nach erreichter Punktzahl können Sie weiterrücken.

Grüne Felder: Welche Antwort ist richtig? Wenn Sie die Aufgabe richtig lösen, dürfen Sie noch einmal würfeln, wenn nicht, bleiben Sie stehen, bis Sie wieder dran sind.

Gewonnen hat, wer zuerst im Ziel ist.

Prima, Sie haben die Pfandflaschen zurück zum Supermarkt gebracht. Würfeln Sie noch einmal.

Wieder wegen nur einer Jeans und zwei T-Shirts die Waschmaschine angemacht! Setzen Sie eine Runde aus.

Sie haben Hunger und Durst. 500 Meter von Ihrer Wohnung ist eine Bäckerei und 1000 Meter von Ihrer Wohnung entfernt ist ein Supermarkt, in dem Sie am liebsten etwas zu trinken einkaufen. Spielen Sie vor, wie Sie zum Bäcker und zum Supermarkt gelangen.

Start

Ziel

20

Welches Verkehrsmittel braucht pro Reisenden am wenigsten Energie?

A Auto
B Bahn
C Flugzeug

19

Sie lassen alle Ihre elektronischen Geräte immer auf Standby, anstatt sie richtig auszuschalten. Setzen Sie eine Runde aus.

18

Aus welcher Energiequelle ist Strom umweltfreundlich?

A Kohle
B Atomkraft
C Sonnenenergie

17

Erklären Sie, was Sie mit leeren Batterien machen.

16

Sehr schön! Sie haben das Fahrrad genommen und nicht das Auto, würfeln Sie noch einmal.

Wer oder was ist schuld an der zunehmenden Erderwärmung?

A Kohlendioxid
B die Sonne
C niemand

Was ist Recycling?

A eine umweltfreundliche Fahrradsportart
B das Wiederverwenden von Produkten
C umweltschonendes Verbrennen von Abfall

Oh nein, Sie haben wieder zwei große Kartons in die Papiertonne geworfen und die Kartons vorher nicht zusammengefaltet. Jetzt ist die Tonne schon wieder voll. Setzen Sie eine Runde aus.

Sie haben für Freunde gekocht, es gibt Salat und einen Auflauf. Wohin kommt der Müll? Vor Ihnen liegen eine Plastiktüte, eine fettige Papiertüte, Zwiebel- und Kartoffelschalen, eine leere Dose, eine kaputte Porzellantasse und ein leeres Glas. Sortieren Sie den Müll: Altpapier – Glas – Plastik – Weißblech – Biomüll – Restmüll.

Nicht schon wieder ... Sie sind gestern Abend wieder vor dem Fernseher eingeschlafen und die Kiste lief sinnlos bis fünf Uhr morgens. Setzen Sie eine Runde aus.

Was sind die Folgen des „Treibhauseffektes"?

A Das Klima auf der Erde ändert sich.
B Es gibt nur noch Obst und Gemüse aus Gewächshäusern.
C In den Städten werden immer größere Häuser gebaut und weniger Grünflächen angelegt.

Sie haben eine alte Flasche Hustensaft entdeckt. Das Verfallsdatum ist abgelaufen. Was machen Sie damit?

A Ich schütte ihn ins Klo.
B Ich bringe ihn zum Apotheker.
C Ich werfe ihn in den Müll.

Erwischt! Draußen ist es kalter Winter und Sie haben wieder den ganzen Tag das Fenster gekippt und die Heizung angelassen, statt für zehn Minuten das Fenster richtig aufzumachen. Setzen Sie eine Runde aus.

Was machen Sie mit einem alten, kaputten Kühlschrank?

A Ich bringe ihn zur Sammelstelle für Problemmüll.
B Ich werfe ihn mit der Hilfe eines Freundes in einen Müllcontainer.
C Ich stelle ihn vor die Mülltonne.

Welche Energien sind erneuerbar?

A Kohle
B Erdöl und Erdgas
C Wind, Sonne und Wasser

Super, Sie haben den Biomüll runtergebracht. Würfeln Sie noch einmal.

Sie sind in einem Supermarkt in Deutschland und haben die Wahl zwischen Äpfeln aus Neuseeland und Äpfeln aus Deutschland. Erklären Sie, warum der Kauf von Äpfeln aus Deutschland umweltfreundlicher ist.

Umweltproblem Single _____

1a Lesen Sie den Titel des Textes. Was denken Sie: Warum stellen Singles ein Umweltproblem dar?

b Lesen Sie den Text und verbinden Sie die nachfolgenden Satzteile. Bringen Sie dann die Sätze in die richtige Reihenfolge.

Singles werden zum Umweltproblem

1 Ein-Personen-Haushalte entpuppen sich als Umwelt-Zeitbomben: Sie vermehren sich explosionsartig, verbrauchen Platz, Energie und Ressourcen. Jetzt werden Gegenmaßnahmen 5 gefordert.

Ein-Personen-Haushalte nehmen schon seit Jahrzehnten stark zu. Bis zum Jahr 2026 werden sie für 76 Prozent des jährlichen Zuwachses an Wohnraum verantwortlich sein und mehr als ein 10 Drittel aller Haushalte ausmachen, so eine Statistik der britischen Regierung. Umweltexperten betrachten diese Entwicklung mit Sorge, denn ihren Analysen zufolge wird durch die hohe Zahl von Single-Haushalten mit ihren energiehung- 15 rigen Bewohnern mittelfristig eine Konsum- und Umwelt-Krise ausgelöst.

Pro Kopf verbrauchen Singles nicht nur den meisten Wohnraum und die meiste Energie, sondern auch die meisten Haushaltsgeräte wie 20 Waschmaschinen, Kühlschränke, Fernseher und Stereoanlagen. Im Vergleich zu Mitgliedern eines Fünf-Personen-Haushaltes kaufen sie 39 Prozent mehr Haushaltsutensilien ein, produzieren dabei 42 Prozent mehr Verpackungsmüll, verbrennen 25 61 Prozent mehr Gas und 55 Prozent mehr Strom. Während ein Familienmensch pro Jahr rund 1.000 Kilo Abfall anhäuft, kommt der Single auf gewaltige 1.600 Kilo. Und in Zukunft leben immer mehr junge und wohlhabende 30 Menschen alleine, die durch ihren konsumorientierten Lebensstil sehr viele Ressourcen verbrauchen.

Damit die Singles nicht zum Umweltproblem werden, müssen die Weichen heute schon 35 gestellt werden, appellieren Forscher. So muss hochwertiger Wohnraum geschaffen werden, der prestigeträchtig und ökologisch zugleich ist. Mit der richtigen Werbung können die wohlhabenden Singles dann dazu motiviert werden, 40 ihr Geld für besonders umweltfreundliche Häuser und Geräte auszugeben.

Für Menschen, die unfreiwillig alleine wohnen, sollte innovative Architektur neue Möglichkeiten des Zusammenlebens schaffen. So sind 45 variable Wohnformen denkbar, in denen Wohnzimmer und Speicherräume gemeinsam genutzt werden, Schlafzimmer, Badezimmer und Küche aber privat bleiben. Auch steuerliche Abgaben für übermäßige Wohnraumnutzung werden die 50 Singles der Zukunft zum Sparen zwingen, glauben Wissenschaftler.

4 a	Um das drohende Problem zu verhindern,	dass sie zu einem Umweltproblem werden.
☐ b	Für Menschen, die nicht gern allein wohnen,	ist auch der heutige Lebensstil allein lebender Menschen.
☐ c	Dieses Problem entsteht dadurch,	müssen Singles dazu gebracht werden, in umweltfreundlichen Wohnraum und ökologische Produkte zu investieren.
☐ d	Ein-Personen-Haushalte haben so stark zugenommen,	sollten alternative Wohnformen geschaffen werden.
☐ e	Ein wichtiger Aspekt dabei	dass Singles vergleichsweise mehr Produkte, Gas und Strom konsumieren und mehr Müll produzieren.

c Welche Informationen haben Sie überrascht? Warum verbrauchen Singles mehr Produkte und Energie und produzieren mehr Müll? Stellen Sie Vermutungen an.

2a Wann verwendet man Aktiv, wann Passiv? Lesen Sie die Beispiele und ordnen Sie die Erklärungen zu.

Aktiv:
Der Architekt plant umweltfreundliche Häuser.

Wichtig ist der Vorgang / die Aktion: Was passiert?

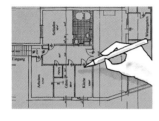

Passiv:
Umweltfreundliche Häuser werden geplant.

Wichtig ist die handelnde Person: Wer/Was macht etwas?

b Wie wird das Passiv gebildet? Ergänzen Sie die Regel.

Passiv – Bildung → _____ + Partizip II

Ⓖ

▶ Ü 1–2

c Lesen Sie die Sätze im Kasten. Was war früher? Was ist jetzt? Ordnen Sie zu.

> **A:** Das Öko-Haus wurde gebaut.   **B:** Die meiste Energie wird beim Heizen verbraucht.
>
> **C:** Vor 50 Jahren wurde nicht so viel Verpackungsmüll produziert.
>
> **D:** Immer mehr umweltfreundliche Haushaltsgeräte werden entwickelt.

Jetzt: Passiv Präsens _B,_____   Früher: Passiv Präteritum _____

▶ Ü 3

d Die meisten Verben mit Akkusativ können ein Passiv bilden. Sehen Sie sich die Sätze an und ergänzen Sie die Regel.

> Die Architekten planen **das Haus**. → **Das Haus** wird geplant.
>
> Akkusativ im Aktivsatz → _____ im Passivsatz.

e Lesen Sie den vorletzten Absatz des Textes noch einmal und unterstreichen Sie die Passivsätze mit Modalverben. Schreiben Sie dann einen Beispielsatz zu der Regel.

> Das Passiv mit Modalverben: Modalverb + Partizip II + *werden* im Infinitiv
>
> _____
>
> _____

▶ Ü 4–5

3 Schreiben Sie einen Satz im Aktiv oder Passiv auf einen Zettel. Die Zettel werden verdeckt gemischt. Ziehen Sie einen Zettel und wandeln Sie den Satz in die jeweils andere Form um.

Wir müssen die Umwelt besser schützen. – Die Umwelt muss besser geschützt werden.

Tierisches Stadtleben

1a Welche Tiere leben in der Stadt? Sammeln Sie und machen Sie im Kurs eine Liste. Sie wissen nicht, wie ein bestimmtes Tier auf Deutsch heißt? Erklären Sie es: Wie sieht es aus (Größe, Farbe, Fell oder Federn)? Was frisst es? Was kann es (klettern, fliegen, ...)? Wo wohnt es (im Keller, unter dem Dach, im Garten, ...)? ...

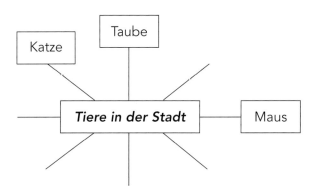

2.27

b Hören Sie den ersten Abschnitt einer Reportage zum Thema „Tiere in der Großstadt". Von welchen Tieren ist hier die Rede? Ergänzen Sie Ihre Liste.

2a Überlegen Sie: Warum „ziehen" viele Wildtiere in die Stadt? Sammeln Sie Gründe.

Wildtier → Stadt-Tier

Weniger Platz auf dem Land

▶ Ü 1 ...

2.28

b Hören Sie nun das Interview und machen Sie Notizen zu den folgenden Punkten.

1. Nahrung   4. wenige Feinde
2. schlaue Tiere   5. Behausung
3. Klima   6. Mensch und Tier als Nachbarn

1. In der Stadt: viel Nahrung (Mülltonnen, Gärten, ...)

▶ Ü 2 c Fassen Sie mithilfe Ihrer Notizen den Hörtext mit eigenen Worten zusammen.

3 Welche Probleme mit Tieren in Städten kennen Sie? Welche Lösungsvorschläge für die Probleme gibt es?

▶ Ü 3

4a Spielen Sie eine Talkshow. Lesen Sie die Rollenkarten und bilden Sie vier Gruppen. Jede Gruppe wählt eine Rolle und gibt der Person einen Namen.

Älterer Herr mit Dackel

Jeden Morgen gehen Sie mit Ihrem Dackel in den kleinen Park und bringen den Kaninchen Karotten mit. Am Nachmittag füttern Sie die Enten am kleinen See mit Brot und abends gibt es immer etwas für die Tauben vor Ihrem Fenster. Sie können nicht verstehen, wie die Tiere irgendjemanden stören können und ärgern sich über die Vorsitzende des Kleingartenvereins.

Talkmasterin

Sie sind seit vielen Jahren Talkmasterin und bekannt dafür, sich nicht aus der Ruhe bringen zu lassen. Sie achten immer darauf, dass jeder zu Wort kommt. Sie stellen, wenn nötig, Rückfragen und fassen die Meinung Ihrer Gäste zusammen. Ihre Talkgäste schätzen Ihre freundliche und faire Art.

Vorsitzende des Kleingartenvereins

Sie sind seit zwei Jahren die Vorsitzende eines Kleingartenvereins. In der Kleingartenanlage mit insgesamt 25 Gärten gibt es immer wieder Probleme mit Kaninchen, die das Gemüse der Hobbygärtner auffressen. Ihnen sind die Pflanzen sehr wichtig und Sie sind dafür, dass Fallen aufgestellt werden.

Vertreter des regionalen Tierschutzvereins

Sie sind seit kurzem Vorsitzender des örtlichen Tierschutzvereins und jetzt zum ersten Mal im Fernsehen. Sie sind sehr nervös. Tierfallen, finden Sie, sind keine Lösung. Sie schlagen vor, die Probleme z.B. mit Zäunen, die auch unterirdisch verlaufen, zu lösen. Zudem möchten sie „Tierfreunde", die Tiere überfüttern, aufklären: Die Tiere bekommen Herzprobleme und bewegen sich zu wenig.

b Jede Gruppe wählt einen Sprecher, der die Person auf der Rollenkarte spielt. Sammeln Sie gemeinsam, was die Person in der Talkshow sagen will.

c Spielen Sie die Talkshow – die Redemittel helfen Ihnen.

um das Wort bitten / das Wort ergreifen	sich nicht unterbrechen lassen
Entschuldigen Sie, wenn ich Sie unterbreche, …	Lassen Sie mich bitte ausreden.
Dürfte ich dazu bitte auch etwas sagen?	Ich möchte nur noch ein(e)s sagen …
Ich möchte dazu etwas sagen/fragen/ergänzen.	Einen Moment bitte, ich möchte nur noch …
Kann ich dazu bitte auch einmal etwas sagen?	Darf ich bitte den Satz noch abschließen?
Ich verstehe das schon, aber …	Ich bin noch nicht fertig.
Ja, aber …	Augenblick noch bitte, ich bin gleich fertig.
Glauben/Meinen Sie wirklich, dass …	

Projekt Umwelt

1a Lesen Sie die beiden Texte und erstellen Sie eine Tabelle wie auf der nächsten Seite.

Putztag – für ein „sauberhaftes" Hessen

1 **Bereits zum fünften Mal sammeln Freiwillige Müll in und um Kassel.**

Warum werfen Menschen ihre Abfälle auf die Straße, anstatt sie zum nächsten Papierkorb zu tragen? Warum lassen sie andere
5 Menschen den Müll wegräumen, anstatt ihn selber in einen Mülleimer zu geben? Ziel der Aktion „sauberhaftes Hessen" ist es, Bürgerinnen und Bürger zu einem verantwortungsvollen Umgang mit der Umwelt anzuhalten. Vor allem geht es darum, dass man Müll nicht einfach achtlos auf Straßen, Wege oder öffentliche Grünflächen wirft und somit die Umgebung verschandelt. Mit der Aktion möchte man auf eine
10 einfache Verhaltensregel aufmerksam machen: Müll gehört in den Abfalleimer!

Es ist unvorstellbar, was sich alles auf den Straßen findet: Verpackungsreste jeder Art, Pfandflaschen, Medikamente, Küchengeräte, Autoreifen, einen Kraftstofftank bis hin zu einem unverschlossenen Kanister mit Altöl und sogar eine alte Matratze fanden die über 250 großen und kleinen Teilnehmer des Kasseler Putztages.

Gletschersterben

1 Bis zum Ende des Jahrhunderts soll die globale Temperatur um zirka vier Grad steigen. Schuld daran ist die Emission von Treibhausgasen, die die Klimaerwärmung beschleunigt. Davon sind auch die Gletscher
5 betroffen: Sie schmelzen ab und das hat katastrophale Folgen für die Umwelt. Die Böden tauen und ganze Berghänge werden abrutschen. Hochwasser und Überschwemmungen wird es in den Alpen immer häufiger geben. Durch Flüsse, die in Gletscherzonen entsprin-
10 gen, sind auch entfernte Regionen akut bedroht.

Lassen sich die Gletscher noch retten?

Im Jahr 2004 starteten die Tiroler Gebiete Kaunertal, Pitztal, Ötztal und Stubaital ein Forschungsprojekt zum Schutz ihrer Gletscher. Mit Abdeckungen aus Folie will man die Gletscher vor zu starker Sonneneinstrahlung schützen und das Schmelzen der Gletscher verlangsamen. Da solche Maßnahmen aber schwer finanzierbar sind, kann man nur kleine Flächen schützen.
15 Dennoch zeigen sich Forscher zuversichtlich.

Umweltaktivisten sehen das Abdeckverfahren, das man mittlerweile auch in der Schweiz und auf Deutschlands höchstem Berg, der Zugspitze, anwendet, sehr kritisch. Denn das globale Gletschersterben lässt sich dadurch nicht aufhalten, sondern nur verlangsamen.

Projekt	Ort	Problem	Ziel
Sauberhaftes Hessen	Kassel		

b Wie finden Sie die beiden Projekte? Welchen Effekt können sie (nicht) bringen?   ▶ Ü 1

2a Ergänzen Sie rechts die Sätze. Die Texte aus Aufgabe 1 helfen Ihnen.

Passiv

Es geht darum, dass Müll nicht einfach auf die Straße geworfen wird.

Die Maßnahmen können schwer finanziert werden.

Können die Gletscher gerettet werden?

Passiversatzformen

Es geht darum, dass __man__ Müll nicht einfach auf die Straße wirft.

Die Maßnahmen sind schwer finanzier_____.

_____ _____ die Gletscher retten?

b Ergänzen Sie in der Übersicht die Beispielsätze.

(G)

	Passiversatzformen	
Der Müll wird weggeräumt.	*man*	_____
	mit modaler Bedeutung	
Das Gletschersterben **kann** nicht aufgehalten werden.	*sich lassen* + Infinitiv	_____ _____
Das Projekt **kann** nicht finanziert werden.	Adjektive auf *-bar*	_____ _____

3 Beschreiben Sie mit eigenen Worten die beiden Umwelt-Projekte aus Aufgabe 1. Ihre Notizen helfen Ihnen.   ▶ Ü 2–5

   Mit der Aktion „sauberhaftes Hessen" möchte man ...

4a Recherchieren Sie ein Umweltprojekt aus Ihrer Stadt oder Ihrem Land.

b Machen Sie Notizen zu dem Projekt wie im Raster bei Aufgabe 1a. Notieren Sie auch Probleme und Schwierigkeiten des Projekts.

c Ordnen Sie Ihre Notizen in einer sinnvollen Reihenfolge und schreiben Sie einen kurzen Bericht zu Ihrem Projekt. Ergänzen Sie den Bericht mit Fotos und hängen Sie die Berichte im Kursraum aus.

Kostbares Nass _____

1a Sehen Sie sich die Fotos an. Welche Assoziationen
   verbinden Sie mit den Bildern? Sammeln Sie im Kurs.

b Ordnen Sie die Begriffe aus dem Kasten den Fotos zu.

Süßwasser	Salzwasser	Trinkwasser	Überschwemmung	*Dürre*	Wasserknappheit
fließendes Wasser		verseuchtes Wasser		Wassermangel	Meeresstrand
durstig sein	baden	Wüste	austrocknen	vertrocknen	verschmutzen	Schlamm

c Was wissen Sie über Wasser? Wozu braucht man Wasser? Was kann man mit Wasser alles
  tun? Sammeln Sie im Kurs.

▶ Ü 1

2a Hören Sie einen Vortrag von Frau Dr.
Willinger zum Thema „Wasser" und
beantworten Sie die Fragen.

1. **Wie heißt der Titel des Vortrags und
warum heißt er so?**

2. **Der Vortrag ist in zwei Teile gegliedert.
Worum geht es in den einzelnen Teilen?
Notieren Sie jeweils drei Stichpunkte.**

Thema 1: _____

_____

_____

Thema 2: _____

_____

_____

b Hören Sie jetzt den Hauptteil des Vortrags noch einmal.

Teil 1: Beantworten Sie die Fragen.

1. Für welche Aufgaben braucht der menschliche Körper Wasser?

   • _____

   • _____

   • _____

2. Wie viel Wasser benötigt der Mensch pro Tag? _____

Teil 2: Ergänzen Sie die Informationen.

1. Gesamtwassermenge auf der Erde: _____

2. Süßwasseranteil: _____

3. über eine Milliarde Menschen: _____

4. zwei Milliarden Menschen: _____

5. bis zum Jahr 2050: _____

6. der größte Wasserverbraucher: _____

7. zunehmende Verschmutzung durch: _____

   _____

8. Zukunft: _____

Kostbares Nass _____

3 Erstellen Sie einen eigenen Kurzvortrag. Arbeiten Sie in folgenden Schritten:

1. Schritt: Suchen Sie ein Thema aus dem Bereich „Umwelt und Natur", das Sie interessiert. Sie können zum Beispiel über das Thema „Wasser", „Mülltrennung" oder „Tierschutz" arbeiten.

2. Schritt: Sammeln Sie Ideen zu Ihrem Thema und legen Sie einen Cluster wie im Beispiel an.

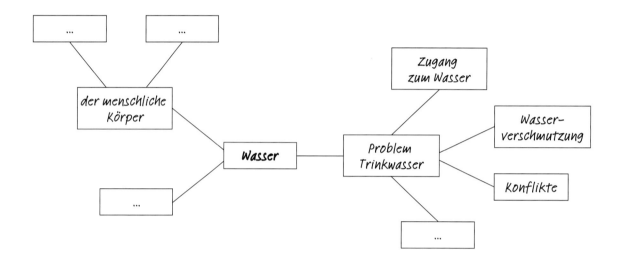

3. Schritt: Recherchieren Sie Informationen zu den einzelnen Punkten. Ergänzen Sie gegebenenfalls den Cluster. In dieser Phase können Sie auch mit dem Wörterbuch arbeiten.

4. Schritt: Entscheiden Sie, in welcher Reihenfolge Sie über die Punkte sprechen möchten und erstellen Sie eine Gliederung. Machen Sie sich Notizen zu den Gliederungspunkten.

<u>Einleitung</u>
- „Leben durch Wasser": Leben auf Erde → direkte Beziehung zu Wasser, dieses Element verbindet
- Erklärung der Gliederung

<u>Punkt 1: Mensch und Wasser</u>
- Mensch: zu 63 Prozent aus Wasser
- Ausgleich von Flüssigkeitshaushalt → ständig neues Wasser nötig
- <u>Wasser:</u>
- Entfernen giftiger Stoffe
- Transport von Nährstoffen und Sauerstoff
- Regulierung der Körpertemperatur
...

5. Schritt: Lesen Sie die Redemittel und ordnen Sie die Überschriften zu. Entscheiden Sie, welche Redemittel Sie verwenden wollen.

Strukturierung	Übergänge	Einleitung	Schluss

einen Vortrag / ein Referat halten

_____	_____
Das Thema meines Vortrags/Referats lautet … Ich spreche heute zu dem Thema …	Soweit der erste Teil. Nun möchte ich mich dem zweiten Teil zuwenden. Nun spreche ich über … Ich komme jetzt zum zweiten/nächsten Teil.
_____	_____
Mein Vortrag besteht aus drei Teilen: … Mein Vortrag ist in drei Teile gegliedert: … Zuerst spreche ich über …, dann komme ich im zweiten Teil zu …, im dritten Teil befasse ich mich dann mit …	Ich komme jetzt zum Schluss. Zusammenfassend möchte ich sagen, … Abschließend möchte ich noch erwähnen, …

6. Schritt: Arbeiten Sie zu zweit. Üben Sie Ihren Vortrag und besprechen Sie mit Ihrem Partner / Ihrer Partnerin folgende Punkte
- Verständlichkeit
- Redetempo
- Lautstärke

Üben Sie so lange, bis Sie sich sicher fühlen.

7. Schritt: Halten Sie Ihren Kurzvortrag im Kurs.

▶ Ü 2

Elisabeth Mann Borgese

Botschafterin der Ozeane

Als jüngste Tochter des Schriftstellers Thomas Mann 1918 in München geboren, lernte Elisabeth Mann in der Emigration schon früh die Welt kennen. Sie heiratete den italienischen Schriftsteller und Politikwissenschaftler Giuseppe Antonio Borgese und siedelte nach seinem Tod nach Kalifornien über, wo sie die Arbeit im Bereich der internationalen Politik, die sie mit ihrem Mann begonnen hatte, fortsetzte.

Ihre emotionale Bindung an die Ozeane wurde schon als Kind durch die langen Urlaube mit der Familie an der Ostsee und nicht zuletzt durch die leidenschaftliche Beziehung des Vaters zum Meer geprägt. Ihr romantisches Empfinden, gepaart mit einem scharfen Verstand und dem politischen Gewissen der

Elisabeth Mann Borgese (1918–2002)

Visionäre der Fünfziger- und Sechzigerjahre, machte sie zu einer der maßgeblichsten Streiterinnen für die Belange der Meere.

1967 hielt der damalige maltesische Botschafter bei den Vereinten Nationen, Arvid Pardo, die berühmt gewordene Rede, in der er die Weltmeere zum gemeinsamen Erbe der Menschheit erklärte – die Chance für Elisabeth Mann Borgese, ihre Leidenschaft mit ihrer politischen Arbeit zu verbinden. Noch im selben Jahr gründete sie das International Ocean Institute, IOI, mit Sitz in Malta und inzwischen neun regionalen Zentren in der ganzen Welt. Das IOI führt politische Forschungen, Trainingsprogramme und

Konferenzen durch und veröffentlicht die Ergebnisse regelmäßig im „Ocean Yearbook" und anderen Publikationen. Finanziell sind die Aktivitäten des IOI inzwischen gut abgesichert.

Von der Global Environmental Facility der Weltbank, von Privatunternehmen oder auch von der Deutschen Bundesregierung erhält das IOI seit Jahren finanzielle Unterstützung.

Eine Berufsbeschreibung Elisabeth Mann Borgeses scheint fast unmöglich. Obwohl sie ihre einzige wirkliche Ausbildung als Pianistin erhielt, galt sie als Expertin für Internationales Seerecht mit einem Lehrstuhl an der Dalhousie University in Halifax. Neben ihrer Arbeit für das IOI war sie als Vertreterin Österreichs an der Internationalen Seerechtskonvention (Unclos) maßgeblich am Zustandekommen des Vertrages beteiligt. Einige Länder, wie zum Beispiel die Seychellen, ratifizierten die Konvention erst nach persönlichen Verhandlungen der Regierungen mit ihr. Als Botschafterin der Ozeane reiste sie nicht selten in einem Monat in vier verschiedene Kontinente und zehn Städte. Viel zu selten nahm sie sich die Zeit, in ihrem Haus am Meer Kraft für all dies zu tanken.

Weitere Informationen zu
Elisabeth Mann Borgese

Sammeln Sie Informationen über Persönlichkeiten aus dem In- und Ausland, die für das Thema „Umwelt und Natur" interessant sind, und stellen Sie sie im Kurs vor. Sie können dazu die Vorlage „Porträt" im Anhang verwenden. Beispiele aus dem deutschsprachigen Bereich: Hans Hass – Bernhard Grzimek – Hannelore „Loki" Schmid – Heinz Sielmann

1 Passiv

Verwendung

Man verwendet das **Passiv**, wenn ein Vorgang oder eine Aktion im Vordergrund steht (und nicht eine handelnde Person).
Das **Aktiv** verwendet man, wenn wichtig ist, wer oder was etwas macht.

Bildung des Passivs *werden + Partizip II*

| Präsens | *Das Haus wird jetzt gebaut.* | *werden* im Präsens |
| Präteritum | *Das Haus wurde letztes Jahr gebaut.* | *werden* im Präteritum |

Aktiv-Satz   Passiv-Satz

Der Architekt (plant) Wohnungen.	*Wohnungen (werden) (vom Architekten) (geplant).*
Nominativ Akkusativ	Nominativ (von + Dativ)

Die meisten Verben mit Akkusativ können das Passiv bilden. Der Akkusativ im Aktiv-Satz wird im Passiv-Satz zum Nominativ.
Andere Ergänzungen bleiben im Aktiv und im Passiv im gleichen Kasus.

Er schenkt meinem Sohn eine Wohnung.	*Meinem Sohn wird eine Wohnung geschenkt.*
Nominativ Dativ Akkusativ	Dativ Nominativ

Passiv mit Modalverben

Modalverb + Partizip II + *werden* im Infinitiv
Die Wohnungen **müssen geplant werden**.

2 Passiversatzformen

man	*Hier baut* **man** *Häuser.* *(= Hier werden Häuser gebaut.)*
mit modaler Bedeutung **Adjektive auf -bar**	*Das Projekt ist nicht* **finanzierbar**.
sich lassen + Infinitiv	*Das Projekt* **lässt sich** *nicht* **finanzieren**. *(= Das Projekt* **kann** *nicht finanziert werden.)*

sich lassen + Infinitiv: Zeitformen

jetzt (Präsens)	*Das Projekt* **lässt** *sich nicht finanzieren.*
früher (Präteritum)	*Das Projekt* **ließ** *sich nicht finanzieren.*
früher (Perfekt)	*Das Projekt* **hat** *sich nicht finanzieren* **lassen**.
in Zukunft (Futur)	*Das Projekt* **wird** *sich nicht finanzieren* **lassen**.

Wildtiere in Berlin

1 Was wissen Sie über diese drei Wildtiere (Aussehen, Lebensraum, Nahrung, …)? Machen Sie zu jedem Tier eine Liste. Arbeiten Sie in Gruppen zusammen und vergleichen Sie im Kurs Ihre Informationen.

Wildschwein

Waschbär

Fuchs

1 2a Sehen Sie die erste Sequenz ohne Ton. Arbeiten Sie in Gruppen. Was passiert hier? Welche Probleme gibt es? Was macht der Mann?

b Sehen Sie jetzt die erste Sequenz mit Ton. Ergänzen oder korrigieren Sie Ihre Vermutungen.

c Was ist die Aufgabe von Derk Ehlert?

2 3a Sehen Sie die zweite Sequenz. Machen Sie sich während des Sehens Notizen zu der Geschichte von Jochen Viol.

b Tauschen Sie in Gruppen Ihre Notizen aus und fassen Sie den Bericht von Jochen Viol zusammen. Wo und wie passierte der Unfall? Welche Folgen hat der Unfall?

Die folgenden Wörter helfen Ihnen:

Beinbruch, inspizieren, im Laub liegen, in Ordnung sein, Platz umgraben, sich angegriffen fühlen, umrennen, Wildschwein, Zaun

1 **2** **3** **4**

4 Sehen Sie sich Bild 1 an und vermuten Sie, was hier passiert ist. Wie und warum kommt der Waschbär in die Mülltonne?

3 **5** Sehen Sie die dritte Sequenz. Stellen Sie sich vor, Sie wären bei dem Vorfall dabei gewesen. Schreiben Sie zu den Bildern 1–4 einen kurzen Text.

4 **6a** Sehen Sie die vierte Sequenz und machen Sie Notizen. Bilden Sie zwei Gruppen und formulieren Sie Fragen zum Stadtfuchs (Aussehen, Verhalten, Ernährung, Überlebenschancen in der Wildnis, idealer Wohnort, …).

b Welche Gruppe ist Experte? Die Gruppen stellen abwechselnd ihre Fragen. Für die Antwort hat jede Gruppe zehn Sekunden Zeit. Jede richtige Antwort gibt einen Punkt.

7a Sehen Sie sich nochmals Ihre Liste aus Aufgabe 1 an. Welche zusätzlichen Informationen haben sie jetzt über diese Tiere?

b Berichten Sie über Probleme mit Wildtieren in Ihrem Land.

c Geben Sie Tipps, was man über Wildtiere wissen und worauf man achten sollte. Hängen Sie Ihre Tipps im Kursraum auf.

Nachrichten

12. Dezember 2057

Wildtier-Alarm!!!

Immer mehr

nicht mehr zu retten?

8 Die Zukunft – ein „Großstadtdschungel"? Schreiben Sie die Zeitungsmeldung.

Redemittel

Meinungen ausdrücken

K1M2 / K1M4 / K2M4

Meiner Meinung nach …
Ich bin der Meinung/Ansicht, dass …
Ich stehe auf dem Standpunkt, dass …

Ich denke/meine/glaube/finde, dass …
Ich bin davon überzeugt, dass …

eine Begründung ausdrücken

K3M1 / K8M2

Ich möchte …, weil …
Ich … und darum …

Ich denke …, denn …
Der ersten Aussage kann ich zustimmen, da …

Zustimmung ausdrücken

K1M4 / K8M2 / K9M2

Der Meinung bin ich auch.
Ich bin ganz deiner/Ihrer Meinung.
Das stimmt. / Das ist richtig.
Da hast du / haben Sie völlig recht.
Ja, das kann ich mir gut vorstellen.
Das kann ich mir vorstellen.
Ja, das ist richtig.
Ja sicher! / Ja, genau.

Selbstverständlich ist das so, weil …
Ja, das sehe ich auch so.
Der ersten Aussage kann ich völlig zustimmen,
da/weil …
Ich denke, diese Einstellung ist falsch, denn …
Ich finde, … hat recht, wenn er/sie sagt, dass …

Widerspruch ausdrücken

K1M2 / K1M4

Das stimmt meiner Meinung nach nicht.
Das ist nicht richtig.

Ich sehe das (ganz) anders.
Da muss ich dir/Ihnen aber widersprechen.

Zweifel ausdrücken

K1M4 / K9M2

Also, ich weiß nicht …
Stimmt das wirklich?
Ob das wirklich so ist …
Es ist unwahrscheinlich, dass …

Ich glaube/denke kaum, dass …
Wohl kaum, denn …
Ich bezweifle, dass …
Ich habe da so meine Zweifel.
Ich sehe das schon anders, da …

Unmöglichkeit ausdrücken

K9M2

Es kann nicht sein, dass …
Es ist (völlig) unmöglich, dass …
Es ist ganz sicher nicht so, dass …

… halte ich für ausgeschlossen.
Das kann ich mir überhaupt nicht vorstellen.

einen Gegensatz ausdrücken · K3M4

Im Gegensatz zu Peter mache ich ...
Während Peter abends ..., mache ich ...

Bei mir ist das ganz anders.

Wichtigkeit ausdrücken · K1M2 / K6M3

Bei einer Bewerbung ist ... am wichtigsten.
Im Gespräch ist es sehr wichtig, ...

Der Bewerber muss erst einmal ...
Für mich ist es wichtig, dass ...

Vermutungen ausdrücken · K6M4 / K7M4 / K8M3

Ich kann mir gut vorstellen, dass …
Es könnte (gut) sein, dass …
Ich vermute/glaube/nehme an, dass …
Vielleicht/Wahrscheinlich/Vermutlich ist …

Es kann sein, dass …
Ich könnte mir gut vorstellen, dass ...
Es ist denkbar/möglich/vorstellbar, dass …
Der erste Mann wird … sein. In seinem Alltag
wird er …
Der andere Mann sieht so aus, als ob …

Ratschläge und Tipps geben · K2M4 / K3M4 / K5M3 / K5M4 / K7M4

Am besten ist ...
Du solltest ... / Du könntest ...
Du musst ...
Man darf nicht ...
Da sollte man am besten ...
Ich kann dir/euch nur raten ...
Ich würde dir/euch raten ...
Am besten ist/wäre es ...
Auf keinen Fall solltest du ...
An deiner Stelle würde ich ...
Wenn du mich fragst, dann ...
Mir hat sehr geholfen ...

Es lohnt sich, ...
Empfehlenswert ist, wenn …
Überleg dir das gut.
Sag mal, wäre es nicht besser, …
Verstehe mich nicht falsch, aber …
Wir schlagen vor ...
Wir geben die folgenden Empfehlungen: …
Sinnvoll/hilfreich/nützlich wäre, wenn …
Dabei sollte man beachten, dass ...
Es ist besser, wenn …

einen Vorschlag machen · K4M2 / K4M4

Wie wär's, wenn ...?
Wir könnten doch ...

Hast du (nicht) Lust ...?
Vielleicht treffen wir uns ...

Wünsche und Ziele ausdrücken   K5M1

Ich hätte Spaß daran, …   Ich habe vor, …
Ich hätte Lust, …   Für mich wäre es gut, …
Ich hätte Zeit, …   Es ist notwendig, …
Ich wünsche mir, …   Für mich ist es wichtig, …

seine Wunschvorstellung ausdrücken   K1M1

Er hat schon als Kind davon geträumt, …   Rita wollte unbedingt …
Er wollte schon immer …

Verständnis/Unverständnis ausdrücken   K3M4 / K7M4

Ich kann gut verstehen, dass …   Ich verstehe … nicht.
Es ist ganz natürlich, dass …   Ich würde anders reagieren.
Es ist verständlich, dass …

eigene Erfahrungen ausdrücken   K3M4

Ich habe ähnliche Erfahrungen gemacht, als …   Mir ging es ganz ähnlich, als …
Wir haben gute/schlechte Erfahrungen   Bei mir war das damals so: …
gemacht mit …   Wir haben oft bemerkt, dass …

Unsicherheit/Sorge ausdrücken   K2M4

Ich bin mir noch nicht sicher.   Überleg dir das gut.
Ich befürchte nur, …   Sag mal, wäre es nicht besser, …
Ich habe wohl keine Wahl.

Erstaunen/Überraschung ausdrücken   K3M3

Mich hat total überrascht, dass …   Für mich war neu, dass …
Besonders interessant finde ich …   Erstaunlich finde ich, dass …

Glückwünsche ausdrücken   K1M4

Herzlichen Glückwunsch!   Alles erdenklich Gute!
Ich möchte Euch zur Geburt Eures Sohnes /   Ich wünsche Eurem Kind viel Glück.
Eurer Tochter beglückwünschen.   Ich schicke Euch die allerbesten Wünsche.

Freude ausdrücken

Ich bin sehr froh, dass …
Ich freue mich sehr/riesig für Euch.

Das ist eine tolle Nachricht!
Es freut mich, dass …

höfliche Bitten ausdrücken

Es wäre sehr freundlich von Ihnen, wenn …
Könnten Sie … bitte …?
Dürfte ich … bitte …?

Würden Sie … bitte …?
Ich hätte gern …
Ich möchte gern …

über Probleme sprechen

Für viele ist es problematisch, wenn …
Es ist immer schwierig …

… bereitet vielen (große) Schwierigkeiten.
Ich habe große Probleme damit, dass …

etwas beschreiben/vorstellen

Es ist aus … / Es besteht aus …
Man braucht es, um …
Es ist ungefähr so groß/breit/lang wie …
Es ist rund/eckig/flach/dick.
Es ist schwer/leicht …

Es ist aus Holz/Metall/Kunststoff/Leder …
Besonders praktisch ist es, um …
Es eignet sich sehr gut zum …
Ich finde es sehr nützlich, weil …
Es ist günstig/billig/preiswert.

Das … gibt es seit … /
… wurde im Jahr … gebaut/eröffnet.
Es liegt/ist in der … Straße, Nummer …

Es ist bekannt für …
Viele Leute schätzen das … wegen …

etwas positiv/negativ bewerten

Die Geschichte gefällt mir sehr.
Ich finde die Geschichte sehr spannend.
Eine sehr lesenswerte Geschichte.
Die Geschichte ist gut durchdacht und
überraschend.
Ich finde die Geschichte kurzweilig und
sehr unterhaltsam.

Ich finde die Geschichte unmöglich.
Die Geschichte ist voller Widersprüche.
Für mich ist die Geschichte Unsinn.
Die Geschichte ist nicht mein Geschmack.

Redemittel

Für mich ist es wichtig, dass …

Ich finde es …

Es ist (ganz) wichtig, dass …

Dabei wird deutlich, dass …

… haben deutlich gezeigt, dass …

… spielt eine wichtige Rolle bei …

… ist ein wichtiges Argument für …

… hat deutlich gezeigt, dass …

… macht klar, dass …

Außerdem muss man bedenken, dass …

um das Wort bitten / das Wort ergreifen

Entschuldigen Sie, wenn ich Sie unterbreche, …

Dürfte ich dazu bitte auch etwas sagen?

Ich möchte dazu etwas sagen/fragen/ergänzen.

Kann ich dazu bitte auch einmal etwas sagen?

Ich verstehe das schon, aber …

Ja, aber …

Glauben/Meinen Sie wirklich, dass …?

sich nicht unterbrechen lassen

Lassen Sie mich bitte ausreden.

Ich möchte nur noch eines sagen …

Einen Moment bitte, ich möchte nur noch …

Darf ich bitte den Satz noch abschließen?

Ich bin noch nicht fertig.

Augenblick noch bitte, ich bin gleich fertig.

Einleitung

Die Grafik zeigt …

Die Grafik informiert über …

Die Grafik gibt Informationen über …

Die Grafik stellt … dar.

Hauptpunkte beschreiben

Auffällig/Bemerkenswert/Interessant ist, dass …

Die meisten … / Die wenigsten …

An erster Stelle … / An unterster (letzter) Stelle
steht/stehen/sieht man …

Am wichtigsten …

… Prozent sagen/meinen, dass …

Im Vergleich zu …

Im Gegensatz zu …

Ungefähr die Hälfte …

In der Geschichte geht es um …

Die Geschichte handelt von …

Den Inhalt der Geschichte kann man so
zusammenfassen: …

über einen Film schreiben K4M4

Der Film heißt …
Der Film „…" ist eine moderne Komödie /
ein Spielfilm / …
In dem Film geht es um … / Er handelt von …
Im Mittelpunkt des Geschehens steht …
Der Film spielt in …
Schauplatz des Films ist …

Die Hauptpersonen im Film sind …
Der Hauptdarsteller ist …
Besonders die Schauspieler sind überzeugend/
hervorragend/ …
Der Regisseur ist …
Den Regisseur kennt man bereits von den Filmen
„…" und „…"

einen Vortrag halten K10M4

Einleitung
Das Thema meines Vortrags/Referats lautet …
Ich spreche heute zu dem Thema …

Übergänge
Soweit der erste Teil. Nun möchte ich mich dem
zweiten Teil zuwenden.
Nun spreche ich über …
Ich komme jetzt zum zweiten/nächsten Teil.

Strukturierung
Mein Vortrag besteht aus drei Teilen: …
Mein Vortrag ist in drei Teile gegliedert: …
Zuerst spreche ich über …, dann komme ich
im zweiten Teil zu …, im dritten Teil befasse
ich mich dann mit …

Schluss
Ich komme jetzt zum Schluss.
Zusammenfassend möchte ich sagen, …
Abschließend möchte ich noch erwähnen, …

einen formellen Brief einleiten K3M2 / K7M2

Ich wende mich heute an Sie, weil …
Ich schreibe Sie heute an, weil …
Mit diesem Brief möchte ich …

In Ihrer Zeitschrift vom … veröffentlichten Sie …

Verb

Vergangenheit ausdrücken   Kapitel 1

Präteritum von Ereignissen schriftlich berichten, bei Hilfs- und Modalverben	**Perfekt** von Ereignissen mündlich berichten	**Plusquamperfekt** von Ereignissen berichten, die vor einem anderen in der Vergangenheit passiert sind
	haben/sein (im Präsens) + Partizip II	**haben/sein (im Präteritum) + Partizip II**
a regelmäßig: Verbstamm + Präteritum-signal **-t** + Endung: (z.B. träumen – träum**te**)	**Bildung des Partizip II** **a regelmäßig:** ohne Präfix: trennbares Verb: untrennbares Verb: Verben auf -ieren:	sagen – **ge**sag**t** aufhören – auf**ge**hör**t** verdienen – verdien**t** faszinieren – faszinier**t**
b unregelmäßig: Präteritumstamm + Endung: (z.B. wachsen – w**u**chs)	**b unregelmäßig:** ohne Präfix: nehmen – **ge**n**omm**en trennbares Verb: untrennbares Verb:	 aufgeben – auf**ge**geb**en** verstehen – verstand**en**

Merke: kennen – kannte – habe gekannt   bringen – brachte – habe gebracht
        denken – dachte – habe gedacht   wissen – wusste – habe gewusst

→ Liste der unregelmäßige Verben im Arbeitsbuch

Zukünftiges ausdrücken   Kapitel 6

Um Dinge, die in der Zukunft liegen, auszudrücken, werden zwei Tempusformen verwendet:

Präsens (oft mit Zeitangabe)   *Morgen **spreche** ich mit meiner Chefin.*
Futur I   *Ich **werde** (morgen) mit meiner Chefin **sprechen**.*

Das Futur I wird auch oft verwendet, um Vermutungen auszudrücken.

○ *Wo ist Thomas?* – ● *Er wird noch bei der Arbeit sein.*   (= Ich weiß es nicht sicher.)

Bildung des Futur I: *werden* + Infinitiv

ich	**werde** anrufen	wir	**werden** anrufen
du	**wirst** anrufen	ihr	**werdet** anrufen
er/es/sie	**wird** anrufen	sie/Sie	**werden** anrufen

Trennbare und untrennbare Verben   Kapitel 3

Präfixe	Beispiele
trennbar (Präfix betont)	**ab**/fahren, **an**/kommen, **auf**/hören, **aus**/sehen, **bei**/stehen, **dar**/stellen, **ein**/richten, **empor**/steigen, **fort**/laufen, **her**/kommen, **hin**/fallen, **los**/fahren, **mit**/nehmen, **nach**/denken, **vor**/stellen, **weg**/laufen, **weiter**/arbeiten, **wieder**/sehen, **zu**/hören
untrennbar (Präfix nicht betont)	**be**nutzen, **emp**fehlen, **ent**fernen, **er**ziehen, **ge**brauchen, **hinter**lassen, **miss**lingen, **ver**gessen, **zer**brechen

Merke: In den folgenden Fällen wird das trennbare Verb nicht getrennt:
- im Nebensatz: Er sagte, dass er die Therapie _absetzt_.
- wenn das Verb ein Partizip Perfekt ist: Er hat die Therapie _abgesetzt_.
- wenn das Verb im Infinitiv mit oder ohne _zu_ steht:
  Er hat begonnen, die Therapie _abzusetzen_. / Er möchte die Therapie _absetzen_.

Bedeutung der Modalverben   Kapitel 5

Modalverb	Bedeutung	Alternativen
dürfen	Erlaubnis	es ist erlaubt zu + Inf., es ist gestattet zu + Inf., die Erlaubnis haben zu + Inf., das Recht haben zu + Inf.
nicht dürfen	Verbot	es ist verboten zu + Inf., es ist nicht erlaubt zu + Inf., keine Erlaubnis haben zu + Inf.
können	a) Möglichkeit	die Möglichkeit/Gelegenheit haben zu + Inf., es ist möglich zu + Inf.
	b) Fähigkeit	imstande sein zu + Inf., die Fähigkeit haben/ besitzen zu + Inf., in der Lage sein zu + Inf.
mögen	Wunsch, Lust	Adverb: gern, Lust haben zu + Inf.
müssen	Notwendigkeit	es ist notwendig zu + Inf., gezwungen sein zu + Inf., es ist erforderlich zu + Inf., es bleibt einem nichts anderes übrig, als zu + Inf., haben zu + Inf.
sollen	Forderung	den Auftrag / die Aufgabe haben zu + Inf., aufgefordert sein zu + Inf.
wollen	eigener Wille, Absicht	die Absicht haben zu + Inf., beabsichtigen zu + Inf. , vorhaben zu + Inf., planen zu + Inf.

Modalverben: Präsens

	wollen	können	müssen	dürfen	sollen	mögen
ich	will	kann	muss	darf	soll	mag
du	will-st	kann-st	muss-t	darf-st	soll-st	mag-st
er/es/sie	will	kann	muss	darf	soll	mag
wir	woll-en	könn-en	müss-en	dürf-en	soll-en	mög-en
ihr	woll-t	könn-t	müss-t	dürf-t	soll-t	mög-t
sie/Sie	woll-en	könn-en	müss-en	dürf-en	soll-en	mög-en

Auch *wissen* wird wie ein Modalverb konjugiert.
ich weiß – er/es/sie weiß – wir wissen

Merke:
ich möchte, du möchtest, er/es/sie möchte, wir möchten, ihr möchtet, sie/Sie möchten

Modalverben: Präteritum

	wollen	können	müssen	dürfen	sollen	mögen
ich	woll-t-e	konn-t-e	muss-t-e	durf-t-e	soll-t-e	moch-t-e
du	woll-t-est	konn-t-est	muss-t-est	durf-t-est	soll-t-est	moch-t-est
er/es/sie	woll-t-e	konn-t-e	muss-t-e	durf-t-e	soll-t-e	moch-t-e
wir	woll-t-en	konn-t-en	muss-t-en	durf-t-en	soll-t-en	moch-t-en
ihr	woll-t-et	konn-t-et	muss-t-et	durf-t-et	soll-t-et	moch-t-et
sie/Sie	woll-t-en	konn-t-en	muss-t-en	durf-t-en	soll-t-en	moch-t-en

Merke: *möcht-* hat kein Präteritum:
*Ich **möchte heute** ins Kino gehen. – Ich **wollte gestern** ins Kino gehen.*

Man verwendet den Konjunktiv II, um:

Bitten höflich auszudrücken	*Könnten Sie mir das bitte genau beschreiben?*
Irreales auszudrücken	*Hätten Sie die Ware doch früher abgeschickt.*
Vermutungen auszudrücken	*Es könnte sein, dass er einen Defekt hat.*

Die meisten Verben bilden den Konjunktiv II mit den Formen von *würde* + Infinitiv.

ich **würde** anrufen	wir **würden** anrufen
du **würdest** anrufen	ihr **würdet** anrufen
er/es/sie **würde** anrufen	sie/Sie **würden** anrufen

Die Modalverben *haben, sein* und *brauchen* bilden den Konjunktiv II mit den Formen des Präteritums und Umlaut. Die erste und die dritte Person Singular hat im Konjunktiv II immer die Endung **-e**.

ich w**ä**re, h**ä**tte, m**ü**sste, …	wir w**ä**ren, h**ä**tten, m**ü**ssten, …
du w**ä**r(e)st, h**ä**ttest, m**ü**sstest, …	ihr w**ä**r(e)t, h**ä**ttet, m**ü**sstet, …
er/es/sie w**ä**re, h**ä**tte, m**ü**sste, …	sie/Sie w**ä**ren, h**ä**tten, m**ü**ssten, …

Merke: ich s**o**llte, du s**o**lltest, …; ich w**o**llte, du w**o**lltest, …

Viele unregelmäßige Verben können den Konjunktiv II wie die Modalverben bilden, meistens verwendet man jedoch die Umschreibung mit *würde* + Infinitiv.

Ich käme gerne zu euch. / Ich würde gerne zu euch kommen.

Verwendung

Man verwendet das **Passiv**, wenn ein Vorgang oder eine Aktion im Vordergrund steht (und nicht eine handelnde Person).
Das **Aktiv** verwendet man, wenn wichtig ist, wer oder was etwas macht.

Bildung des Passivs *werden* + Partizip II

Präsens	*Das Haus wird jetzt gebaut.*	*werden* im Präsens
Präteritum	*Das Haus wurde letztes Jahr gebaut.*	*werden* im Präteritum

Die meisten Verben mit Akkusativ können das Passiv bilden. Der Akkusativ im Aktiv-Satz wird im Passiv-Satz zum Nominativ.

| **Aktiv-Satz** | **Passiv-Satz** |

Der Architekt (plant) *Wohnungen.*	*Wohnungen* (werden) *(vom Architekten)* (geplant.)
Nominativ Akkusativ	Nominativ (von + Dativ)

Andere Ergänzungen bleiben im Aktiv und im Passiv im gleichen Kasus.

Er schenkt meinem Sohn eine Wohnung.	*Meinem Sohn wird eine Wohnung geschenkt.*
Nominativ Dativ Akkusativ	Dativ Nominativ

Passiv mit Modalverben

Modalverb + Partizip II + *werden* im Infinitiv
Die Wohnungen **müssen geplant werden**.

Passiversatzformen   Kapitel 10

man
Hier baut **man** *Häuser.*   (= *Hier werden Häuser gebaut.*)

Passiversatzformen mit modaler Bedeutung

Adjektive auf -bar
Das Projekt ist nicht **finanzierbar**. (= *Das Projekt* **kann** *nicht finanziert werden.*)

sich lassen + Infinitiv
Das Projekt **lässt sich** *nicht* **finanzieren**. (= *Das Projekt* **kann** *nicht finanziert werden.*)

Zeitformen:

jetzt (Präsens)	*Das Projekt* **lässt** *sich nicht finanzieren.*
früher (Präteritum)	*Das Projekt* **ließ** *sich nicht finanzieren.*
früher (Perfekt)	*Das Projekt* **hat** *sich nicht finanzieren* **lassen**.
in Zukunft (Futur)	*Das Projekt* **wird** *sich nicht finanzieren* **lassen**.

Infinitiv **ohne** *zu* nach:	Infinitiv **mit** *zu* nach:
1. Modalverben: *Er muss arbeiten.* 2. werden (Futur I): *Ich werde das Buch lesen.* 3. bleiben: *Wir bleiben im Bus sitzen.* 4. lassen: *Er lässt seine Tasche liegen.* 5. hören: *Sie hört ihn rufen.* 6. sehen: *Ich sehe das Auto losfahren.* 7. gehen: *Wir gehen baden.* 8. lernen*: *Hans lernt schwimmen.* 9. helfen*: *Ich helfe das Auto reparieren.* *) Nach *lernen und helfen* kann auch ein Infinitiv mit *zu* stehen. *Er lernt, Auto <u>zu</u> fahren.* *Er hilft, das Auto <u>zu</u> reparieren.*	1. einem Substantiv + Verb: den Wunsch haben, die Möglichkeit haben, die Absicht haben, die Hoffnung haben, Lust haben, Zeit haben, Spaß machen *Er hat den Wunsch, Medizin <u>zu</u> studieren.* 2. einem Verb: anfangen, aufhören, beginnen, beabsichtigen, scheinen, bitten, empfehlen, erlauben, gestatten, raten, verbieten, vorhaben, sich freuen … *Wir haben vor, die Prüfung <u>zu</u> machen.* 3. nach *sein* + Adjektiv: es ist wichtig/notwendig/schlecht/gut/richtig/falsch … *Es ist wichtig, regelmäßig Sport <u>zu</u> treiben.*

Das Verb bestimmt, wie viele Ergänzungen in einem Satz stehen müssen und in welchem Kasus.

Verb + Ergänzung im Nominativ	*Er ist **Erster**.*
Verb + Ergänzung im Akkusativ	*Ich suche **den Würfel**.*
Verb + Ergänzung im Dativ	*Kannst du **mir** helfen?*
Verb + Ergänzung im Dativ und Akk.	*Sie erklärt **ihm den Spielablauf**.*
Verb + Ergänzung mit Präposition + Akk.	*Sie denkt **an ihre Freundin**.*
+ Dativ	*Er spielt **mit seinem Neffen**.*

Viele Verben stehen mit einer oder mehreren Präpositionen. Bei Verben mit Präposition bestimmt die Präposition den Kasus der zugehörigen Satzteile.

diskutieren **über** + Akk.	*Wir diskutieren **über** <u>die neuen Arbeitszeiten</u>.*
diskutieren **mit** + Dat.	*Wir diskutieren **mit** <u>unserem Chef</u>.*
diskutieren **mit** + Dat. **über** + Akk.	*Wir diskutieren **mit** <u>unserem Chef</u> **über** <u>die neuen Arbeitszeiten</u>.*

→ Liste der Verben mit Präpositionen im Arbeitsbuch

Pluralbildung

Kapitel 3

Typ	Plural-endung	Welche Substantive?	Beispiele
I	-(")Ø	– maskuline Substantive auf -en/-er/-el – neutrale Substantive auf -chen/-lein	der Norweger > die Norweger das Märchen > die Märchen
II	-(e)n	– fast alle femininen Substantive (96%) – maskuline Substantive auf -or – alle Substantive der n-Deklination	die Variante > die Varianten der Doktor > die Doktoren der Student > die Studenten
III	-(")e	– viele maskuline und neutrale Substan-tive (ca. 70%) – einige einsilbige feminine Substantive	das Teil > die Teile der Hut > die Hüte die Stadt > die Städte
IV	-(")er	– einsilbige neutrale Substantive – einige maskuline Substantive – Substantive auf -tum	das Kind > die Kinder der Mann > die Männer der Irrtum > die Irrtümer
V	-s	– Fremdwörter aus dem Englischen und Französischen – Abkürzungen – Substantive mit -a/-i/-o/-u im Auslaut	der Fan > die Fans der PKW > die PKWs das Auto > die Autos

Der **Dativ Plural** bekommt die Kasusendung -n.
<u>Ausnahme:</u> Substantive, die im Plural auf -s enden.

Nominativ Plural	*Wo sind die Kinder?*	*Wo sind die Autos?*
Dativ Plural	*Kommst du mit den Kindern?*	*Kommt ihr mit den Autos?*

Reflexivpronomen

Kapitel 7

Personalpronomen	Reflexivpronomen im Akkusativ	Reflexivpronomen im Dativ
ich	mich	mir
du	dich	dir
er, es, sie	sich	
wir	uns	
ihr	euch	
sie, Sie	sich	

Manche Verben sind immer reflexiv: *sich erinnern, sich entschließen, sich verlieben, …*

Einige Verben können reflexiv gebraucht werden bzw. mit einer Akkusativergänzung:
*Wir verstehen **uns** gut. / Ich verstehe **ihn** nicht.*

Reflexivpronomen stehen normalerweise im Akkusativ. Gibt es eine Akkusativergänzung, steht das Reflexivpronomen im Dativ:
*Ich ziehe **mich** an. / Ich ziehe **mir die Schuhe** an.*

Verben, deren Reflexivpronomen immer im Dativ stehen, brauchen immer auch eine Akkusativergänzung:
*Ich wünsche **mir** ein bisschen mehr **Freizeit**. / Merk **dir die Regel**.*

Relativpronomen   Kapitel 7

	Singular			Plural
Nominativ	der	das	die	die
Akkusativ	den	das	die	die
Dativ	dem	dem	der	**denen**
Genitiv	**dessen**	**dessen**	**deren**	**deren**

Genus und Numerus des Relativpronomens richten sich nach dem Bezugswort, der Kasus nach dem Verb im Relativsatz oder der Präposition.

Sie war die erste Frau *,* die *ich getroffen habe.*
+ Akk.

Sie war die erste Kollegin *,* **mit** der *ich gearbeitet habe.*
mit + Dat.

Relativpronomen *wo, wohin, woher*

Gibt ein Relativsatz einen Ort, eine Richtung oder einen Ausgangspunkt an, kann man alternativ zum Relativpronomen auch *wo, wohin, woher* verwenden.

Ich habe Anne in der englischen Kleinstadt kennengelernt,
… wo *wir gearbeitet haben.*   *…* wohin *ich gezogen bin.*   *…* woher *mein Kollege kommt.*

Bei Städte- und Ländernamen benutzt man immer *wo, wohin, woher*.
Paulo kommt aus Saõ Paulo, wo *auch seine Familie lebt.*

Relativpronomen *was*

Bezieht sich das Relativpronomen auf einen ganzen Satz oder stehen die Pronomen *etwas*, *alles* und *nichts* im Hauptsatz, dann verwendet man das Relativpronomen *was*.

Meine Kinder sehen ihre Großeltern höchstens einmal im Jahr, was *ich wirklich schade finde.*

Mit Maja kann ich alles *nachholen,* was *ich verpasst habe.*

Es gibt eigentlich nichts *,* was *mich an ihm stört.*

Adjektiv

Deklination der Adjektive

Kapitel 1

Typ 1: bestimmter Artikel + Adjektiv + Substantiv

	maskulin	neutrum	feminin	Plural
Nominativ	der mutige Mann der	das mutige Kind das	die mutige Frau die	die mutigen Helfer die
Akkusativ	den mutigen Mann den			
Dativ	(mit) dem mutigen Mann dem	(mit) dem mutigen Kind dem	(mit) der mutigen Frau der	(mit) den mutigen Helfern den
Genitiv	(die Geschichte) des mutigen Mannes des	(die Geschichte) des mutigen Kindes des	(die Geschichte) der mutigen Frau der	(die Geschichte) der mutigen Helfer der

auch nach:
– Demonstrativartikel: *dieser, dieses, diese; jener, jenes, jene; derselbe, dasselbe, dieselbe*
– Fragewort: *welcher, welches, welche*
– Indefinitartikel: *jeder, jedes, jede; alle* (Plural!)

Typ 2: unbestimmter Artikel + Adjektiv + Substantiv

	maskulin	neutrum	feminin	Plural
Nominativ	ein mutiger Mann der	ein mutiges Kind das	eine mutige Frau die	mutigen Helfer die
Akkusativ	einen mutigen Mann den			
Dativ	(mit) einem mutigen Mann dem	(mit) einem mutigen Kind dem	(mit) einer mutigen Frau der	(mit) mutigen Helfern den
Genitiv	(die Geschichte) eines mutigen Mannes des	(die Geschichte) eines mutigen Kindes des	(die Geschichte) einer mutigen Frau der	(die Geschichte) mutiger Helfer der

im Singular ebenso nach:
– Negationsartikel: *kein, keine, kein*
– Possessivartikel: *mein, meine, mein …*
Im Plural nach Negationsartikel und Possessivartikel immer **-en**.

Typ 3: Nullartikel + Adjektiv + Substantiv

	maskulin	neutrum	feminin	Plural
Nominativ	mutig**er** Mann ___der	mutig**es** Kind ___das	mutig**e** Frau ___die	mutig**e** Helfer ___die
Akkusativ	mutig**en** Mann ___den			
Dativ	(mit) mutig**em** Mann ___dem	(mit) mutig**em** Kind ___dem	(mit) mutig**er** Frau ___der	(mit) mutig**en** Helfern ___den
Genitiv	(trotz) mutig**en** Mannes ___des	(trotz) mutig**en** Kindes ___des	(trotz) mutig**er** Frau ___der	(trotz) mutig**er** Helfer ___der

auch nach:
– Zahlen
– Indefinitartikel im Plural: *einige, viele, wenige, etliche, andere, manche*

– Indefinitartikel im Singular: *viel, mehr, wenig*
– Relativpronomen im Genitiv: *dessen, deren*

Graduierung der Adjektive   Kapitel 2

regelmäßig ohne Umlaut

Grundform	Komparativ	Superlativ
klein	klein**er**	am klein**sten**
hell	hell**er**	am hell**sten**
billig	billig**er**	am billig**sten**

regelmäßig mit Umlaut

Grundform	Komparativ	Superlativ
warm	wärm**er**	am wärm**sten**
lang	läng**er**	am läng**sten**
jung	jüng**er**	am jüng**sten**
klug	klüg**er**	am klüg**sten**
groß	größ**er**	am grö<u>ß</u>**ten**

Adjektive auf -d, -t, -s, -ß, -sch, -st, -z

Grundform	Komparativ	Superlativ
breit	breit**er**	am breit**esten**
wild	wild**er**	am wild**esten**
heiß	heiß**er**	am heiß**esten**
hübsch	hübsch**er**	am hübsch**esten**
kurz	kürz**er**	am kürz**esten**

unregelmäßig

Grundform	Komparativ	Superlativ
gut	besser	am besten
viel	mehr	am meisten
hoch	höher	am höchsten
nah	näher	am nächsten

Merke: Auch das Adverb *gern* kann man steigern: gern – lieber – am liebsten

Vergleich

genauso/so +	Dein Balkon ist genauso **groß wie** meiner.
Grundform + *wie*	Meine Wohnung ist nicht so **groß wie** deine.
Komparativ + *als*	Deine Wohnung ist viel **heller als** meine.
anders + *als*	Die neue Wohung ist ganz **anders** geschnitten **als** die alte.

Pronominaladverb (*daran, dafür, …*) und Fragewort (*woran, wofür, …*)

daran, darauf, darüber, …   Kapitel 6

> *Ich freue mich **über die neue Stelle**.*   *Ich freue mich **darüber**.*
> *Er nimmt **an einer Schulung** teil.*   *Er nimmt **daran** teil.*

da… mit *-r-*, wenn die Präposition mit einem Vokal beginnt: auf → darauf

eine Sache / ein Ereignis: mit Pronominaladverb
○ *Erinnerst du dich **an das Gespräch**?*   ● *Natürlich erinnere ich mich **daran**.*

eine Person / eine Institution: mit Präposition + Pronomen
○ *Erinnerst du dich **an Sabine**?*   ● *Natürlich erinnere ich mich **an sie**.*

Pronominaladverb + Nebensatz / Infinitiv mit *zu*
*Ich freue mich darüber, **dass** du die neue Stelle bekommen hast.*
*Er freut sich darauf, in Urlaub **zu fahren**.*

woran, wofür, worüber, …   Kapitel 6

Bestimmte Informationen können durch ein Fragewort ermittelt werden. → *wo(r)-* + Präposition:

○ ***Woran** denkst du jetzt?*   ● ***An** unsere Zukunft!*
○ ***Wovon** redet er?*   ● ***Von** unserem neuen Projekt.*

wo… mit *-r-*, wenn die Präposition mit einem Vokal beginnt: auf → worauf

eine Sache / ein Ereignis: mit Fragewort (*woran, wofür, worüber, …*)
○ *Erinnerst du dich **an das Gespräch**?*   ● ***Woran** soll ich mich erinnern?*

eine Person / eine Institution: mit Präposition + W-Wort
○ *Erinnerst du dich **an Sabine**?*   ● ***An wen** soll ich mich erinnern?*

Präpositionen

Wechselpräpositionen   Kapitel 8

in, an, auf, neben, zwischen, über, unter, vor, hinter

Frage *Wo?*: Wechselpräposition mit Dativ	Frage *Wohin?*: Wechselpräposition mit Akkusativ
○ ***Wo*** (sitzen) *die Gäste?*	○ ***Wohin*** (setzen) *sie sich?*
● ***Am** Tisch.*	● *An **den** Tisch.*

Lokale Präpositionen   Kapitel 8

mit Dativ	von, aus, zu, ab, nach, bei
mit Akkusativ	bis, durch, gegen, um
mit Dat. oder Akk.	in, an, auf, neben, zwischen, über, unter, vor, hinter
(Wechselpräpositionen)	

Temporale Präpositionen   Kapitel 9

mit Dativ	ab, an, aus, bei, in, nach, seit, vor, von … bis, von … an, zu, zwischen
mit Akkusativ	bis, für, gegen, um, über
mit Genitiv	außerhalb, innerhalb, während

Satzverbindungen

Hauptsatz + Hauptsatz   Kapitel 2

Hauptsatz 1	**Konnektor**	**Hauptsatz 2**
Die Firma hat großen Erfolg	*und*	*neue Mitarbeiter werden gesucht.*
Die Firma hat großen Erfolg	*aber*	*die Konkurrenz ist groß.*
Er möchte ein besseres Gehalt	*oder*	*er sucht sich eine neue Arbeit.*
Sie sucht eine neue Arbeit,	*denn*	*sie verdient zu wenig.*

Hauptsatz + Hauptsatz (Verb direkt hinter dem Konnektor)   Kapitel 2

Hauptsatz 1	**Hauptsatz 2**	
Die Miete ist billig,	*deswegen/ deshalb/darum*	*bleiben sie in der Wohnung.*
Die Wohnung ist nicht schön	*trotzdem*	*bleiben sie in der Wohnung.*

Hauptsatz	Nebensatz		
Die Eltern bleiben in der Wohnung,	obwohl	sie zu groß	(ist).

Nebensätze

Kausalsätze (Grund)	da, weil	Sie bleiben in der Wohnung, **da/weil** sie günstig ist.
Konzessivsätze (Gegengrund)	obwohl	Sie bleiben in der Wohnung, **obwohl** sie klein ist.
Konsekutivsätze (Folge)	..., sodass ...	Sie haben eine neue Wohnung gefunden, **sodass** sie bald umziehen können.
	so ..., dass ...	Die Wohnung ist **so** klein, **dass** sie umziehen müssen.

Finalsätze drücken ein Ziel oder eine Absicht aus. Sie geben Antworten auf die Frage *Wozu?* oder in der gesprochenen Sprache auch oft auf die Frage *Warum?*.

● *Wozu brauchst du die Würfel?*	■ *Ich brauche sie, um zu spielen.*
● *Warum gehst du arbeiten?*	■ *Ich gehe arbeiten, um Geld zu verdienen.*

Gleiches Subjekt in Haupt- und Nebensatz → Nebensatz mit *um ... zu* oder *damit*

Ich gehe arbeiten, um Geld zu verdienen.	Im Nebensatz mit *um ... zu* wird das Subjekt nicht wiederholt, das Verb steht im Infinitiv.
Ich gehe arbeiten, damit ich Geld verdiene.	Im Nebensatz mit *damit* muss das Subjekt genannt werden.

Unterschiedliche Subjekte in Haupt- und Nebensatz → Nebensatz immer mit *damit*

Ich gebe dir die Würfel, damit du mit dem Spielen anfangen kannst.

Der indirekte Fragesatz klingt oft höflicher und offizieller. Er wird häufig in schriftlichen Texten verwendet (z.B. in Anfragen).

Direkter Fragesatz	Indirekter Fragesatz
W-Frage: **Warum** spielst du Schach?	Indirekter Fragesatz eingeleitet mit W-Wort: *Meine Schwester fragt, **warum** du Schach spielst.*
Ja-/Nein-Frage: *Spielst du Schach?*	Indirekter Fragesatz eingeleitet mit ob: *Mein Bruder fragt, **ob** du Schach spielst.*

Zeichensetzung am Ende des indirekten Fragesatzes

Einleitender Satz	Zeichensetzung
Aussage (Verb in Position 2) *Er möchte wissen, ob du Schach spielst.*	Am Ende steht ein Punkt.
Aufforderung (Verb in Position 1) *Sag ihm bitte, ob du Schach spielst!*	Am Ende steht ein Punkt oder ein Ausrufezeichen.
Frage (Verb in Position 1) *Kannst du ihm sagen, ob du Schach spielst?*	Am Ende steht ein Fragezeichen.

Temporalsatz   Kapitel 9

Frage	Bedeutung	Konnektor	Beispiel
Wann?	Gleichzeitigkeit A gleichzeitig mit B	wenn, als, während	**Als** Thomas Cook 1845 die ersten Reisen organisierte (A), legte er den Grundstein für Pauschalreisen (B). **Wenn** man eine Pauschalreise bucht (A), erhält man noch heute den Hotelvoucher (B). **Während** Thomas Cook 1872 sein erstes Büro in Kairo eröffnete (A), begann in Liverpool die erste organisierte Weltreise (B).
	Vorzeitigkeit A vor B mit Zeitenwechsel	nachdem	Das Unternehmen verkauft die ersten Flugtickets (B), **nachdem** es weltweit Marktführer geworden ist (A). **Nachdem** das Unternehmen weltweit Marktführer geworden war (A), verkaufte es ab 1919 auch die ersten Flugtickets (B).
	Nachzeitigkeit A nach B	bevor	**Bevor** Thomas Cook im Jahre 1871 das Unternehmen „Thomas Cook & Son" gründete (A), führte er den Hotelvoucher ein (B).
Seit wann?	Zeitraum vom Anfang der Handlung	seit, seitdem	**Seitdem** Thomas Cook 1869 die erste Reise auf dem Nil anbot, stieg die Nachfrage nach organisierten Schiffsreisen.
Wie lange? Bis wann?	Zeitraum bis zum Ende der Handlung	bis	Thomas Cook führte das Unternehmen erfolgreich, **bis** er es 1879 seinem Sohn übergab.

Zählen Sie die Punkte zusammen, die hinter den Aussagen stehen, die Sie angekreuzt haben. Zu welcher Gruppe gehören Sie? Sind Sie mit Ihren Punkten an der Grenze zwischen zwei Gruppen, können Sie auch ein Mischtyp aus beiden Gruppen sein.

Bis 12 Punkte

Keine Experimente, bitte. Sie möchten in aller Ruhe Ihren Urlaub genießen. Dazu lassen Sie sich gerne vorher im Reisebüro beraten. Und das Reisebüro organisiert dann alles für Sie. Ein Pauschalurlaub kommt Ihnen da gerade recht. Und wenn Sie zufrieden sind, fahren Sie gerne immer wieder an den gleichen Ort. Sie brauchen keine Abenteuer und Sie müssen auch nicht immer Neues ausprobieren. Mit einem entspannten Urlaub in der Heimat sind Sie auch oft sehr glücklich. Es ist einfach schön, wenn Sie sich sicher und geborgen fühlen. Und nach zwei Wochen kommen Sie auch gerne wieder nach Hause zurück.

13 – 17 Punkte

Sie möchten Spaß im Urlaub. Ruhige Orte sind nicht ihr Ziel. Es darf gerne bunt und temperamentvoll zugehen und darum lieben Sie die „HotSpots" unter südlicher Sonne. Tagsüber tanken Sie Energie am Strand, die Sie nachts für fröhliche Abende mit lustigen Leuten brauchen. Sie möchten schön braun werden und etwas erleben. Mit so viel unbeschwertem Spaß könnte Ihr Urlaub ewig dauern. Ein dickes Kulturprogramm ist Ihnen dabei nicht so wichtig. Eine kurze Rundfahrt mit dem Bus und ein paar Fotos von den wichtigsten Sehenswürdigkeiten sind absolut ausreichend. Aber alles zusammen soll nicht zu teuer werden und die Organisation darf auch gerne ein Reiseveranstalter übernehmen. Darum reisen Sie auch gerne „Last Minute".

18 – 25 Punkte

Kulturgüter, Kunst und gepflegte Atmosphäre liegen Ihnen sehr am Herzen. Und das besonders, wenn Sie im Urlaub sind. Schon vor der Reise informieren Sie sich über antike Stätten, historische Bauwerke, Museen und Theater. Gerne stellen Sie sich einen Plan zusammen, was Sie alles sehen möchten. Ihr Aufenthaltsort sollte gepflegt, gern auch etwas mondän sein und fürs Shopping etwas bieten. Die Vorbereitung übernehmen Sie oft selbst, buchen aber gerne kompetente Führungen durch Städte und Museen. Abends mögen Sie Theaterbesuche oder ein gutes Essen in einem ausgewählten Restaurant. Gerne besuchen Sie Städte wie Florenz oder Paris für einige Tage. Und weil Sie nie lange weg sind, können Sie sich mehrmals im Jahr Kurzurlaube gönnen.

26 – 32 Punkte

In Ihnen schlägt das Herz eines Abenteurers. Bitte keine Pauschalreise, hier ist ein Individualist unterwegs, den das Exotische, das Neue und Fremde reizt. Das Leben und der Aufenthalt in der Natur sind bei Ihnen besonders beliebt und Sie kommen gerne mit Einheimischen zusammen. Am liebsten ziehen Sie für mehrere Wochen spontan los, nur mit dem Flugticket, Ihrem Pass und leichtem Gepäck. Sie lassen sich gerne überraschen, probieren Neues aus und folgen unbekannten Wegen, die Sie mit dem Fahrrad, dem Jeep oder einem Kanu bewältigen. Wenn Sie zurückkehren, haben Sie immer viel zu erzählen.

Bilder

Name	
Vorname(n)	
Nationalität	
geboren am	
Beruf(e)	
bekannt für	
wichtige Lebensstationen	
gestorben am	
Informationsquellen (Internet, ...)	

Berufsbilder

eine Binde - bandage (Verband) -verbinden
(das) ein Pflaster - plaster - kleben

- e Bürste (-n) - bürsten - brush

Vor dem Start: Erinnern Sie sich? Diese Übungen bereiten Sie auf das Kapitel vor.

1 Was gehört zusammen? Sortieren Sie.

Informatiker/-in ~~Ofen~~ Büro ~~kochen~~ Spritze ~~Schere~~ Gemüse schneiden ~~Schreinerei~~
~~Friseur/in~~ ~~Malerbetrieb~~ ~~sich um Patienten kümmern~~ Bäckerei Hammer Restaurant
~~Pinsel~~ fönen ~~Teig kneten~~ Serverraum ~~Backblech~~ programmieren ~~Verband~~ Herd
Maler/-in ~~Haare schneiden~~ Software Krankenschwester/-pfleger ~~streichen~~ Küche
Säge speichern ~~sägen~~ ~~Farbe~~ Computer ~~Topf~~ ~~Möbel anfertigen~~ ~~Messer~~
Krankenhaus ~~Bäcker/-in~~ ~~malen~~ Fieberthermometer ~~Brot backen~~ ~~Friseursalon~~
Schreiner/-in Koch/Köchin ~~Kamm~~ leimen Menüfolge planen

Beruf	Ort	Arbeitsmittel	Tätigkeiten
Bäcker/-in	Bäckerei	Backblech, Ofen	Teig kneten, Brot backen
Friseur/in	Friseursalon	Kamm, Schere (scissors) (comb) Kämmen	Haare schneiden fönen - blow-dry
Koch/Köchin	~~Küche~~ Restaurant	~~kochen~~ ~~Küche~~ ~~Herd~~ Messe, Topf, Herd	Menüfolge planen Gemüse schneiden
Krankenschwester/ pfleger	Krankenhaus	Fieberthermometer Verband, Spritze (drip)	sich um Patienten kümmern
Schreiner/in	~~Büro~~ die Schreinerei	~~Computer~~ Hammer, Sägen (saw)	~~fönen~~ Sägen Möbel anfertigen leimen
Informatiker/in	~~Büro~~ Serverraum	Computer Software	programmieren speichern
Maler/in	Malerbetrieb	Pinsel, Farbe	malen, streichen leimen

2 Wie heißen die Berufe?
(Umlaut = ein Buchstabe)

-r/-e Richter
-r/-e Staatsanwalt
-e Kanzlei

1. Sie heilt kranke Tiere: _ _ _ _ _ Tierärztin /ärzt _
2. Er gibt Schülern Unterricht: _ Lehrer _ _ _
3. Sie berät bei juristischen Problemen: _ Rechtsanwalt ("_ e) _ _ _ _
4. Er repariert kaputte Zähne: _ Zahnärzt _ _ _
5. Sie hilft bei der Geburt: _ -e Hebamme _ _
6. Er steht im Theater auf der Bühne: _ _ Schauspieler _
7. Sie schreibt Artikel für eine Zeitung: _ _ Journalisten _ _ _
8. Er berät beim Kauf von Medikamenten: Apotheke/in _ _ _

3 Welches Verb passt zu welchem Nomen? Manchmal gibt es mehrere Möglichkeiten.

1. ein Telefonat   _a, c_   a führen
2. eine Besprechung   ~~a~~ _b_   b organisieren
3. eine E-Mail   _g, d, e_   c vergleichen
4. eine Idee   _e, h_   d schicken
5. einen Vertrag   _f, g, d_   e beantworten
6. Angebote   _c, d_   f unterschreiben
7. eine Anfrage   _e,_   g schreiben
8. ein Protokoll   _g, f, b, d, a_   h verwirklichen

4 Was passt wo? Ergänzen Sie.

Beruf	Job	Arbeit	Stelle

1. Ich habe mich um eine ___Stelle___ als Industriekaufmann beworben.
2. Heute ist es für Menschen ohne Ausbildung schwierig, eine ___~~Stelle~~ Arbeit___ zu finden.
3. Als Studentin hatte ich mal einen ___Job___ bei einer Event-Agentur.
4. Schulabgänger wissen oft noch nicht, welchen ___Beruf___ sie lernen wollen.

5a Welche Beschreibung passt zu welchem Nomen? Zwei Erklärungen passen nicht.

1. _e_ das Stellenangebot   3. _g_ die Bewerbung   5. _a_ das Vorstellungsgespräch

2. _d_ das Gehalt   4. _h_ die Beförderung   6. _b_ die Berufserfahrung

a Gespräch, bei dem man sich persönlich um eine Stelle bewirbt
b berufliches Wissen/Können, das man aus der Praxis hat
c festgelegte Anzahl von Stunden, die man pro Tag/Woche/Monat arbeiten muss - _die Arbeitszeit_
d das Geld, das man monatlich/jährlich verdient
e Ausschreibung für eine Stelle, die neu zu besetzen ist
f Zeit, in der man nicht arbeiten muss _die Rente, der Urlaub_
g Schreiben, in dem man sich um eine Stelle bemüht
h eine besser bezahlte oder anspruchsvollere Stelle innerhalb der Firma bekommen

b Wie heißen die Nomen zu den restlichen Erklärungen aus Übung 5a?

_____

6 Bilden Sie zwei Gruppen. Jede Gruppe notiert zehn Berufe auf zehn Zetteln und gibt sie dem Kursleiter / der Kursleiterin. Er/Sie zeigt einer Person aus der anderen Gruppe einen Zettel. Der Kursteilnehmer / Die Kursteilnehmerin spielt den Beruf pantomimisch vor oder zeichnet ihn an die Tafel. Die anderen aus seiner/ihrer Gruppe raten. Dann rät die andere Gruppe. Gewonnen hat die Gruppe, die die meisten Berufe erraten hat.

Wünsche an den Beruf

1a **Ergänzen Sie die passenden Wörter aus dem Schüttelkasten in den Kurztexten.**

> langweiligen   verantwortungsvolle   Gehalt   Arbeitszeit   freiberuflich   anbieten
> Ideen   Herausforderung   verwirklichen   Überstunden   gemeinsam   Arbeitsklima
> Teilzeitjob   Karriere   Kontakt   verdienen   Interessen

1. Von meinem zukünftigen Beruf wünsche ich mir in erster Linie, dass ich kreativ sein kann. Ich möchte gerne meine eigenen _Ideen_ entwickeln können und mit anderen _gemeinsam_ Probleme lösen. Und ich möchte auf keinen Fall an _langweiligen_ Aufgaben arbeiten.

2. Ich will in meinem Beruf vor allem ~~Kontakt~~ _Karriere_ machen und viel Geld _verdienen_. Mir ist auch wichtig, dass der Beruf interessant ist und ich eine _verantwortungsvolle_ ~~freiberuflich~~ Aufgabe habe. Dafür wäre ich auch bereit, _Überstunden_ zu machen. Und natürlich möchte ich einen Beruf, der für mich eine _Herausforderung_ ist.

3. Ich träume davon, einen _Teilzeitjob_ zu haben, denn ich möchte eigentlich nicht 38,5 Stunden in der Woche in einem Büro arbeiten. Lieber bekomme ich ein geringeres ~~Arbeitszeit~~ _Gehalt_ und habe dann auch noch Zeit, nebenher _freiberuflich_ zu arbeiten, ich würde gerne Computer- und Handykurse _anbieten_.

4. Ich habe schon viele Jobs gemacht und dabei eines gelernt: Für mich ist das ~~Kontakt~~ _Arbeitsklima_ sehr wichtig. Ich muss mich in meiner Arbeit nicht _verwirklichen_, wichtiger ist mir der gute ~~Überstunden~~ _Kontakt_ mit den Kollegen und eine geregelte _Arbeitszeit_ ~~Arbeitsklima~~. Ich möchte neben der Arbeit noch genug Zeit für meine Hobbys und _Interessen_ haben.

b Schreiben Sie einen kurzen Text über Ihren Wunschberuf.

2　Ergänzen Sie die Beschreibung zur Grafik aus dem Lehrbuch und schreiben Sie den Text zu Ende.

> **TIPP　Eine Grafik beschreiben**
> Nennen Sie den Titel und das Thema der Grafik und gehen Sie auf die höchsten, niedrigsten und die auffallendsten Werte ein. Nennen Sie vor allem auch Werte, die Sie persönlich überraschen.

Die Grafik „Wünsche an den zukünftigen Beruf" zeigt, welche __Wünsche__ junge Frauen und junge Männer in Deutschland an ihren __Zukunft / Beruf__ haben. Am wichtigsten sowohl für Männer als auch für Frauen ist ein __gesichertes Einkommen__. Während bei den jungen Frauen an zweiter Stelle der __mit Menschen in Kontakt kommen__ steht, ist es für die jungen Männer am zweitwichtigsten, dass sie ihre Kenntnisse und Fähigkeiten __weiter entwickeln__.
Je 73 von 100 befragten Männern und Frauen wünschen sich __gute Arbeitsmarktchancen__.

_____

_____

_____

3　Beim nächsten Job wird alles besser!
　　Schreiben Sie gute Vorsätze.

> _Ich werde immer pünktlich sein und ..._

 4　Sie haben eine Vermutung. Antworten Sie auf die Fragen mit Futur I.

1. ● Entschuldigung, wissen Sie wo Herr Braun ist? (→ Besprechung)
   ○ _Er wird in einer Besprechung sein._ _____

2. ● Ich suche einen dringenden Auftrag, den er für mich kopiert hat. Wissen Sie, wo er liegt?
   (→ auf dem Schreibtisch)
   ○ _____.

3. ● Nein, da habe ich schon nachgesehen. Wo könnte er denn noch sein? (→ im Kopierer)
   ○ _Dann_ _____.

4. ● Aber, wenn er da auch nicht ist? (→ Herr Braun ihn bei sich haben)
   ○ _Wenn er da auch nicht ist,_ _____.

1a Lesen Sie und entscheiden Sie, welche Aussagen richtig und welche falsch sind.

Neue Geschäftsidee: Mitkochzentrale

1 Eine Mitkochzentrale ist Regensburgs erfolgreichste Geschäftsidee. Für diese Firmenneugründung erhielten fünf Studentinnen und Studenten den mit 1.000
5 Euro dotierten Preis des Projekts „Fünf-Euro-Business". Es geht darum, mit nur fünf Euro Startkapital ein erfolgreiches Unternehmen zu gründen.

„Cook4fun" – Regensburgs erste und einzige
10 Mitkochzentrale – sei die pfiffigste Geschäftsidee, die Studierende der Universität Regensburg im vergangenen Semester ausgetüftelt hätten, so die Begründung der Jury. Mit wenig Geld sei hier eine attraktive Marktlücke
15 entdeckt und clever genutzt worden. Das war dem Projekt „Fünf-Euro-Business" – eine Initiative des Hochschulprogramms für Unternehmensgründungen und dem Bildungswerk der Bayerischen Wirtschaft – 1.000
20 Euro wert.

Gemeinsam kochen und gut essen
Dabei kochen die Unternehmensgründer von „Cook4fun" – zwei Studentinnen und drei Studenten – gar nicht selber: „Wir organisieren Treffen, Räume und Experten für Leute,
25 die gerne kochen." Und selbst wer den Spaß am Kochen erst noch entdecken muss, ist bei „Cook4fun" willkommen. Kochkurse und Kochevents lassen sich bequem über das Internet buchen und kosten pro Abend um
30 die zehn Euro.

Im Studium schon ein Unternehmer
Im Vorfeld hatten sieben Teams der Universität Regensburg im Rahmen des Projekts ihre jeweilige Geschäftsidee von Experten auf Durchführbarkeit prüfen lassen. Alle
35 Teilnehmer wurden in Sachen Marketing, Finanzierung und Recht geschult. Ein Probelauf von sechs Wochen musste dann beweisen, ob und wie sich die Geschäftsidee mit einem Startkapital von nur fünf Euro durch-
40 setzen ließ. Platz zwei und drei belegten „trinomic", ein IT-Dienstleister, und „Campus Wear", eine Firma für Produktion und Vertrieb von T-Shirts.

Wesentliche Zielsetzung des Projektes ist es,
45 Studierende zu motivieren, sich mit dem Thema Existenzgründung auseinanderzusetzen. Unternehmerisches Denken und Handeln werden angeregt und eingeübt. Schlüsselqualifikationen werden trainiert:
50 Eigeninitiative, Entscheidungsfreude, Teamfähigkeit, Kreativität und Selbstständigkeit bleiben nicht nur bloße Theorie und abstraktes Ziel.

	r	f
1. In dem Projekt sollen Studenten eine Geschäftsidee entwickeln.	☐	☐
2. Die Studenten haben 1.000 Euro Startkapital zur Verfügung.	☐	☐
3. Das Projekt ist eine Initiative der Universitäten und der Wirtschaft.	☐	☐
4. Bei „Cook4fun" wird den Teilnehmern ein komplettes Menü serviert.	☐	☐
5. Die Studenten wurden nicht durch Schulungen vorbereitet.	☐	☐
6. Die Studenten sollen sich durch dieses Projekt mit dem Thema „Existenzgründung" beschäftigen.	☐	☐

b Erklären Sie das Projekt „Fünf-Euro-Business" mit eigenen Worten. Wie finden Sie die Idee?

1 Welche Stelle passt zu welcher Person? Lesen Sie die Anzeigen aus einer Zeitung und die Personenbeschreibungen auf der nächsten Seite und ordnen Sie zu.

A Wir sind ein führender Fahrradfachmarkt und bieten ein positives Betriebsklima und eine langfristige Perspektive.
Wir suchen eine/n leistungsstarke/n **Mitarbeiter/-in** zur Ergänzung unseres Verkaufsteams.
Wir setzen Berufserfahrung im Einzel- oder Großhandel und Spaß am Umgang mit Kunden voraus.
Bitte senden Sie Ihre aussagekräftige Bewerbung an:
Giller Rad-Center, Volkhardtr. 89, 86152 Augsburg

B *Fachgroßhandel Elektrotechnik Mayr*

Wir sind eines der führenden, mittelständischen Elektro-Großhandelsunternehmen in Deutschland mit Niederlassungen im gesamten Bundesgebiet. Wir suchen Fachkräfte für die Zukunft.

→ **Auszubildende für den Groß- und Außenhandel, gerne auch mit vorangegangener Ausbildung im Elektro-Handwerk**

Bitte senden Sie Ihre Bewerbungsunterlagen an
Albert Mayr
z.Hd. Frau Schaller
Feilbergstr. 89
89231 Neu-Ulm

C Schreiner/Zimmerer für USA
Zeitraum: 18 Monate ab sofort
Wir erwarten handwerkliche Ausbildung und gute Englischkenntnisse. Bewerbung an:
USA-Haus, Schulstraße 40, 87600 Lauchingen

D Für unsere heilpädagogischen Jugendwohngruppen suchen wir eine/n **Erzieher/-in oder Sozialpädagoge/-in** in Vollzeitstellung.
Die Arbeit mit jungen Menschen im Schulalter interessiert Sie und Offenheit, Konfliktfähigkeit und Teamarbeit gehören zu Ihren persönlichen Stärken. Sie sind auch am Abend und am Wochenende einsetzbar.
Interessiert? Dann senden Sie Ihre aussagekräftigen Bewerbungsunterlagen an:
Katholische Jugendfürsorge Augsburg
Postfach 9031
86100 Augsburg

E Wir suchen ab sofort einen **zuverlässigen Mitarbeiter, gerne Quereinsteiger** mit Interesse an Autos und allem, was dazu gehört.
Wenn Sie gerne zu unseren Kunden fahren, uns auf Messen begleiten und einen Führerschein besitzen, rufen Sie uns an unter 08132–3089…

F Für sofort oder später suchen wir eine
Bürofachkraft
in Teilzeit.
Erfahrung im Gesundheitswesen ist Voraussetzung.
Ihre aussagekräftigen Bewerbungsunterlagen senden Sie bitte an:
Orthopädie-Fachgeschäft, Müllerstraße 1, 87600 Kaufbeuren

G Zum nächstmöglichen Termin suchen wir in Vollzeit für unseren Standort in Kempten eine/n
Sekretär/-in
Sie sollten eine abgeschlossene kaufmännische Ausbildung besitzen und mehrjährige Erfahrung im Sekretariat haben.
Sie besitzen sehr gute Kenntnisse im Umgang mit den gängigen Office-Programmen, sind kommunikativ, mitdenkend und bringen Organisationstalent mit.
Ihre aussagekräftigen Bewerbungsunterlagen senden Sie bitte an Chiffre-Nr. 25978.

H PC-Büro-Tätigkeit selbst von zu Hause aus!
Teilzeit/Vollzeit oder 2. Standbein, freie Zeiteinteilung
Infos unter www.jobneu.com

I *Erzieher/-in als Krankheits- und Urlaubsvertretung für privaten Kindergarten gesucht. Rappelkiste 0821/15489…*

Darauf kommt's an _____

1 Brigitta Wölk arbeitet bei einer großen Elektro-Firma als Sachbearbeiterin. Da sie und ihr Mann aber gerade ein Haus gebaut haben, ist das Geld ein bisschen knapp, und sie überlegt, ob sie noch einen zweiten Job annimmt. Sie hat allerdings nur am Wochenende oder abends Zeit. _____

2 Selma Müller hat früher bei einer Krankenkasse im Büro gearbeitet. Selma hat zwei schulpflichtige Kinder und möchte deswegen am liebsten nur am Vormittag arbeiten. _____

3 Volker Schmidtke hätte gern eine Arbeit, die mit seinem Hobby zu tun hat. Er kann sich einfach für alles begeistern, was Räder hat, und sucht eine Stelle, bei der er viel unterwegs sein kann. _____

4 Tina Stein ist kaufmännische Angestellte und arbeitet 20 Stunden pro Woche. Sie möchte allerdings gern Vollzeit arbeiten. Tina hat ihre freie Zeit bisher dazu genutzt, sich fortzubilden, und kennt sich mit allen üblichen Computerprogrammen aus. _____

5 Jonas Vögele hat gerade seine Lehre als Schreiner beendet und würde gerne für eine Weile im Ausland arbeiten. In der Schule waren seine Lieblingsfächer Englisch und Französisch. _____

6 Andreas Wirt war bisher in einem Kindergarten angestellt und würde jetzt gern mit älteren Kindern arbeiten. Er ist Single, zeitlich sehr flexibel und arbeitet gut mit anderen Menschen zusammen. _____

7 Martin Valentin hat Einzelhandelskaufmann gelernt und mehrere Jahre in einem Möbelgeschäft im Verkauf gearbeitet, was ihm auch großen Spaß gemacht hat. Leider hat das Geschäft Konkurs angemeldet. Eine gute Arbeitsatmosphäre ist ihm sehr wichtig. _____

2 Bringen Sie die Aktivitäten in die richtige Reihenfolge.

_____ den Arbeitsvertrag unterschreiben

_____ eine Bewerbung schreiben

_____ ein interessantes Stellenangebot sehen

_____ zum Vorstellungsgespräch eingeladen werden

_____ sich genauer über die Firma und die Stelle informieren

3 Was passt zusammen? Ordnen Sie zu.

1. _e_ Ich freue mich riesig …   a … an unsere Personalabteilung.

2. _f_ Steffi interessiert sich …   b … auf gepflegte Kleidung.

3. _c_ Erinnerst du dich noch …   c … an deine erste Bewerbung?

4. _b_ Achten Sie bei einem Vorstellungsgespräch …   d … an ein aktuelles Foto.

5. _a_ Bitte senden Sie Ihre Bewerbung …   e … auf meinen neuen Job.

6. _d_ Denk bei der Bewerbung auch …   f … für die Stelle bei der Olpe KG.

(handschriftliche Notizen: Ich freue mich auf ... Zukunft / Ich freue mich über ... jetzt)

116

4 Ergänzen Sie die Präpositionen.

● Nimmst du auch (1) _an_ der Besprechung um elf Uhr teil?

○ Ich weiß nicht. Der Personalchef hat leider nicht (2) _auf_ meine E-Mail geantwortet.

Hat Silvio dich gefragt, ob du ihm (3) ~~mit~~ _bei_ dem Bewerbungsschreiben helfen kannst?

● Ja, ich treffe mich heute nach der Arbeit (4) _mit_ ihm. Wenn er dann noch Fragen hat,

soll er sich (5) ~~an~~ _an_ Sabine wenden, die kennt sich doch gut aus.

○ Ach ja, Sabine, ich halte sie wirklich (6) ~~von~~ _für_ eine Expertin in Sachen Bewerbung. Bei ihr

kann er sich (7) _nach_ allen Details erkundigen.

Sache = wo

5 Person oder Sache? Wie heißen die Fragewörter?

1. Lisa hat sich beim Betriebsrat <u>über die vielen Überstunden</u> beschwert. → _Worüber?_

2. Alfred versteht sich ziemlich gut <u>mit seinem Chef.</u> → ~~worauf~~ ~~womit~~ _mit wem ?_

3. Ich habe lange auf so <u>ein interessantes Stellenangebot</u> gewartet. → ~~darüber~~ ~~davon~~ _worauf_

4. Die Personalchefin hat Pablo <u>nach seinem aktuellsten Zeugnis</u> gefragt. → ~~danach~~ _wonach_

5. Ich habe <u>mit einem Bewerbungsberater</u> gesprochen. → ~~was~~ _mit_ _wem_

6 Die richtige Bewerbung: Ergänzen Sie.

Sie möchten sich gern (1) _____ einer Firma bewerben? Es hängt viel (2) _____ dem ersten

Eindruck ab. Deshalb sollten Sie sich für Ihre Bewerbung genug Zeit nehmen. Achten Sie

(3) _____, dass Ihre Bewerbungsunterlagen vollständig sind. (4) _____ einer Bewerbung

gehören: ein Anschreiben, ein Lebenslauf, ein Foto und die aktuellsten Zeugnisse. Informieren Sie

sich vorab (5) _____ den Arbeitgeber und rufen Sie am besten (6) _____ der Firma an, um

noch mehr (7) _____ die ausgeschriebene Stelle zu erfahren. Gehen Sie bei dem Anschreiben

(8) _____ ein, was Sie an der Stelle und dem Unternehmen interessant finden, und zeigen Sie,

warum gerade Sie so gut (9) _____ der Firma passen und sich (10) _____ die Stelle bestens

eignen. Sollten Sie (11) _____ einem Vorstellungsgespräch eingeladen werden, bereiten Sie

sich auch (12) _____ gut vor.

7 Ergänzen Sie die Sätze.

1. Kann ich mich _darauf_ verlassen, dass _du pünktlich kommst?_ _____

2. Ich habe lange _____ nachgedacht, ob _____

3. Was hältst du _____, wenn _____

4. Ich kann mich nicht _____ gewöhnen, dass _____

5. Wir freuen uns sehr _____, dass _____

Mehr als ein Beruf

-e/-r Erzieher/in - kindergarten teacher
- erziehen - to teach (kindergarten)

1a Arbeit und Freizeit. Lesen Sie die Sprüche und erklären Sie sie. Was ist für Sie „Arbeitszeit"? Welcher Spruch gefällt Ihnen am besten?

> Erst die Arbeit, dann das Vergnügen.

> **Wir leben, um zu arbeiten.**

> Arbeitswut tut selten gut.

> Arbeitszeit = Unterbrechung der Freizeit

> Arbeit macht Spaß. Spaß beiscite!

b Kennen Sie Sprüche zum Thema Arbeit und Freizeit in Ihrer Sprache? Notieren Sie und stellen Sie sie dem Kurs vor.

2a Betrachten Sie die Zeichnungen und ergänzen Sie die Informationen zur Person. Lassen Sie Ihrer Fantasie freien Lauf.

Name:	Klara Mangold
Alter:	37 Jahre
Familienstand:	*Verheiratet*
Kinder:	zwei, Mädchen (12 Jahre) und Junge (8 Jahre)
Beruf:	*Kinder Lehrerin (Erzieherin)*
Hobbys:	*Malen,*
Erfolge:	*Bilder*
Probleme:	*Ihr Mann liebt eine anderen Frau Sie liebt einen anderer Frau*
Träume/Ziele:	*En bekannte Kunstlerin zu sein*

b Schreiben Sie einen kurzen Text über Klara Mangold.

6

 3 Hören Sie noch einmal das Interview mit der Tauchlehrerin Valerija von Aufgabe 3a im Lehr-
LB 2.7   buch. Sind die Aussagen richtig oder falsch?

		r	f
1.	Valerija hat schon als Kind vom Tauchen geträumt.	☐	☑
2.	Ihre erste Arbeit an einer Tauchschule hatte sie in Kroatien.	☑	☐
3.	Als „Dive Master" darf man anderen Menschen das Tauchen beibringen.	☐	☑
4.	Es war für Valerija immer sehr schwer, Arbeit in einer Tauchschule zu finden.	☐	☑
5.	Die Freunde von Valerija fanden ihren neuen Job am Anfang ganz gut.	☑	☐
6.	In einigen Jahren möchte Valerija wieder zurück nach Deutschland kommen.	☐	☑
7.	Valerija wusste von Anfang an, dass ihr neuer Beruf sehr anstrengend ist.	☑	☐
8.	In ihrem Beruf fehlt ihr oft Zeit und Ruhe für sich selbst.	☑	☐
9.	Die Kontakte mit vielen Menschen sind für sie das Schönste an ihrem Beruf.	☐	☑
10.	Valerija hat bis jetzt die Freude am Tauchen nicht verloren.	☑	☐

4 Beim Chatten verwendet man häufig Symbole, sogenannte Emoticons, und Abkürzungen.

a Ordnen Sie den Emoticons die entsprechenden Zeichenfolgen und die passenden Erklärungen zu.

Zeichenfolge

:-(:-c   :-/   :-O   :-S
:x   ;-)   :-))   B-)

Erklärung

~~traurig sein~~ ~~verwirrt, skeptisch sein~~ ~~cool~~
~~ruf an~~ ~~küssen~~ ~~glücklich sein~~ ~~besorgt sein~~
~~laut lachen~~ ~~zwinkern~~ ~~überrascht sein~~

1.	:-/	verwirrt, skeptisch sein	6.	Ö	überrascht sein
2.		:-) glücklich sein	7.		besorgt sein
3.		:-(traurig sein	8.		cool
4.		;-) zwinkern	9.	(ö)	laut lachen
5.		X küssen	10.	X	ruf an

119

b Was bedeuten die Abkürzungen? Ergänzen Sie.
(Umlaute = ein Buchstabe)

webchat.de

1. hdl   h _a_ _b_ d _i_ _c_ _h_ l _i_ _e_ _b_
2. NM   N _a_ _c_ _h_ m _i_ _t_ _t_ _a_ _g_
3. VM   V _o_ _r_ m _i_ _t_ _t_ _a_ _g_
4. kgw   k _o_ _m_ _m_ _e_ g _l_ _e_ _i_ _c_ _h_ w _i_ _e_ _d_ _e_ _r_
5. wil   W _a_ _s_ i _s_ _t_ l _o_ _s_ ?
6. wswuw   W _a_ _n_ _n_ s _e_ _h_ _e_ _n_ w _i_ _r_ u _n_ _s_ w _i_ _e_ _d_ _e_ _r_ ?
7. aws   A _u_ _f_ W _i_ _e_ _d_ _e_ _r_ s _e_ _h_ _e_ _n_ !
8. bs   B _i_ _s_ s _p_ _ä_ _t_ _e_ _r_ !
9. gn8   G _u_ _t_ _e_ N _a_ _c_ _h_ _t_ !
10. mfg   M _i_ _t_ f _r_ _e_ _u_ _n_ _d_ _l_ _i_ _c_ _h_ _e_ _n_ G _r_ _ü_ _ß_ _e_ _n_

5 Ein Freund hat Ihnen ein Buch empfohlen und Ihnen folgende Informationen darüber geschickt. Leider fehlt der rechte Rand des Textes. Ergänzen Sie die fehlenden Wörter.

Traumjobs. Wunsch und Wirklichkeit
von Stephanie von Selchow

Buchbesprechung

Berichte aus der Wirklichkeit: Was steckt wirklich hinter (1) ~~eine~~ _den / diesen_

sogenannten Traumjobs? Stephanie von Selchow hat (2) ~~verschiedene~~ _sich_

umgehört und Tatsachenberichte aus der Wirklichkeit (3) _gesammelt_ .

Denn hinter jedem Traumberuf steckt ein Arbeitsalltag, (4) ~~was~~ _eine_

nicht so glänzende Seite. Alle Interviewpartner lassen aber auch erkennen,

(5) ✓ _dass_ sie in ihrem Leben nur diesen und ganz sicher

keinen anderen Beruf haben (6) ~~werden~~ _wollen_ .

Unter anderen berichtet der bekannte Tatort-Kommissar Udo Wachtveitl, (7) ~~der~~ _was_

für ihn einen guten Schauspieler ausmacht. Fußballerin Steffi Jones erzählt (8) ~~hat über~~ _von_

dem Gefühl, mit der Nationalmannschaft auf dem Platz zu stehen.

Und die Sängerin Judith Holofernes von „Wir sind Helden" davon, wie es (9) ~~gefühlt~~ _sich_ _anfühlt, / ist_

vor viertausend Fans zu singen.

In einem sind sich alle einig: Ganz egal, wie stressig, mühsam oder anstrengend

ihr Tag auch manchmal sein mag – sie haben alle ihren Traumjob (10) ~~erfüllt~~ _gefunden_ .

So schätze ich mich nach Kapitel 6 ein: Ich kann ...	+	0	–	Modul/ Aufgabe
... eine Umfrage zu beruflichen Wünschen verstehen.				M1, A2a
... ein Interview zu beruflichen Stationen einer Tauchlehrerin verstehen.				M4, A3a, b
... Aushänge mit verschiedenen Dienstleistungsangeboten verstehen.				M2, A1a
... Bewerbungstipps in einem Ratgeber verstehen.				M3, A1b
... Texte über Personen mit zwei Berufen verstehen.				M4, A1c
... über mögliche Jobideen sprechen.				M2, A2a, b, c
... Bewerbungstipps zusammenfassen und sagen, was daran für mich interessant ist.				M3, A1c
... über Bewerbungen in meinem Heimatland berichten.				M3, A2
... Vermutungen über berufliche Tätigkeiten von zwei Personen anstellen.				M4, A1b
... über Vor- und Nachteile vom Leben mit zwei Jobs sprechen.				M4, A2
... Notizen zu Hauptaussagen in einer Straßenumfrage zum Thema „Berufsleben" machen.				M1, A2a
... einen Aushang für eine Dienstleistung schreiben.				M2, A2d, e
... kurze Beiträge in einem Chat schreiben.				M4, A4b

Das habe ich zusätzlich zum Buch auf Deutsch gemacht: (Projekte, Internet, Filme, Texte, ...)		
	Datum:	Aktivität:

Für immer und ewig

Vor dem Start: Erinnern Sie sich? Diese Übungen bereiten Sie auf das Kapitel vor.

1 Ordnen Sie die Definitionen den Verwandtschaftsbezeichnungen zu.

1. ___ die Schwiegereltern
2. ___ die Schwiegermutter
3. ___ der Schwiegervater
4. ___ der Schwiegersohn
5. ___ die Schwiegertochter
6. ___ der Schwager
7. ___ die Schwägerin

a Ehemann meiner Schwester / der Bruder meines Ehepartners
b Ehefrau meines Sohnes
c Eltern meines Ehepartners
d Ehemann meiner Tochter
e Ehefrau meines Bruders / die Schwester meines Ehepartners
f Vater meines Ehepartners
g Mutter meines Ehepartners

b Wie heißen diese Bezeichnungen in Ihrer Sprache? Welche Unterschiede gibt es?

2 Ergänzen Sie den Text.

> sich kennenlernen   zur Welt kommen   Witwe sein   heiraten   sterben
>
> ~~zusammen sein~~   sich scheiden lassen   schwanger sein

Ulla und Bernd (1) _sind_ schon sehr lange _zusammen_. Sie haben (2) _____ in
einem Café _____. Vor einem Monat haben die beiden (3) _____.
Bernds Eltern leben nicht mehr zusammen. Sie haben (4) _____ nach zehn Ehejahren
_____. Ullas Mutter (5) _____. Ihr Mann (6) _____ bei einem
Autounfall _____. Ulla (7) _____, sie erwartet ein Kind. Das Kind
soll im August (8) _____.

3 Welches Wort passt nicht in die Reihe?

1. verlassen – sich scheiden lassen – ~~sich kennenlernen~~ – sich trennen
2. die Hochzeit – das Standesamt – die Taufe – die Beerdigung
3. der Kuss – die Sehnsucht – die Eifersucht – die Liebe
4. gespannt – zärtlich – aufgeregt – nervös
5. das Verständnis – das Misstrauen – der Respekt – die Toleranz
6. der Schleier – der Ehering – der Schwiegervater – der Brautstrauß
7. die Familie – der Bekannte – die Verwandtschaft – der Freundeskreis
8. schimpfen – sich verlieben – streiten – enttäuschen
9. die Krise – der Konflikt – das Gespräch – der Krach
10. ledig – verlassen – geschieden – verheiratet

4 In diesem Suchrätsel sind sieben Substantive zum Thema „Hochzeit" versteckt. Notieren Sie die Wörter.

N	T	B	S	T	A	N	D	E	S	A	M	T	P
M	H	T	R	A	U	U	N	G	Q	Q	G	H	V
V	P	O	L	T	E	R	A	B	E	N	D	P	Z
H	E	I	R	A	T	S	U	R	K	U	N	D	E
T	R	A	U	Z	E	U	G	E	H	B	H	J	H
Y	Z	K	H	B	R	Ä	U	T	I	G	A	M	E
E	Q	K	K	S	I	E	H	E	R	I	N	G	Q

1. das Dokument über die Eheschließung: _heiratserkunde_

2. der Abend vor der Hochzeit, den man meist mit Freunden feiert:
   POLTERABEND

3. die Behörde, vor der man die Ehe schließt und an die man Geburten oder Todesfälle meldet:
   Standesamt

4. die Person, die die Trauung bezeugt: _TRAUZEUGE_

5. ein Mann am Tag seiner Hochzeit: _Bräutigam_

6. der Ring, den das Paar vom Hochzeitstag an trägt : _Ehering_

7. die Zeremonie auf dem Standesamt oder in der Kirche: _Trauung_

5 Bilden Sie zusammengesetzte Wörter mit den Substantiven *Ehe* und *Hochzeit*. Das Wörterbuch hilft. Notieren Sie die Wörter mit Artikel.

-partner

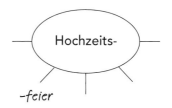

-feier

der Ehepartner
der Ehering
der Ehebund
der Ehevertrag
der Ehebruch

die Hochzeitsfeier
Hochzeitsbrauch
der Hochzeitstag
das Hochzeitskleid
die Hochzeitstorte
der Hochzeitstanz
der Flitterwochen - Honeymoon -

Lebensformen

————————————————————————————————

1a Lesen Sie den ersten Abschnitt eines Textes über verschiedene Lebensformen in Deutschland und ergänzen Sie die Zahlenwerte.

    1. _____ %:   zwei Partner, die verheiratet zusammenleben

    2. _____ %:   zwei Partner, die zusammenleben, aber nicht verheiratet sind

    3. _____ %:   Menschen, die ohne Partner leben

b Lesen Sie den ganzen Text und ordnen Sie die Notizen aus dem Kasten zu.

> wenige unverheiratete Paare
>
>   mehr Menschen ohne Partner
>
>   mehr Alleinerziehende und unverheiratete Paare mit Kindern
>
>   Ehe: häufigste Lebensform   immer mehr Paare ohne Kinder

Pluralisierung der Lebensformen

1   (...) Die Lebensform, in der zwei Partner verheiratet zusammenleben, ist weiterhin die überwiegende und deutlich dominierende Lebensform der Bevölkerung in Deutschland mit knapp 60%. Unverheiratet zusammen-
5 lebende Paare stellen weiterhin eine Minderheit von rund 7% dar. Gut 20% leben allein.

   Drei Trends zeichnen sich in den Entwicklungen der letzten Jahre ab:
   Erstens spielt sich das Leben mit Kindern in zuneh-
10 mendem Maße nicht nur im Zusammenhang mit verheirateten Paaren ab. Der Anteil unverheirateter Paare mit Kindern und Alleinerziehender steigt, während der Anteil verheirateter Paare mit Kindern demgegenüber zurückgeht.
15   Zweitens nimmt der Anteil der Bevölkerung zu, der in Paargemeinschaften ohne Kinder lebt.
   Drittens steigt die Bedeutung des Alleinlebens in der Verteilung privater Lebensformen – was nicht zuletzt auf den zunehmenden Anteil älterer Bevölkerungs-
20 gruppen zurückzuführen ist, die mit zunehmenden Alter oft als Witwe beziehungsweise Witwer allein leben.

1. _____
2. _____
3. _____
4. _____
5. _____

2 Familien mit kleineren Kindern: Bei weniger als 1% der Elternpaare entscheiden sich die Väter dafür, ein bis drei Jahre zu Hause zu bleiben (Elternzeit). Andererseits meinen über 60% der Männer, dass sie sich mehr an der Kinderbetreuung beteiligen sollten.

a Warum übernehmen so wenige Väter die Rolle des Hausmanns? Machen Sie eine Liste mit möglichen Gründen.

    Gehalt, _____

b Sehen Sie die Grafik an und vergleichen Sie die hier genannten Gründe mit Ihren Vermutungen.

Hürden für Väter in der Elternzeit

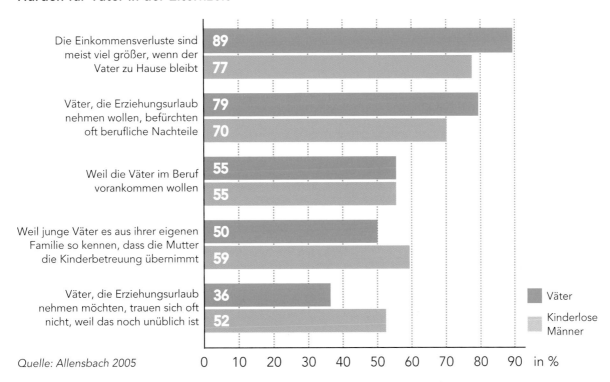

Quelle: Allensbach 2005

c In der Grafik werden Gründe genannt, warum Väter keine Elternzeit nehmen. Welche Gründe sprechen dafür? Sammeln Sie. Überlegen Sie Gründe aus Sicht des Vaters, der Mutter und auch des Kindes.

d Wie ist das in Ihrem Land? Berichten Sie.

LB 2.8

3 Hören Sie noch einmal den ersten Abschnitt des Radiobeitrags von Aufgabe 2 im Lehrbuch. Welche Aussagen sind richtig, welche falsch? Kreuzen Sie an.

	r	f
1. Ehen in Deutschland werden immer häufiger geschieden.	☐	☐
2. Ehescheidungen haben meistens den gleichen Grund.	☐	☐
3. Heute sind mehr Menschen schnell bereit, eine Partnerschaft aufzugeben.	☐	☐
4. Da Frauen seltener finanziell von ihren Männern abhängig sind, können sie einer Trennung eher zustimmen als früher.	☐	☐
5. Viele Männer sind bereit, Hausarbeiten zu übernehmen.	☐	☐
6. Gut 20% der Kinder in Deutschland wachsen nicht bei ihren leiblichen und verheirateten Eltern auf.	☐	☐

4 Ergänzen Sie die Reflexivpronomen.

Hallo Thomas,

ich muss Dir jetzt einfach schreiben, weil ich (1) _mich_ seit Tagen frage, was ich

machen soll. Ich bin (2) _____ einfach nicht sicher, ob ich wegen Monika ein tolles

Job-Angebot ablehnen soll. Wir sind ja jetzt schon seit vier Jahren zusammen und wir

lieben (3) _____ wirklich sehr. Ich hätte jetzt die Möglichkeit, für meine Firma nach

Südamerika zu gehen. So eine Chance habe ich (4) _____ schon immer gewünscht

– aber Monika möchte nicht mitkommen. Sie hat vor einem halben Jahr hier eine super

Arbeit gefunden und sie kann (5) _____ jetzt nicht vorstellen, ins Ausland zu gehen.

Natürlich denke ich (6) _____, dass ich nach Südamerika gehen kann, es wäre ja

auch nur für zwei Jahre. Und wenn wir (7) _____ wirklich lieben, dann schaffen wir

das auch. Aber ich verstehe auch, wenn Monika dann enttäuscht von mir ist …

Was meinst Du? Bis bald

Holger

 5 Schreiben Sie Tipps für Patchwork-Familien.

1. Unsicherheiten: Unterhaltung mit dem Partner und anderen Personen
2. Probleme: Austausch mit allen Betroffenen
3. Zeit nehmen: gemeinsam Dinge unternehmen
4. Überlegen: Regeln, die für alle gelten
5. sich bewusst machen: Fairness ist sehr wichtig

1. _Unterhalten Sie sich bei Unsicherheiten mit_ _____
2. _Tauschen Sie_ _____
3. _Nehmen Sie_ _____
4. _Überlegen Sie_ _____
5. _Machen Sie_ _____

☐ Bedienungsanleitung   ☐ Werbetext

☐ Ratgeber   ☐ Stellungnahme

Per Online-Flirt zum neuen Partner

In Deutschland gibt es über 14 Millionen Singlehaushalte – viele von diesen Menschen leben jedoch nicht freiwillig allein. Bei der Partnersuche setzen immer mehr Singles aufs Internet. Doch was im wirklichen Leben mit ein paar Blicken und dem Verstand geklärt werden kann, funktioniert im Netz nach eigenen Gesetzen. Wenn man diese nicht kennt oder zu unerfahren an die Sache geht, kann es schnell zu Missverständnissen kommen.

Das Wichtigste ist, die passende Kontaktbörse zu finden. Diese sollte man sehr sorgfältig auswählen. Die meisten Plattformen bieten sowohl die Möglichkeit, einfach nur zu flirten oder die Freizeit miteinander zu verbringen. Darüber hinaus gibt es Angebote für spezielle Zielgruppen, zum Beispiel für Menschen, die neu in eine Stadt gezogen sind, oder für Landwirte.

Viele Flirtbörsen bieten auch ein kostenloses „Reinschnuppern" an, bei dem man ausprobieren kann, ob sich die Mitgliedschaft lohnt. Vorsicht ist dagegen geboten, wenn bei Chatrooms gleich nach der Kreditkartennummer gefragt wird.

Wenn man eine geeignete Plattform gefunden hat, dann legt man sein Profil an. Das Profil, das sich jedes Mitglied anlegt, ist seine Visitenkarte. Ein fantasie- und humorvoller Spitzname erhöht die Chancen, angeklickt zu werden. Wer als hundertste „suessemaus" online geht, erregt keine große Aufmerksamkeit. Vorsicht bei der Herausgabe von persönlichen Daten: Der Nachname sollte im „Künstlernamen" nicht auftauchen. Wie bei einer Bewerbung ist auch hier das Bild enorm wichtig. Das Foto sollte qualitativ gut, nicht älter als ein halbes Jahr und nicht zu anzüglich sein. Bevor man den Profiltext formuliert, sollte man sich seine guten und schlechten Eigenschaften bewusst machen und überlegen, was einem beim Partner wichtig ist. Bei der Selbstdarstellung ist Ehrlichkeit wichtig. Schummeln – etwa bei Gewicht oder Größe – fällt sowieso beim ersten Date auf.

Wenn man dann eine nette Bekanntschaft gemacht hat, sollte man nicht gleich die Telefonnummer, E-Mail-Adresse oder andere persönliche Daten herausgeben. Man lernt die Chatpartner nicht wirklich kennen, das macht sie schlecht einschätzbar. Wer beim Chatten ein Pseudonym verwendet, bleibt anonym. Sollte es mal unangenehm werden, wechselt man einfach den Namen.

Welcher Zeitpunkt der richtige für ein Treffen ist, das kann einem nur das Gefühl sagen. Die Erwartungen sollte man nicht zu hoch stecken. Wenn einem der andere gefällt, kann man dies jedoch ehrlich zum Ausdruck bringen. Das Gleiche gilt, wenn man kein Interesse an einem weiteren Kontakt hat.

1b Berichten Sie einem Freund / einer Freundin, der/die auf Partnersuche ist, von dem Artikel. Schreiben Sie zu den folgenden Punkten ein bis zwei Sätze.

1. Auswahl der Kontaktbörse
2. Anlegen eines Profils
3. Umgang mit einer Bekanntschaft
4. das erste Treffen

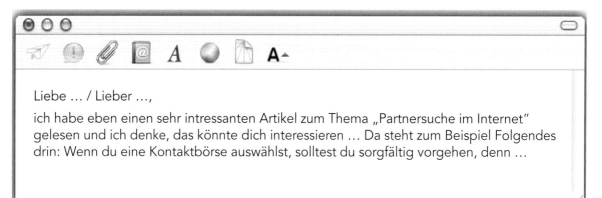

Liebe … / Lieber …,

ich habe eben einen sehr intressanten Artikel zum Thema „Partnersuche im Internet" gelesen und ich denke, das könnte dich interessieren … Da steht zum Beispiel Folgendes drin: Wenn du eine Kontaktbörse auswählst, solltest du sorgfältig vorgehen, denn …

 2 Lesen Sie den Brief. Bringen Sie die Sätze in die richtige Reihenfolge.

TIPP **Textzusammenhänge verstehen**
Um die logischen Zusammenhänge in Texten besser zu verstehen, achten Sie besonders auf Konnektoren (z.B. *deswegen, darum*), Pronomen (z.B. *er, es, man*) und Adverbien (z.B. *dort, dahin, darüber*).

	Dem kann ich nur zustimmen, denn ich war selbst sehr lange Single,		Sie schreiben darin, dass viele Singles ihr Glück im Internet suchen und finden.
	bis mir die Idee kam, Mitglied in einer Kontaktbörse zu werden.		Simone Lerchner
	Für solche Menschen ist diese Art der Partnersuche sehr effektiv und hilfreich.		dass man in Kontaktbörsen Menschen treffen kann, die alle nicht mehr allein sein wollen.
	Am Ende möchte ich sagen, dass ich auf diese Weise einen sehr netten Menschen kennengelernt habe.		Dort habe ich nur gute Erfahrungen ge-macht und ich denke, das Kennenlernen im Internet hat viele Vorteile.
	Darüber bin ich sehr glücklich. Aus diesem Grund bereue ich meine Anmeldung in der Kontaktbörse nicht und	1	Sehr geehrte Damen und Herren,
	mit großem Interesse habe ich Ihren Artikel „Boom im Netz der einsamen Herzen" gelesen.		Der wichtigste Vorteil für mich ist,
	Mit freundlichen Grüßen		möchte diese Art des Kennenlernens allen Lesern empfehlen.

1 Notieren Sie, was die drei Paare verbindet.

Anne und Paulo	
Maja und Ernst	*können viel zusammen lachen*
Pia und Cornelius	

2 Welche Adjektive beschreiben das Aussehen eines Menschen und welche den Charakter? Sortieren Sie. Welche Adjektive kennen Sie noch? Ergänzen Sie.

~~aufrichtig~~   tolerant   liebenswürdig   temperamentvoll   gepflegt   verlässlich

mollig   egoistisch   warmherzig   ehrlich   sensibel   begeisterungsfähig   elegant   ernst

~~trainiert~~   geduldig   hübsch   schlank   sportlich   gesprächig   modern

Aussehen	Charakter
trainiert	*aufrichtig*

3 Bilden Sie Relativsätze.

1. Das ist der Mann, ...
   N a Er hat eine sportliche Figur.
   akk b Ihn finde ich sehr nett.
   dat c Gestern bin ich ihm begegnet.
   dat· d Ich möchte mit ihm tanzen gehen.

2. Das ist die Frau, ...
   a Sie wohnt in meinem Haus.
   b Gerne möchte ich sie treffen.
   c Ich schulde ihr Geld.
   d Mit ihr würde ich mich gerne verabreden.

3. Das ist das Kind, ...
   a Es spielt vor dem Haus.
   b Man hört es oft weinen.
   c Dieses Spielzeug gehört ihm.
   d Morgen beginnt für das Kind die Schule.

4. Das sind die Leute, ...
   a Sie sind gestern neu eingezogen.
   b Für morgen habe ich sie eingeladen.
   c Unser Garten gefällt ihnen.
   d Lange habe ich mit ihnen geredet.

1a Das ist der Mann, der eine sportliche Figur hat.

kennen + akk.

🗝 **4   Ergänzen Sie das Relativpronomen.**

Wenn Liebe blind macht

Nun ist es wissenschaftlich bewiesen: Liebe macht blind. Das haben zwei Forscher des University College in London herausgefunden, (1) __die__ zwanzig jungen Frauen Bilder von ihren Kindern vorlegten und dabei gleichzeitig ihre Gehirne scannten. Zum Vergleich führten die Forscher einen Versuch durch, in (2) __dem__ sie den Frauen dieses Mal Bilder von Kindern vorlegten, (3) __die__ sie nicht kannten. Das Ergebnis, (4) __das__ die Wissenschaftler nicht überraschte, war: Beim Anblick der eigenen Kinder stieg die Aktivität in ganz bestimmten Teilen des Gehirns. Das gleiche Phänomen hatten die Wissenschaftler in einer früheren Studie entdeckt, in (5) __der__ sie testeten, welchen Einfluss Verliebtheit auf die Gehirntätigkeit hat. Auch in diesem Fall wurden bestimmte Gehirnregionen aktiviert. Diese Aktivierung aber bedeutet, dass die betroffenen Regionen, (6) __die__ im Alltag unter anderem für die Lösung komplizierter Aufgaben, für unser Gedächtnis, unsere Aufmerksamkeit und unser Wahrnehmungsvermögen zuständig sind, angesichts der Person, in (7) __den die__ man verliebt ist, nicht mehr richtig funktionieren. *in conclusion,* <u>Fazit</u>: Liebe macht tatsächlich blind. Verliebte sehen mit anderen Augen und nehmen nur selektiv wahr.

🗝 **5   Ergänzen Sie die Sätze mit den Relativpronomen *wo, wohin, woher* und *was*.**

1. Meine Frau arbeitet wieder, _____ sie sehr freut.
2. Meine Freundin arbeitet in dem Büro, _____ auch meine Mutter arbeitet.
3. Meine Kollegin stammt aus Polen, _____ auch mein Mann kommt.
4. Mein Nachbar kommt aus Italien, _____ wir oft in Urlaub fahren.
5. Mein Freund raucht sehr viel, _____ nicht gesund ist.

6   Beschreiben Sie Personen, die Sie kennen. Verwenden Sie dabei Relativsätze.

Das ist Horst, den ich im letzten Urlaub kennengelernt habe. Er hat ein Haus, das so groß ist wie ein Schloss ...

1a Ergänzen Sie die Texte zum Comic.

b Vergleichen Sie Ihren Comic mit der folgenden Erzählung.

Das Beste aus meinem Leben
Axel Hacke

1 In einer Ehe kämpft man kleine und große Kämpfe, und jeder nutzt dabei seine besten Waffen. Paolas Hauptwaffe ist ihre überwältigende Beredsamkeit, meine eine gewisse Zähigkeit oder sagen wir: Denken in langen Zeiträumen.

Ich möchte das an einem Beispiel erläutern. Jahrelang hatten wir einen Stuhl im Schlafzimmer,
5 einen mit weißem Stoff bezogenen Stuhl. Ich glaube, ich habe nie auf diesem Stuhl gesessen, und auch Paola hat, soweit ich mich irgend erinnern kann, nie Platz darauf genommen. Trotzdem stand er da, bis Paola eines Tages sagte, es gefalle ihr nicht, dass der Stuhl im Schlafzimmer stehe. Ich sagte, es gefalle mir schon, doch sie wiederholte, es gefalle ihr nicht, *es sehe so unordentlich aus.*

„Wieso sieht es unordentlich aus, wenn da ein Stuhl steht?", fragte ich.
10 „Weil du immer deine Sachen darauf ablegst!"

„Aber irgendwo muss ich meine Sachen ablegen."

„Du könntest sie auch in den Kleiderschrank tun."

„Warum soll ich eine Hose in den Kleiderschrank tun, wenn ich sie morgen wieder anziehen will?"

„Weil's ordentlich ist. Ein Stuhl ist zum Sitzen da, aber auf dem Stuhl kann niemand sitzen, weil
15 immer Sachen darauf liegen. Das mag ich nicht. Das ist der Grund, weshalb du die Sachen in den Schrank tun sollst: weil ich es möchte. Weil es mich zufrieden machen würde. Weil du mich über alles liebst und willst, dass ich zufrieden bin." Ich machte ein Geräusch, an das ich mich nicht mehr genau erinnere, und ein paar Tage später stand der Stuhl neben der Wohnungstür. Paola hatte einen Zettel daran befestigt, auf dem stand: „Bitte in den Keller!" Und ich brachte den Stuhl in den Keller.
20 Ich tat etwas, was ich für falsch hielt. Ich machte mich zum Werkzeug des Willens meiner Frau.

Aber ich gab damit meine eigenen Ziele nicht auf. Ich wusste, dass eines Tages wieder ein Stuhl in unserem Schlafzimmer stehen würde – weil es sinnvoll ist, dass da ein Stuhl steht. Ich bin nämlich im Gegensatz zu Paola keineswegs der Auffassung, dass ein Stuhl nur zum Sitzen da ist. Man kann auf einem Stuhl sitzen. Man kann sich zum Beispiel aber auch nur vorstellen, dass auf einem Stuhl
25 jemand sitzt. (…) Man kann drittens sowohl auf das Sitzen als auch auf die Vorstellung des Sitzens verzichten und dem Stuhl ganze Bedeutungsdimensionen hinzufügen, indem man Sachen auf ihm ablegt, so wie Paola unseren Esstisch keineswegs nur zum Essen nutzt, sondern auch, um ihn mit Briefen der Krankenversicherung zu bedecken. Und wie Luis den Fußboden seines Zimmers nicht seinen Füßen vorbehält, sondern ihn so mit Legosteinen, Klamotten, Büchern und Spielkarten
30 bedeckt, dass seine Füße dort gar keinen Platz mehr finden. Was dem Esstisch und dem Fußboden recht ist, sollte einem Schlafzimmerstuhl billig sein. Das nur nebenbei. Es kam jedenfalls der Tag, an dem wir Gäste hatten. Wir haben normalerweise nur vier Stühle um den Esstisch stehen. Ich ging in den Keller und holte weitere Stühle, darunter den erwähnten, mit weißem Stoff bezogenen Ex-Schlafzimmerstuhl. Als die Gäste gegangen waren, stellte ich diesen wieder ins Schlafzimmer.
35 Legte eine Hose und einen Pullover darauf, die ich beide am nächsten Tag wieder zu tragen beabsichtigte. Ich gab dem Stuhl auf diese Weise etwas Unauffälliges, charmant Dahingestelltes, Schonimmerdagewesenes. Paola hat noch gar nicht bemerkt, dass er wieder da ist, der Stuhl. Oder sie hat im Moment nicht die Energie, mich wieder mit ihm in den Keller zu schicken. Oder sie erkennt nun auch die Vorteile eines solchen Stuhls neben unserem Kleiderschrank. Wahrscheinlicher
40 ist, dass sie bald auf die Sache zu sprechen kommt. Wahrscheinlich ist, dass der Stuhl wieder im Keller landet. Ganz sicher ist, dass wir mal wieder Gäste haben.

c Wie geht die Geschichte weiter? Setzen Sie den Comic fort oder schreiben Sie die Geschichte weiter.

So schätze ich mich nach Kapitel 7 ein: Ich kann ...	+	0	–	Modul/ Aufgabe
... einen Radiobeitrag zu Alleinerziehenden und Patchworkfamilien verstehen.				M1, A2a, b, c
... Zeitschriftentexte über „Die große Liebe" verstehen.				M3, A2
... die wichtigsten Ereignisse in einem Romanauszug verstehen und die Hauptpersonen erkennen.				M4, A1a, 2b, 3
... aus einer Grafik zum Thema „Lebensformen" die wichtigsten Informationen nennen.				M1, A1a, b
... meinen Traumpartner / meine Traumpartnerin beschreiben.				M3, A4
... einen Romanauszug positiv oder negativ bewerten und meine Meinung begründen.				M4, A1b, 4
... Vermutungen über die Fortsetzung und das Ende einer Geschichte anstellen.				M4, A1c, 2d
... über die Hauptfigur in einem literarischen Text sprechen.				M4, A2c
... Notizen zu einem Radiobeitrag über Alleinerziehende und Patchworkfamilien machen und ein kurzes Porträt schreiben.				M1, A2c, d
... positive und negative Aspekte aus einem Text zur Kontaktsuche per Internet notieren.				M2, A1b
... einen Leserbrief schreiben.				M2, A2
... schreiben, wie mir eine Geschichte gefallen hat.				M4, A5

Das habe ich zusätzlich zum Buch auf Deutsch gemacht:
(Projekte, Internet, Filme, Texte, ...)

	Datum:	Aktivität:

Kaufen, kaufen, kaufen_____

Vor dem Start: Erinnern Sie sich? Diese Übungen bereiten Sie auf das Kapitel vor.

1   Was fällt Ihnen alles zum Thema „Kaufen" ein? Machen Sie einen Mind Map.

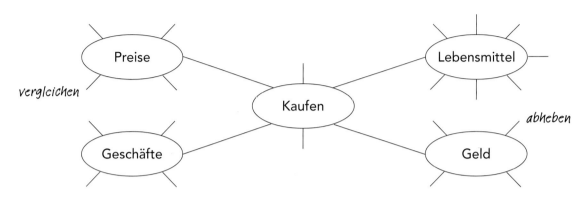

🔑 2a Wie heißen die neun Verben rund um das Thema „Einkaufen"?

1. SLELBTENE   _b e s t e l l e n_
2. LOAHENB   _a_ __ __ __ __ __ __
3. EANPNKEIC   _e_ __ __ __ __ __ __ __
4. TMNAUHSUEC   _u_ __ __ __ __ __ __ __ __ __
5. CUZÜKEGNRBE   _z_ __ __ __ __ __ __ __ __ __ __
6. BAEGEUSN   _a_ __ __ __ __ __ __
7. ENLAHZ   _z_ __ __ __ __ __
8. NKUEFENAI   _e_ __ __ __ __ __ __ __ __
9. FGLLEAEN   _g_ __ __ __ __ __ __

🔑 b Ergänzen Sie die Verben aus a in der richtigen Form.

○ Ich gehe noch in die Stadt (1) _____, kommst du mit?

● Ja, warte, ich wollte sowieso ein Buch (2) _____, das ich gestern

  (3) _____ habe. Und den Pulli hier nehme ich auch mit, er (4) _____

  mir nicht, ich will ihn (5) _____, ich nehme doch lieber einen blauen.

○ Na, hoffentlich haben sie noch einen blauen.

● Bestimmt. Und wenn nicht, kann ich den Pulli sicherlich (6) _____. Ich habe in

  dem Geschäft schon so viel Geld für Kleider (7) _____, die kennen mich schon.

  □ Guten Tag, ich nehme diese Kette hier. Können Sie sie mir bitte als Geschenk

  (8) _____? Und, kann ich mit Karte (9) _____?

3   Sehen Sie sich noch einmal die Seiten 40 und 41 im Lehrbuch an. Sammeln Sie Wörter zu den
  Zeichnungen.

  Einkaufswagen, tiefgekühltes Hähnchen, ...

4a In welches Fachgeschäft gehen Sie, wenn Sie ... ?

1. ___ Brötchen und Nusshörnchen einkaufen möchten?
2. ___ einen Hammer, eine Säge und Nägel brauchen?
3. ___ frisches Fleisch kaufen möchten?
4. ___ zwei Kästen Cola zu einem Fest mitbringen wollen?
5. ___ jemandem ein Buch schenken wollen?
6. ___ eine Tageszeitung kaufen wollen?
7. ___ Duschgel und Zahnpasta brauchen?

a Drogeriemarkt
b Buchhandlung
c Getränkemarkt
d Baumarkt
e Kiosk
f Metzgerei/Fleischerei
g Bäckerei

b Schreiben Sie eine kurze Geschichte, in der vier Fachgeschäfte aus 4a vorkommen.

Gestern hatte ich einen ganz blöden Tag. Ich wollte nur kurz Brot einkaufen gehen, aber ...

5 Suchen Sie die Oberbegriffe und ergänzen Sie jeweils drei weitere Wörter.

BEL	DUNG	SCHREIB	MÖ	GE	KLEI	SCHIRR	WAREN

1. *Klei*_____
   der Rock – die Socke – der Mantel – die Jacke _____

2. _____
   der Stuhl – der Tisch – die Lampe – das Sofa _____

3. _____
   der Teller – die Kanne – die Tasse – die Schüssel _____

4. _____
   der Radiergummi – die Büroklammer – das Heft – der Füller _____

6a Welche Beschreibung passt zu welchem Nomen? Drei Erklärungen passen nicht.

1. ___ die Werbung
2. ___ das Einkaufscenter
3. ___ die Reklamation
4. ___ die Sonderaktion
5. ___ das Schnäppchen
6. ___ der Preisnachlass

a ein Angebot, das nur für einen bestimmten Zeitraum gültig ist
b ein großes Gebäude, in dem es viele unterschiedliche Geschäfte und Restaurants gibt
c von außen einsehbarer Bereich eines Geschäfts, in dem Waren ausgestellt sind
d etwas, das man sehr günstig eingekauft hat
e ein Zettel oder ein kleines Heft mit einer Beschreibung, wie ein Gerät funktioniert
f Maßnahme (z.B. im Radio oder Fernsehen), mit der man versucht, Leute für sein Produkt zu interessieren
g ein Rabatt
h eine Beschwerde über ein fehlerhaftes Produkt
i ein kleiner abgetrennter Raum in einem Kaufhaus, in dem man Kleidung anprobieren kann

b Wie heißen die Wörter zu den drei Erklärungen, die in 6a übrig geblieben sind?

Dinge, die die Welt (nicht) braucht _____

1a Lesen Sie die Produktbeschreibung und notieren Sie die Zwischenüberschriften aus dem Kasten neben den entsprechenden Textstellen.

Handhabung	Materialien	Umsetzung der Idee	Wie die Idee entstand

Was auf die Ohren?

1   Im Jahre 1994, während der Olympischen Winterspiele in Lillehammer/Norwegen, fror ein gewisser Tom Natvik mächtig an den Ohren. Nachdem er, so wird jedenfalls be-
5 richtet, eine Woche lang mit den Händen an den Ohren den Athleten zugeschaut hatte (Mütze und Stirnbänder mochte er nicht), hatte er eine ganz einfache Idee. Nach zahlreichen Tests von Materialien und Produk-
10 tionsmethoden gründete der Schwede zwei Jahre später die „ear bag AG" in Uppsala. Seine band- und bügellosen Ohrwärmer aus Fleece – es gibt sie auch gestrickt oder aus Kunstfell – verkauften sich bis heute welt-
15 weit rund drei Millionen Mal. „Earbags" werden ganz einfach über die Ohren gestülpt und dann angedrückt. Mithilfe eines Klapp-Mechanismus sitzen sie dann fest aber bequem am Ohr – und die Frisur bleibt, wie sie
20 ist.

b Wie gefallen Ihnen die Earbags? Würden Sie welche tragen oder jemandem Earbags schenken? Begründen Sie in einem kurzen Text Ihre Meinung.

2 Was gehört zusammen?

1. ___ Er schnallt die Siebenmeilenstiefel   a an ihren Daumen.

2. ___ Pass auf, der Wein tropft   b an seinen Beinen.

3. ___ Er hat Siebenmeilenstiefel   c auf die Tischdecke.

4. ___ Jetzt ist schon wieder ein Rotweinfleck   d an ihrem Daumen gesehen?

5. ___ Sie steckt sich sehr oft den Klingelring   e an seine Beine.

6. ___ Hast du den Klingelring   f auf der Tischdecke.

3 Schreiben Sie Sätze.

1. ich / das Monokular / immer / in / die Tasche / tragen / .

2. er / die Earbags / jeden Morgen / auf / die Ohren / sich setzen / .

3. der Tropfenfänger / in / die Flasche / sein / .

4. haben / du / das Monokular / vorhin / in / die Tasche / stecken / ?

5. sein / die Earbags / in / der Rucksack / ?

6. er / der Tropfenfänger / in / die Rotweinflasche / stecken / .

7. der Klingelring / in / das Auto / liegen / .

1. Ich trage das Monokular immer in der Tasche.

4 Ergänzen Sie.

Hallo Robert,

letzte Woche war ich (1) _____ (in/der) Urlaub (2) _____ (in/ein)

kleinen Hotel (3) _____ (in/das) Allgäu. Dort gab es ein sehr gutes Frühstück und

der Frühstückraum war sehr schön. Er war (4) _____ (über/ein) Bach gebaut und

(5) _____ (in/der) Boden waren Glasfenster, sodass man (6) _____

(auf/der) Bach sehen konnte. Gleich (7) _____ (hinter/der) Eingang auf der linken

Seite war das Buffet. Hier gab es alles: (8) _____ (neben/die) Käsesorten standen

viele leckere Wurst- und Schinkenspezialitäten. (9) _____ (vor/das) Buffet stand

auch ein Sekteimer mit kühlem Sekt und natürlich gab es (10) _____ (neben/

dieses) Buffet noch ein zweites mit gekochten Eiern, Rühreiern, Speck und gebratenen

Würsten. (11) _____ (auf/jeder) Tisch standen frische Blumen und ein „Eierköpfer"

– kennst du so etwas?

Liebe Grüße

Tina

5 „Clack – Der Eierköpfer": Bringen Sie die Wörter
in die richtige Reihenfolge und beschreiben Sie,
was man mit diesem Produkt macht.

aufsetzen   die Kugel   nach oben ziehen   die Kappe

der Edelstahl   fallen lassen   durchtrennen

die Eierschale   aufbrechen   absetzen   das Messer

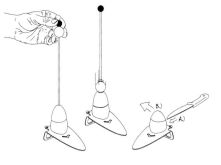

Konsum heute

1 Sortieren Sie die Wörter und Ausdrücke. Manche passen in beide Kategorien.

> ~~feilschen~~   der Verkaufsstand   billig   mit Kreditkarte zahlen   um den Preis handeln
>
> das Geschäft   die Neuware   gebrauchte Waren   Trödelmarkt   die Werbung
>
> das Sonderangebot   nach Raritäten suchen   umtauschen   der Händler / die Händlerin
>
> die Kundenkarte

Flohmarkt	Einkaufszentrum
feilschen	

2 Bilden Sie zusammengesetzte Nomen. Notieren Sie auch den Artikel.

KRAFT	TASCHEN	VERHALTEN	BETRAG	VERTRAG	AUTOMAT

FALSCH	-KAUF-	-GELD-	-KONSUM-	RATEN

BEUTEL	SCHEIN	HAUS	SORGEN	DENKEN	SUMME	VERZICHT

das Taschengeld, ...

LB 2.11

3 Hören Sie die Diskussion zu den Aufgaben 3 bis 5 im Lehrbuch noch einmal und beschreiben Sie die drei Personen in kurzen Texten. Benutzen Sie auch die Satzanfänge.

1. Herr Kolonko
Herr Kolonko hat sich nach einem Herzinfarkt entschieden, ... und lebt jetzt ...
Er verzichtet auf ... und findet ...
Seiner Ansicht nach sollen Kinder ...

2. Frau Zöller
Frau Zöller arbeitet ... und liebt ...
Sie ist der Meinung, dass ...
Sie denkt, dass die Wirtschaft ...

3. Herr Fritsche
Herr Fritsche ist von Beruf ... und lebt in einem ...
Für ihn ist die Umwelt ...
Er hat etwas ganz Besonderes aufgebaut, und zwar ...
Dadurch kann er ...

4 Der Lottogewinn: Familie Obermaier hat 500.000 € im Lotto gewonnen und freut sich sehr. Allerdings sind sich die Familiemitglieder nicht einig, was man am besten mit dem vielen Geld machen soll.

a Bilden Sie Sechser-Gruppen. Lesen Sie die Rollenkarten und verteilen Sie die Rollen.

b Suchen Sie Argumente für Ihren Vorschlag.

c Notieren Sie Redemittel, die Sie verwenden wollen.

d Diskutieren Sie und einigen Sie sich.

e Berichten Sie im Kurs, wie sich Ihre Gruppe geeinigt hat.

Vater Rolf, 60:
Er arbeitet seit vielen Jahren in einem kleinen Betrieb, dem die Pleite droht. Eine Finanzspritze würde die Arbeitsplätze von zehn Mitarbeitern retten.

Oma Olga, 81:
Der Haushalt wird ihr langsam zu schwer und sie würde am liebsten in das schicke Altersheim am See ziehen.

Mutter Ida, 59:
Sie spielt seit 25 Jahren Lotto mit den gleichen Zahlen, hat nun endlich gewonnen. Sie möchte ein großes Haus für die Familie kaufen und den Rest auf die Bank bringen.

Tochter Karin, 23:
Sie studiert an der Uni Gießen und träumt davon, ihr Studium an einer renommierten Uni in den USA fortzusetzen.

Sohn Benni, 27:
Er möchte am liebsten eine Weltreise machen und, solange es geht, nicht arbeiten, sondern nur das Leben genießen.

Tochter Melanie, 32:
Sie hat selbst schon zwei Kinder und möchte die Zukunft ihrer Söhne absichern.

Die Reklamation

1 Ergänzen Sie das Telefongespräch.

Könnten Sie mit der Lampe vorbeikommen, dann tauschen wir sie um.

~~aber sie funktioniert irgendwie nicht.~~

~~Aber nach ein paar Tagen hat sie angefangen zu flackern und noch ein paar Tage später war die Glühbirne kaputt.~~

~~Ja, nicht nur mit einer, aber die sind immer ganz schnell kaputt.~~

~~Die Lampe heißt „Sonnengruß".~~

Könnten Sie ausprobieren, ob die Lampe funktioniert, wenn Sie sie an eine andere Steckdose anschließen?

~~was kann ich für Sie tun?~~

Könnten Sie mir das bitte genauer beschreiben?

Firma Lichtblick, Kundenabteilung, mein Name ist Ute Beer, (1) _was kann ich für Sie tun?_

Hallo, mein Name ist Greta Koch. Ich habe letzten Monat eine Lampe bei Ihnen gekauft, (2) _aber sie funktioniert irgendwie nicht._

Was ist denn das Problem mit der Lampe?

(3) _Könnten Sie mir das bitte genauer beschreiben?_

Am Anfang hat die Lampe prima funktioniert. (4) _Aber nach ein paar Tagen hat sie angefangen zu flackern und noch ein paar Tage später war die Glühbirne kaputt._

Aha. Welches Modell ist es denn?

(5) _Die Lampe heißt „Sonnengruß"._

Ah ja. Haben Sie es dann mit einer neuen Glühbirne versucht?

(6) _Ja, nicht nur mit einer, aber die sind immer ganz schnell kaputt._

Hm, das kann entweder an der Steckdose liegen oder es liegt am Trafo in der Lampe. (7) _Könnten Sie ausprobieren, ob die Lampe funktioniert, wenn Sie sie an eine andere Steckdose anschließen?_

Das habe ich schon ausprobiert, das Problem bleibt das gleiche.

Dann ist vermutlich der Trafo kaputt. (8) _Könnten Sie mit der Lampe vorbeikommen, dann tauschen wir sie um._

Ja, das mache ich. Vielen Dank.

2 Ergänzen Sie *können* im Konjunktiv II oder die Formen von *würde*.

○ Du, sag mal, ich habe mir letzte Woche einen neuen Drucker gekauft, aber er funktioniert nicht.

(1) ~~würde~~ *Könnte* ich bei dir ein paar Seiten ausdrucken?

● Ja, komm vorbei. Aber ich habe kein Papier mehr, (2) ~~würdest~~ *könntest* du welches mitbringen?

○ Mache ich. Ich (3) *würde* ~~könnte~~ dann auch gleich noch eine Druckerpatrone mitbringen. Was für einen Drucker hast du denn?

● Ach nein, lass das, das (4) ~~würdest~~ *könntest* du von mir doch auch nicht erwarten, oder?

○ Nein, natürlich nicht, aber freuen (5) *würde* ~~te~~ ich mich schon …

● Nein, bring uns lieber einen Kuchen mit, dann mache ich uns Kaffee.

○ Okay. Sag mal, was (6) *würdest* ~~könntest~~ du denn jetzt an meiner Stelle mit dem Drucker machen?

● Na, umtauschen natürlich!

3 Schreiben Sie die Sätze und verwenden Sie den Konjunktiv II.

1. Ich weiß nicht, was kaputt ist. das Gerät / einen Wackelkontakt / haben können / .
2. Ich an deiner Stelle, ich / das Gerät / ins Geschäft / zurückbringen / . ~~Sollte~~ *Ich an deiner Stelle, das Gerät ins Geschäft zurückbringen?* *würde*
3. Sie / bitte / hier / unterschreiben / ? ~~Würden~~ *Könnten Sie bitte hier unterschreiben?*
4. Ich möchte jetzt gehen. du / dich / jetzt bitte / beeilen / ? *Würdest du jetzt bitte dich beeilen?*
5. Ich fand den Service in diesem Geschäft sehr schlecht. Wenn ich du wäre, ich / dort / nicht / einkaufen / . *Wenn ich du wäre, würde ich dort nicht einkaufen.*

1. Das Gerät könnte einen Wackelkontakt haben.

4 Es wäre so schön, wenn … Schreiben Sie Sätze.

1. Herr Müller ist immer unzufrieden.
2. Frau Peters hat oft Pech.
3. Hans kann sein Handy nicht bedienen.
4. Thomas gibt viel Geld für CDs aus.
5. Sabine hat wenig Freizeit.

1. Es wäre so schön, wenn Herr Müller öfter zufrieden wäre.

5 Finden Sie Fortsetzungen zu den Satzanfängen.

1. Wenn ich das Gerät früher ausprobiert hätte, _____

2. Wenn er den Kassenzettel finden würde, _____

3. Hätte sie sich vorher besser informiert, dann _____

4. Wenn ich noch einmal neu entscheiden könnte, _____

5. Wenn ich mehr Geld hätte, _____

Kauf mich!

1 **1 Welche Erklärung passt? Ordnen Sie zu.**

1. ___ die Werbeagentur   a   Teil des TV-Programms, in dem die Werbung kommt

2. ___ das Werbegeschenk   b   große Werbeaktion mit verschiedenen Mitteln (Anzeigen, Filme, Radio, ...)

3. ___ der Werbeslogan   c   Unternehmen, das die Werbung für die Produkte anderer Firmen entwickelt

4. ___ der Werbespot   d   Dinge, die Kunden und Geschäftsfreunde einer Firma geschenkt bekommen

5. ___ das Werbefernsehen   e   Werbung in einer Zeitung/Zeitschrift

6. ___ die Werbekampagne   f   einprägsamer Satz, der ein Produkt bekannt machen soll

7. ___ die Werbeanzeige   g   Werbefilm, der im Fernsehen/Kino gezeigt wird

2 Sehen Sie sich die Bilder an und beschreiben Sie sie. Welche Aspekte aus dem Text von Aufgabe 2 im Lehrbuch finden Sie hier wieder?

3a Lesen Sie den Text und markieren Sie:

– im ersten Abschnitt die Informationen zum Thema „Werbung"

– die im Text genannten Zeitabschnitte

Werbung

1 Unter Werbung versteht man die bewusste Beeinflussung des Konsumenten. Werbung ist das wohl wichtigste Instrument der Absatzförderung und gleichzeitig selbst ein 5 riesiger Wirtschaftszweig: In der deutschen Werbebranche sind über eine halbe Million Menschen beschäftigt. Rund 30 Milliarden Euro betragen die Werbeausgaben jährlich in Deutschland. Werbungen findet man 10 überall: In Zeitungen, im Radio, auf Plakatwänden, im Internet usw. Werbemedium Nummer Eins ist allerdings das Fernsehen.

Die Geschichte der Werbung begann vor mehr als zwei Jahrtausenden. Zu den ersten 15 Werbemethoden gehörten Aushänge, platziert an den Mauern häufig besuchter Gebäude. Archäologen fanden so etwas in den Ruinen des antiken Rom und in Pompeji.

Im Mittelalter gab es dann die ersten 20 richtigen Werbejobs: Händler engagierten damals „Stadtschreier", die die Vorzüge bestimmter Waren lautstark in den Gassen verkündeten.

Auf Touren kam die Werbemaschinerie 25 anno 1445 – mit der Erfindung der Druckerpresse durch Johannes Gutenberg. Gedruckte Handzettel zeigten die Firmenlogos von Handwerksmeistern und beschrieben die Vorzüge ihrer Arbeiten.

30 Mit dem 17. Jahrhundert kamen die Zeitungen und Zeitschriften, die zunächst Anzeigen der Verleger und Buchhändler enthielten, später kam dann Reklame aus anderen Branchen hinzu.

35 Ende des 19. Jahrhunderts ermöglichten fortschrittliche Fertigungsmethoden die billige Massenproduktion von Waren, die verkauft werden mussten. Geschickt formulierte Werbetexte und eingängige Grafiken galten 40 nun als Handwerkszeug für die neue Kunst der Imagebildung.

Markennamen bildeten sich heraus: Namen wie 45 Colgate, Wrigley und Coca Cola gruben sich ins Bewusstsein ein. Etwa um diese 50 Zeit machte sich die *Theorie von den drei Stufen der Werbung* breit: Werbung auf der 55 ersten Stufe ist eher plakativ. Sie nennt nur einen

Marken- oder Produktnamen oder einfache Sätze wie z.B.: „Es gibt wieder Sunlight." Die 60 zweite Stufe wird durch die Konkurrenzkämpfe auf expandierenden Märkten bestimmt. Herausgestellt wird die besondere Qualität, vielleicht auch irgendeine einzigartige Eigenschaft des Produkts: Etwas ist 65 besser als anderes. Werbung der dritten Stufe verkauft Images und Leitbilder. Sie gruppiert glückliche Menschen um ihre Objekte, definiert die Rolle des Erfolgreichen, des Charmanten oder des Cowboys. Heute dominiert 70 ganz klar Werbung der dritten Stufe.

> **TIPP** **Inhalte von Texten übersichtlich darstellen**
> Die Informationen komplexer Texte kann man mithilfe grafischer Elemente, wie zum
> Beispiel einem Zeitstrahl, und Stichworten übersichtlich zusammenfassen. So sind die
> Hauptaussagen leicht erkennbar.

b Welche Informationen zu „Werbung" werden im ersten Absatz des Textes auf Seite 143 genannt? Notieren Sie Stichwörter.

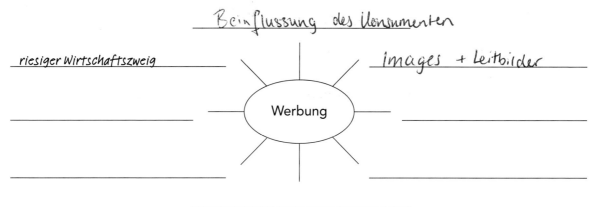

Beinflussung des Konsumenten

riesiger Wirtschaftszweig

Images + Leitbilder

Werbung

c Geschichte der Werbung: Ergänzen Sie die Informationen aus dem Text auf dem Zeitstrahl in
Stichworten.

Anfänge: *vor mehr als zwei Jahrtausenden*

1445: *Werbemaschinerie*

Mittelalter: *Werbejobs*

17. Jahrhundert: *Zeitungen, Zeitschriften*

19. Jahrhundert: *Massenproduktion - Grafike, Geschickt
formulierte Werbetexte*

Heute: _____

d Schreiben Sie einen kurzen Text und fassen Sie die Informationen aus den Aufgaben b und c
zusammen.

So schätze ich mich nach Kapitel 8 ein: Ich kann ...	+	0	–	Modul/ Aufgabe
... die Argumentation in einer Diskussion über Konsumverhalten verstehen.				M2, A3, 4a, b, 5b
... ein Telefongespräch zu einer Reklamation verstehen.				M3, A1b
... Radiowerbungen verstehen.				M4, A6
... Produktbeschreibungen lesen und einem Produkt zuordnen.				M1, A1b
... einen Sachtext über Werbung verstehen und in thematische Absätze gliedern.				M4, A2a
... ein Produkt beschreiben/präsentieren.				M1, A3
... mein eigenes Konsumverhalten beschreiben.				M2, A6
... sagen, worauf man beim Kauf eines Produktes achten sollte.				M3, A1a
... telefonisch ein Produkt reklamieren.				M3, A3b
... eine erfolgreiche Werbung aus meinem Land vorstellen.				M4, A4
... über Werbungen sprechen.				M4, A5
... eine eigene Werbung entwickeln und präsentieren.				M4, 7
... eine Beschwerde-E-Mail schreiben.				M3, A4
... eine Werbeanzeige oder einen Radiospot entwerfen.				M4, A7a

Das habe ich zusätzlich zum Buch auf Deutsch gemacht: (Projekte, Internet, Filme, Texte, ...)		
	Datum:	Aktivität:

Endlich Urlaub

Vor dem Start: Erinnern Sie sich? Diese Übungen bereiten Sie auf das Kapitel vor.

1 Sortieren Sie die Ausdrücke zum Thema „Reise" in die Tabelle ein. Sammeln Sie weitere Ausdrücke. Welche anderen Oberbegriffe fallen Ihnen ein? Suchen Sie auch dafür Beispiele.

> mit dem Auto   in die Berge   in den Ferien   mit dem Bus   ~~ans Meer~~
>
> mit dem Schiff   auf eine Insel   im Sommer   ...

Reiseziel	Reisezeit	Verkehrsmittel	...
ans Meer			

2 Welche Verben mit Präfix bildet das Verb *reisen*? Ordnen Sie die Verben in die Tabelle ein.

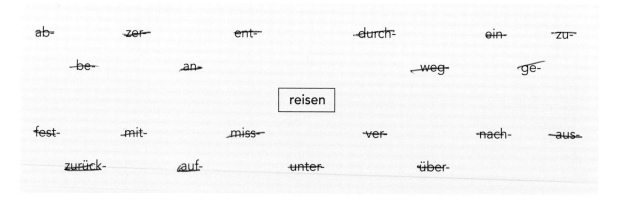

~~ab-~~   ~~zer-~~   ~~ent-~~   ~~durch-~~   ~~ein-~~   ~~zu-~~

~~be-~~   ~~an-~~   ~~weg-~~   ~~ge-~~

reisen

~~fest-~~   ~~mit-~~   ~~miss-~~   ~~ver-~~   ~~nach-~~   ~~aus-~~

~~zurück-~~   ~~auf-~~   ~~unter-~~   ~~über-~~

trennbar	untrennbar
abreisen durchreisen	entreisen festreisen
~~wegreisen~~ ausreisen	unterreisen verreisen
zurückreisen einreisen	missreisen zureisen
mitreisen anreisen	überreisen gereisen
~~bereisen~~ nachreisen	aufreisen ~~nachreisen~~
	~~anreisen~~ bereisen
	zerreisen wegreisen

146

3 Lösen Sie das Rätsel.
(Umlaute = ein Buchstabe)

1	R	E	I	S	E							
2	R	E	I	S	E							
3	R	E	I	S	E							
4	R	E	I	S	E							
5	R	E	I	S	E							
6	R	E	I	S	E							
7	R	E	I	S	E							
8	R	E	I	S	E							
9	R	E	I	S	E							
10	R	E	I	S	E							

1. alle Unterlagen für eine Reise   2. das Gefühl der Nervosität vor einer Reise   3. alle Maßnahmen, die man unternimmt, um eine Reise zu planen   4. mehrere Menschen, die miteinander eine Reise machen   5. die verschiedenen Medikamente, die man auf eine Reise mitnimmt   6. die Firma, die Reisen organisiert und anbietet   7. der Bericht über die Temperaturen, Niederschläge und Windverhältnisse am Reiseziel   8. ein Buch, das über das Reiseland informiert   9. eine Person, die eine Gruppe von Reisenden begleitet und für die Organisation verantwortlich ist   10. ein Gepäckstück für die Reise

4 Was gehört in das Reisegepäck? Notieren Sie den bestimmten Artikel. Ergänzen Sie die Liste.

1. _____ Reisepass   8. _____ Kamera   15. _____ Wanderschuhe
2. _____ Visum   9. _____ Badehose   16. _____
3. _____ Flugticket   10. _____ Bikini   17. _____
4. _____ Fahrkarte   11. _____ Sonnencreme   18. _____
5. _____ Handy   12. _____ Zahnbürste   19. _____
6. _____ Sonnenbrille   13. _____ Waschbeutel   20. _____
7. _____ Sonnenhut   14. _____ Abendkleidung   21. _____

5 Ergänzen Sie die Verben aus dem Kasten.

faulenzen   besichtigen   kennenlernen   machen
tanzen   schwimmen   Sport treiben   probieren

1. am Strand _faulenzen_   5. in der Disco _____
2. im Meer _____   6. eine Stadtrundfahrt _____
3. Sehenswürdigkeiten _____   7. neues Essen _____
4. im Fitnessstudio _____   8. interessante Menschen _____

Organisiertes Reisen

1 Welche Arten von Reisen gibt es und was bedeuten sie? Ordnen Sie zu.

1. ___ eine Städtereise   a eine Reise, die man aus beruflichen Gründen macht

2. ___ eine Sprachreise   b eine Reise mit dem Wohnwagen, Wohnmobil oder Zelt

3. ___ eine Weltreise   c eine Reise zum Entspannen und Ausruhen

4. ___ eine Fernreise   d eine Reise in eine Stadt

5. ___ eine Wellnessreise   e eine in einem Reisebüro komplett gebuchte Reise

6. ___ eine Flugreise   f eine Reise zum Erlernen einer Fremdsprache

7. ___ eine Campingreise   g eine Reise in ein weit entferntes Land

8. ___ eine Pauschalreise   h eine Reise zu wissenschaftlichen Zwecken

9. ___ eine Geschäftsreise   i eine Reise mit dem Flugzeug

10. ___ eine Forschungsreise   j eine Reise um die Erde

2a Lesen Sie das Gedicht von Paul Maar und überlegen Sie, welches der Bilder die Situation im Gedicht am besten trifft.

> Ein Maulwurf und zwei Meisen
> beschlossen zu verreisen
> nach Salzburg oder Gießen.
> Ob sie dabei zu Fuß gehen sollen
> oder aber fliegen wollen –
> das müssen sie noch beschließen!

b Überlegen Sie sich einen Titel für das Gedicht.

c Geben Sie den Inhalt des Gedichts mit eigenen Worten wieder. Die Fragewörter: *Wer?*, *Was?*, *Wohin?* und *Wie?* helfen.

d Berichten Sie von schwierigen Reiseentscheidungen. Warum waren Ihre Entscheidungen schwierig?

3 Erstellen Sie für den Text im Lehrbuch auf Seite 58 eine Wortliste. Lesen Sie zuerst den Tipp.

TIPP **Eine Wortliste erstellen**
Schreiben Sie eine Wortliste, um Wörter und Ausdrücke eines Textes zu lernen. So können Sie vorgehen:
1. Welche Themenbereiche spricht der Text an? Schreiben Sie diese Begriffe auf.
2. Notieren Sie Substantive, Verben, Adjektive zu den Themenbereichen aus dem Text.
3. Notieren Sie zu diesen Wörtern grammatische Angaben (Artikel, Plural, ...).

der Tourismus	das Unternehmen
• die Ferien (immer Pl.) • der Tourist – die Touristen • Tourist sein • die Reise – die Reisen • reisen – reiste – bin gereist • ...	• das Geschäft – die Geschäfte • in das Geschäft einsteigen (stieg ein – ist eingestiegen) • ...

4 Ergänzen Sie die Konnektoren *als* oder *wenn*.

Normalerweise bin ich immer ganz aufgeregt, (1) __wenn__ ich verreise. Doch (2) _____

ich das letzte Mal verreist bin, war das ganz anders. Ich saß total entspannt im Flugzeug,

(3) _____ es startete. (4) _____ ich früher geflogen bin, wurde mir oft schlecht.

(5) _____ der Flug ein Nachtflug ist, esse ich normalerweise nichts. Aber beim letzten Flug

hatte ich richtig Appetit, (6) _____ mir die Stewardess das Essen brachte. Ich habe alles

aufgegessen und dann sogar geschlafen. (7) _____ das Flugzeug landete, war ich ausge-

schlafen und fit. Der Urlaub konnte direkt beginnen, (8) _____ ich im Hotel ankam.

5 Verbinden Sie die Sätze mit den Konnektoren *während, bevor, nachdem*.

1. Ich studiere die Reisekataloge. Danach buche ich meine Reise.
2. Ich mache eine Reise. Vorher packe ich meinen Koffer.
3. Ich lese den Reiseführer genau. Dabei höre ich Musik aus dem Urlaubsland.
4. Ich verlasse meine Wohnung. Vorher kontrolliere ich alle Zimmer.
5. Ich fahre mit dem Taxi zum Flughafen. Dabei überprüfe ich, ob ich meinen Pass habe.
6. Ich gebe mein Gepäck auf. Danach gehe ich zur Passkontrolle.
7. Ich sitze im Flugzeug. Dabei lese ich und trinke einen Kaffee.
8. Ich gehe durch den Zoll. Vorher hole ich mein Gepäck.

1. Nachdem ich die Reisekataloge studiert habe, buche ich die Reise.

6 Ergänzen Sie in den Sätzen die Konnektoren *bis* und *seit/seitdem*.

1. _*Bis*_____ ich Urlaub habe, muss ich noch ein paar Wochen arbeiten.

2. Meine Frau bleibt so lange zu Hause, _____ unsere Tochter zur Schule geht.

3. _____ Björn ein neues Auto hat, ist er nur noch unterwegs.

4. Ich bleibe zu Hause, _____ ich wieder gesund bin.

5. Ich wiederhole die Fahrprüfung so lange, _____ ich sie geschafft habe.

6. _____ meine Kollegin verheiratet ist, hat sie keine Zeit mehr für mich.

7 Markieren Sie den korrekten Temporalsatz.

1. Ich rufe dich an,
   a bis wir da sind.
   b wenn wir da sind.
   c seit wir da sind.

2. Gestern traf ich Ingo,
   a wenn ich in der Stadt war.
   b als ich in der Stadt war.
   c seitdem ich in der Stadt war.

3. Ich höre Musik,
   a als ich ein Buch las.
   b wenn ich ein Buch las.
   c während ich lese.

4. Inge bleibt zu Hause,
   a nachdem sie krank war.
   b als sie krank war.
   c bis sie gesund ist.

5. Ich helfe dir,
   a bis ich fertig bin.
   b seitdem ich fertig bin.
   c wenn ich fertig bin.

6. Ich besuchte ihn,
   a als ich Zeit habe.
   b wenn ich Zeit hatte.
   c bis ich Zeit hatte.

8 Lesen Sie den Reisebericht und ergänzen Sie einen passenden temporalen Konnektor.

Immer (1) _*wenn*_____ wir verreisen, freut sich die ganze Familie. So auch das letzte Mal. (2) _____ wir an einem wunderschönen Tag im Mai mit dem Auto Richtung Ostsee aufbrachen, ahnten wir noch nicht, was uns erwartete. Zuerst ging es Richtung Autobahn. (3) _____ wir ungefähr eine Stunde gefahren waren, steckten wir im ersten Stau. (4) _____ wir zwei Stunden lang nur Schritttempo fahren konnten, wurde meinem kleinen Sohn schlecht. Wir legten eine kurze Pause ein. (5) _____ wir die Reise fortsetzen konnten, vergingen gut zwei Stunden. (6) _____ wir weitere fünf Stunden im Stau verbracht hatten, erreichten wir endlich das Meer. Doch (7) _____ ich aus dem Auto ausstieg, begann es fürchterlich zu regnen. Dann endlich im Hotel! Aber (8) _____ wir das Fenster unseres Hotelzimmers öffneten, erblickten wir nicht das Meer, sondern eine Großbaustelle. ...

9 Beschreiben Sie, wie Sie Ihren letzten Urlaub verbracht haben. Benutzen Sie dafür Temporalsätze.

Als ich im letzten Jahr Urlaub hatte, ...

1 **LB 2.19** Hören Sie das Interview von Aufgabe 2 im Lehrbuch noch einmal. Sind die Aussagen richtig oder falsch?

	r	f
1. In Indien hat Britta zum ersten Mal an einem Workcamp teilgenommen.	☐	☐
2. Britta denkt, dass man durch ein Workcamp ein Land anders kennenlernt.	☐	☐
3. Die Vermittlungsorganisation übernimmt alle Kosten der Teilnehmer.	☐	☐
4. Als Britta abreiste, war die Schule fast fertig.	☐	☐
5. Brittas Freund will in den nächsten Ferien auch in einem Workcamp arbeiten.	☐	☐

2 Lesen Sie die E-Mail und ergänzen Sie die fehlenden Wörter.

Liebe Maike,

vor über einer Woche bin ich in Chile angekommen und es gibt viel zu

(1) _____. Obwohl ich jetzt schon zum dritten Mal an einem Workcamp

(2) _____, ist es jedes Mal wieder eine neue (3) _____.

Nach dem langen Flug war ich erst ziemlich müde, musste aber noch eine achtstündige

Busfahrt hinter mich (4) _____. Und gleich am nächsten Tag ging es

mit der Arbeit los. Im Camp gibt es zwei Projekte. Ich habe mich für die Weinernte

(5) _____. Das ist wirklich Knochenarbeit, aber wir haben

(6) _____ eine Menge Spaß. Mit dem Campleiter habe ich mich erst nicht

so gut verstanden, aber mittlerweile kommen wir ganz gut (7) _____ aus.

Ich habe viele nette Leute kennengelernt und beim Abendessen erzählen wir uns aus

unseren Leben. Mit einigen werde ich ganz sicher in Kontakt (8) _____.

So eine intensive Zeit verbindet einfach. Jeder muss übrigens einmal kochen, am besten

etwas Typisches aus seinem Land. Und das bei meinen Kochkünsten! Ich habe keine

(9) _____, was ich kochen soll. Eine Woche bleibe ich noch hier, dann ist

mein Urlaub schon wieder (10) _____.

Viele Grüße aus der Ferne

Dein Florian

---

1. sprechen	3. Möglichkeit	5. entschlossen	7. gemeinsam	9. Auswahl
erzählen	Gelegenheit	gewählt	zusammen	Ahnung
reden	Erfahrung	entschieden	miteinander	Wissen

2. teilnehme	4. bringen	6. obwohl	8. bleiben	10. vorhin
mache	lassen	trotzdem	sein	voraus
nehme	liegen	denn	stehen	vorbei

3 Lesen Sie die folgenden Aussagen und die Kurztexte. Wer sagt was?

1. In einem Workcamp kann man viele Freundschaften schließen.	*Merle*
2. Obwohl ich erst nicht wollte, hat mir das Workcamp dann doch gut gefallen.	
3. Ich will nicht bei großer Hitze arbeiten müssen.	
4. Mir gefällt es nicht, die ganze Zeit mit anderen Leuten zusammen zu sein.	
5. Eigentlich mag ich lieber eine andere Art von Urlaub.	
6. Die Leute in der Gruppe haben sich nicht gut verstanden.	
7. Man muss eine Vermittlungsgebühr bezahlen.	
8. Wenn alle zusammen arbeiten, kann man viel schaffen.	
9. Mich hat der Workcamp-Aufenthalt selbstständiger gemacht.	
10. Manchmal habe ich auch gezweifelt.	

Merle, 18 Jahre:
Ich war zum ersten Mal in einem Workcamp hier in Deutschland, am Bodensee. Neben einer Vermittlungsgebühr musste ich die Reisekosten selbst tragen. Unsere Aufgabe bestand hauptsächlich aus Waldarbeit. Das war ziemlich hart, besonders an den Regentagen. Manchmal habe ich mich schon gefragt: Was mache ich hier eigentlich? Aber alles in allem überwiegen die positiven Erfahrungen und ich habe einen Haufen netter Leute kennengelernt. In den Herbstferien besuche ich zum Beispiel ein Mädchen in Finnland, das auch an dem Camp teilgenommen hat. Ich glaube, so intensive Freundschaften entwickeln sich nicht in einem normalen Strandurlaub.

Samuel, 19 Jahre:
Ich war in einem Camp in Südkorea. Dort habe ich in einem Kinderheim gearbeitet. Ich muss sagen, durch diesen Aufenthalt bin ich viel selbstständiger geworden. Zum einen musste ich schon die ganze Reise dorthin selbst organisieren und die Arbeit im Kinderheim fand ich oft auch ganz schön schwierig. Es gab oft Verständigungsprobleme und ich musste irgendwie eine Lösung finden. Das war kompliziert, hat mich aber auf jeden Fall weitergebracht. Für nächsten Sommer habe ich schon geplant, an einem Camp in Russland teilzunehmen.

Natascha, 28 Jahre:
Ich war letztes Jahr in einem Workcamp in Spanien und es hat mir überhaupt nicht gefallen. Zum einen waren die Leute alle viele jünger als ich und zum anderen wurde immer erwartet, dass wir auch unsere Freizeit größtenteils zusammen verbringen. Auf so einen Gruppenzwang habe ich überhaupt keine Lust. Ich werde das bestimmt nicht wieder machen.

Carl, 23 Jahre:
Ich verbringe meinen Urlaub eigentlich am liebsten irgendwo am Strand. Tagsüber Sonne und abends ausgehen. Meine Freundin hat mich zu einem Workcamp überredet. Sie wollte mal was anderes machen. Am Anfang war ich sehr skeptisch, aber dann hat es sogar mir Spaß gemacht. Wir haben einen alten Bauernhof renoviert, der ein kulturelles Zentrum werden soll. Jede Ferien will ich das trotzdem nicht machen, aber so ab und zu, warum nicht?

Andy, 24 Jahre:
Einmal und nie wieder. Ich habe keine Lust mehr, in meinem Urlaub bei vierzig Grad im Schatten den ganzen Tag zu schuften. Ich finde, da wird man ganz schön ausgenutzt. Die Stimmung in unserer Gruppe war nicht besonders gut. Irgendwie haben wir keinen Draht zueinander gefunden und uns einfach nicht richtig verstanden. Von Spaß kann also keine Rede sein.

1a Lesen Sie den Text und beantworten Sie die Fragen.

1. Welchen Beruf hat Mirjana Simic?
2. Wo arbeitet sie?
3. Was ist ihre Aufgabe?
4. Welche Eigenschaften muss man haben, um diesen Beruf auszuüben?

Alles unter Kontrolle

Arbeiten, wo andere Urlaub machen

Mirjana Simic ist spezialisiert auf schimmelige Duschen, fades Essen und durchhängende Matratzen. Sie arbeitet als Qualitätsmanagerin eines Reiseveranstalters und kontrolliert vor Ort Service, Sauberkeit und Sicherheit von Urlaubshotels. Ohne deutsche Sicherheitsvorschriften geht nichts, auch nicht im Urlaub. Qualitätsmanager sind der natürliche Feind von Hoteldirektoren und Zimmermädchen. Wo Mirjana auftaucht, wird das Personal plötzlich sehr höflich und respektvoll. Momentan prüft sie, ob das Motto des Veranstalters „Entspannt wohlfühlen und exklusiv genießen" in den vielen unterschiedlichen Vertragshotels auch wirklich umgesetzt wird.

Feuerschutz, Poolanlagen, Zimmer und Service, alles muss Mirjana in 52 Hotels unter Kontrolle haben. Doch ihr entgeht nichts. Meist sind es immer wieder die gleichen Mängel, die die 35-Jährige bei ihren Kontrollen entdeckt: defekte Toilettenspülungen, kaputte Liegen oder lose Kacheln im Poolbereich. Im Moment ist sie in einer boomenden Urlaubsregion mit 30.000 deutschsprachigen Gästen pro Jahr unterwegs. Mirjanas Mission ist es, einen Urlaub ohne Mängel zu gewährleisten: „Die Ansprüche der Gäste wachsen. Wir sind vor Ort dafür da, dass ihre Erwartungshaltungen erfüllt werden."

Bei einem Hotel soll oberhalb des Pools ein neues Restaurant entstehen. Momentan ist es noch eine hässliche Baustelle, die kann die Urlaubslaune erheblich trüben. Der Manager versicherte, Ende Januar würde alles fertig sein. Aus Erfahrung weiß Mirjana, dass es sicher länger dauern wird. Doch keiner der Gäste hat sich bisher beschwert. Das ist nicht immer so, denn Urlaub ist gekauftes Glück. Die Qualitätsmanagerin ist dafür bekannt, dass sie sehr gründlich vorgeht. Wenn sie Sicherheitsmängel entdeckt, überprüft sie bei ihrem nächsten Besuch, ob sie behoben worden sind. Oft wird Mirjana auch von der Hoteldirektion vertröstet. Doch sie nimmt es gelassen. „Klar ärgert man sich, allerdings bringt es nichts, wenn man jetzt rumschreit. Es ändert nichts an der Tatsache und im Endeffekt bekomme ich die Dinge dann auch."

Bei einem anderen Hotel bemängelte die Kontrolleurin eine defekte Leiter am Pool, die schon längst repariert sein sollte. Die fehlende Schraube, erklärt der Hoteldirektor, sei auf dem Postweg. Mirjana weiß, bei den Hoteliers hilft nur Diplomatie und Hartnäckigkeit: „Die meisten sind kooperativ. Es liegt ja in ihrem Interesse, die Qualität und Sicherheit auch zu wahren. Es ist aber nicht immer einfach, bei manchen muss man schon auch mal ernstere Gespräche führen." Während die Touristen im Pool planschen, prüft Mirjana Simic akribisch, ob die Versprechen aus dem Katalog auch eingehalten werden. Seit fünf Jahren macht sie diesen Job so gewissenhaft, dass sie manchmal auch nach Feierabend unwillkürlich weiterkontrolliert. Die Gäste können froh sein. Wo Mirjana Dienst tut, können sie sich getrost entspannen.

b Unterstreichen Sie im Text Beispiele für Mängel, die Mirjana Simic bei ihren Kontrollen feststellt.

c Mirjana glaubt, Urlaub sei gekauftes Glück. Was könnte damit gemeint sein?

2 Ergänzen Sie im Dialog die temporalen Präpositionen.

○ Wann fahrt ihr in den Urlaub?

● (1) _In_____ drei Wochen?

○ Wann fahrt ihr denn genau?

● (2) _____ 28. Juli.

○ Wie lange bleibt ihr?

● 14 Tage. Wir haben (3) _____

  27. Juli (4) _____ 10. August Urlaub.

○ Seit wann fahrt ihr denn schon nach Spanien?

● (5) _____ zehn Jahren. Uns gefällt es dort.

○ Und wie ist das Wetter da?

● Im Süden ist es (6) _____ Winter mild, (7) _____ Sommer heiß.

3 Ergänzen Sie die Präpositionen, wo nötig. Manchmal gibt es auch mehrere Lösungen.

1. Wann hast du Urlaub?

a _____ Montag

b _____ einer Woche

c _____ Mai

d _____ Herbst

e _____ nächsten Monat

f _____ nächste Woche

g _____ Weihnachten und Silvester

h _____ meinem Geburtstag

i _____ 17. Juli _____ 25. Juli

j _____ 05. September

2. Wann wurde Alexander von Humboldt geboren?

a _____ 18. Jahrhundert

b _____ der 2. Hälfte des 18. Jahrhunderts

c _____ Jahre 1769

d _____ 1769

e _____ September 1769

f _____ etwa 250 Jahren

3. Wann habt ihr euch kennengelernt?

a _____ einem halben Jahr

b _____ unseres Urlaubs

c _____ unseres Studiums

d _____ 01. April

e _____ ein paar Tagen

f _____ einem Regentag

 **TIPP** **Präpositionen + Kasus lernen**
Bilden Sie Reimsätze mit Präpositionen, die den gleichen Kasus haben. So können Sie sie sich besser merken. Hier zwei Beispiele:

Aus, bei, von, nach, mit, zu, seit – der Dativ steht schon längst bereit.
Durch, für, gegen, ohne, um, wider – schreibt man stets mit Akkusativ nieder.

1a Sie haben bisher viel über die Stadt Hamburg erfahren. Jetzt „reisen" wir nach Berlin. Überfliegen Sie den Text und ordnen Sie die Überschriften den Textabschnitten zu.

| Berlin von unten   Safari durch den Osten   Die Lügentour   Wo die Filmstars lebten |

Stadttour mal anders
Wenn Sie in Berlin mehr als das Brandenburger Tor kennenlernen möchten, sollten Sie eine der zahlreichen Stadtführungen buchen. Tuckern Sie stilecht mit dem Trabi durch die Stadt oder begeben Sie sich auf die Spur von prominenten Wahl-Berlinern.

1. _____

Jeden Sonntag sind in Berlin merkwürdige Grüppchen unterwegs. In der einen Hand ein Brettchen mit Fragebogen, in der anderen einen Stift, so sieht man viele nachdenkliche Touristen auf den Berliner Straßen. Dann wird ein Kreuzchen gemacht und weiter geht's. Was aussieht wie ein Quiz für Kinder, ist in Wirklichkeit die Lügentour, der derzeitige Renner unter den Berliner Stadtführungen. Auf dem Weg durch Kreuzberg, Mitte oder am Potsdamer Platz wirft die Stadtführerin Monika Saffrahn Fakten und Märchen durcheinander. Die Teilnehmer raten, welche Geschichten stimmen, und halten dies auf einem Blatt fest. Am Schluss der 90-minütigen Führung werden die Geschichten aufgelöst, und der Teilnehmer mit der besten Einschätzung über Lüge und Wahrheit bekommt einen kleinen Gewinn. Schlauer sind jedoch alle, und das ist ja das Wichtigste bei einer Stadtführung.

2. _____

Stilecht geht es mit dem Trabi durch die Stadt. Wer 30 Euro für die Tour gezahlt hat, setzt sich hinters Steuer und wird 90 Minuten lang vom vorausfahrenden Fahrzeug durch den Osten der Stadt geführt. So erfahren die Teilnehmer, dass die 90 Meter breite Karl-Marx-Allee Moskauer Architektur der 50er-Jahre aufweist. Auf dem Weg durch den Ostteil der Stadt geht es bis nach Marzahn, wo eine Plattenbautour angeboten wird. Interessierte können auf einem zweieinhalbstündigen Spaziergang durch die Hochhäuser die Geschichte des Bezirks nachvollziehen und besichtigen auch eine Wohnung, eingerichtet im DDR-Stil der 70er-Jahre.

3. _____

In den Westen Berlins führt regelmäßig eine Promi-Tour. Schon immer war der Grunewald das Eldorado der Reichen und Berühmten. Wer sich für Romy Schneiders Hochzeitshotel interessiert und wissen will, wo berühmte Künstler wohnen, nimmt im bequemen Van Platz und lässt sich von der charmanten Guide Birgit Wetzig-Zahlkind durch die Stadt führen. Je nach Interesse bietet die ehemalige Journalistin auch Bezirkstouren an, etwa in Schöneberg auf den Spuren von Marlene Dietrich und David Bowie.

4. _____

Geschichtsinteressierte können Berlin auch unter Tage besuchen. Die Führungen durch Bunkeranlagen und U-Bahn-Schächte sind regelmäßig gut besucht. Tourteilnehmer erkunden beispielsweise die größte noch existierende Bunkeranlage Berlins am Humboldthain. Im Unterwelt-Museum, das sich in den Schächten des U-Bahnhofs Gesundbrunnen verbirgt, können Besucher nachvollziehen, wie es sich angefühlt haben muss, in den engen Räumen der Bunkeranlagen eingezwängt gewesen zu sein. Die Temperaturen im feuchten Dunkel der Bunkerlandschaft steigen auch im Sommer nicht über 10 Grad. Warme Kleidung ist also ratsam!

b Lesen Sie den Text noch einmal und unterstreichen Sie alle wichtigen Informationen zu den vier Touren.

 c Tragen Sie die Informationen in Stichworten in die Tabelle ein.

Die Lügentour	Safari durch den Osten	Wo die Filmstars lebten	Berlin von unten
Quiz jeden Sonntag derzeitiger Renner Fakten und Märchen durcheinander Auflösung am Ende Dauer: 90 Minuten kleiner Gewinn			

2 Sie planen zusammen mit einem Freund / einer Freundin ein Wochenende in Berlin. Entscheiden Sie sich für eine der Stadttouren aus Übung 1. Schreiben Sie ihm/ihr eine E-Mail und berichten Sie von der Tour, die Sie machen wollen und erklären Sie, warum Sie gerade diese Tour so interessant finden. Schreiben Sie, was Sie sonst noch unternehmen oder besichtigen wollen. Fragen Sie auch nach, ob Ihr Freund / Ihre Freundin sich schon um eine Unterkunft gekümmert hat.

Liebe Miriam,

ich freue mich schon sehr auf unser gemeinsames Wochenende in Berlin. Gestern habe ich einen superinteressanten Artikel über Berliner Stadttouren gelesen. Stell dir vor, man kann dort ...

So schätze ich mich nach Kapitel 9 ein: Ich kann ...	+	0	–	Modul/ Aufgabe
... ein Interview zum Thema „Workcamps" verstehen.				M2, A2
... ein Telefongespräch für eine Hotelbuchung verstehen.				M4, A2b
... Reiseinformationen verstehen.				M4, A3, A4
... einen Text über Thomas Cook verstehen.				M1, A2
... Beschreibungen in Reisekatalogen richtig verstehen.				M3, A2
... einen Text aus einem Reiseführer verstehen.				M4, A1c
... über eigene Reiseerfahrungen berichten.				M1, A1
... Vermutungen anstellen, wofür sich Menschen in Workcamps engagieren.				M2, A1a
... zu Aussagen über Workcamps Zustimmung, Zweifel oder Unmöglichkeit ausdrücken.				M2, A3
... meine Argumente in einer Diskussion über Workcamps nennen.				M2, A4a, b
... mich auf einer Reise über Mängel beschweren.				M3, A4
... ein Hotelzimmer telefonisch reservieren.				M4, A2d
... auf einer Reise Informationen erfragen und geben.				M4, A3b, 4, 5
... Notizen zu Aussagen in einem Interview zum Thema „Workcamps" machen.				M2, A2
... einen Text über einen idealen Tag in meiner Stadt schreiben.				M4, A7b

Das habe ich zusätzlich zum Buch auf Deutsch gemacht: (Projekte, Internet, Filme, Texte, ...)		
	Datum:	Aktivität:

Natürlich Natur!

Vor dem Start: Erinnern Sie sich? Diese Übungen bereiten Sie auf das Kapitel vor.

1 Welche zusammengesetzten Substantive und Adjektive können Sie mit *Umwelt-/umwelt-* bilden? Notieren Sie bei den Substantiven auch den Artikel.

Schutz	~~Papier~~	Müll
Organisation	Zerstörung	
Wasser		
Wärme	Katastrophe	Temperatur
Verschmutzung	Forschung	Luft

freundlich	böse	feindlich
verträglich	gut	krank
~~schädlich~~	falsch	bewusst
fehlerhaft	bedingt	belastend

das Umweltpapier, ...

umweltschädlich, ...

2 Ordnen Sie die Wörter. Notieren Sie auch den bestimmten Artikel.

Blume	Wald	Hund	~~Gewitter~~	Meer	Gras	Luft
Trockenheit	Insekt	Sonne	Getreide	Niederschlag	Pferd	
Wüste	Kuh	Orkan	Gebirge	Vieh	Fluss	Strand
Vogel	Erwärmung	See	Katze	Sturm	Baum	
Rose	Wiese	Huhn	Wolke	Wetter		

Klima	Landschaft	Pflanzen	Tiere
das Gewitter			

158

3 Zehn Dinge, die Sie für die Umwelt tun können. Welche sind das? Was können Sie noch tun?

wassersparenabfalltrenneneinschadstoffarmesautofahrenbäume
pflanzenöffentlicheverkehrsmittelbenutzenstandbyausschalten
energiesparlampenbenutzenökostromnutzenfahrgemeinschaften
bildenumweltfreundlichheizen

4 Lösen Sie das Kreuzworträtsel.
(Umlaute = ein Buchstabe)

```
               1 | M |   |   |   |   |   |   |   |   |
          2 |   |   |   |   | Ü |   |
                 3 |   |   | L |   |   |   |   |
   4 |   |   |   |   |   | L |
              5 |   |   | D |   |   |
          6 |   |   |   | E |
             7 |   |   | P |   |   |   |   |   |
         8 |   |   |   | O |   |   |
      9 |   |   |   | N |   |
           10 |   |   | I |   |   |   |
       11 |   |   |   | E |
```

1. die kommunale Einrichtung, die den Müll abholt   2. die Abfälle, die in privaten Haushalten entstehen   3. ein großer Behälter für Abfälle   4. Müll, der auf besondere Art vernichtet werden muss, z.B. alte Farben   5. das Absterben von Bäumen in Wäldern, verursacht durch zu starke Luftverschmutzung   6. schmutziges, gebrauchtes Wasser   7. Papier, das jetzt Abfall ist, z.B. alte Zeitungen   8. sehr großer Behälter für alte Flaschen   9. das Wiederverwenden von Verpackungsmaterial (bes. Papier und Glas)   10. Sammelbehälter für Biomüll   11. verschmutzte Luft, die beim Autofahren entsteht

5a Wie heißen die Verben zu den Substantiven?

1. die Verschmutzung – _____
2. die Zerstörung – _____
3. der Schaden – _____
4. der Schutz – _____
5. die Produktion – _____

6. der Protest – _____
7. die Rettung – _____
8. das Verbot – _____
9. die Verantwortung – _____
10. die Gefahr – _____

b Bilden Sie mit jedem Verb einen Satz.

Umweltproblem Single

 1a Lesen Sie den Text und ergänzen Sie das Schema.

Egal, ob Single oder nicht: Mülltrennung ist in!

1   **Eine Meinungsumfrage zeigt: Fast alle Deutschen sammeln Abfälle getrennt. Viele tun auch sonst etwas für die Umwelt.**

    Beinahe alle Menschen in Deutschland machen bei der Mülltrennung mit: 91 Prozent sagen, sie sammeln gebrauchte Verpackungen getrennt. Das hat eine Umfrage des Meinungs-
5 forschungsinstituts Forsa im Auftrag des Markenverbandes ergeben. Die Menschen möchten so mithelfen, dass der Müllberg kleiner wird.

    Forsa hat 1.000 Leute zu ihrem Umweltverhalten befragt. Etwas mehr als die Hälfte fährt nach eigenen Angaben weniger Auto oder lässt das Fahrzeug sogar stehen, um das Klima zu schützen und den Erdölverbrauch zu senken.

10   Zwei von drei Befragten sparen Wasser, indem sie kürzer duschen oder weniger Wasser benutzen. Genauso viele drehen die Heizung herunter, um weniger Energie zu verbrauchen und das Klima zu schonen. Ökostrom bezieht aber nur knapp ein Zehntel der Bundesbürger, Solarzellen auf dem Dach haben nur sieben Prozent.

		Handlung: _____		Ziel: _____
91 Prozent	→	_____ _____	→	_____ _____
		Handlung: _____		Ziel: _____
ca. 50 Prozent	→	_____ _____	→	_____ _____
		Handlung: _____		Ziel: _____
mehr als 60 Prozent	→	_____ _____	→	_____ _____

 b Bilden Sie Passivsätze.

1. Müll / trennen – dadurch – Müllberg / verkleinern.

    Der Müll wird getrennt und dadurch wird der Müllberg verkleinert.

2. Auto / stehen lassen – dadurch – Klima / schützen

    _____

3. Heizung / herunterdrehen – dadurch – weniger Energie / verbrauchen

    _____

2 Ideale Aktionen für die Umwelt. Schreiben Sie zu den Bildern Sätze im Passiv.

1. *Abwasser wird nicht in die Flüsse geleitet.*

3 Früher oder jetzt? Schreiben Sie Sätze im Passiv.

1. Früher verbrannte man den Müll einfach.

   Früher wurde der Müll einfach verbrannt.

2. Heutzutage recycelt man einen großen Teil des Mülls.

_____

3. Erst ab 1989 baute man in Deutschland alle Autos mit Katalysatoren.

_____

4. Viele Automobilkonzerne entwickeln jetzt umweltfreundlichere Autos.

_____

5. Früher verwendeten sogar Kleingärtner Pestizide.

_____

6. In privaten Gärten verzichten heute viele auf Pestizide.

_____

4 Was raten Sie als Umweltexperte? Formulieren Sie Passivsätze.

1. Man sollte elektrische Geräte komplett abstellen.

Elektrische Geräte sollten komplett abgestellt werden.

2. Man sollte mehr Energiesparlampen benutzen.

_____

3. Man muss mit Wasser sparsam umgehen.

_____

4. Man sollte keine Plastiktüten verwenden, sondern lieber eine Einkaufstasche.

_____

 5a Lesen Sie den Text und markieren Sie alle Passivformen. Notieren Sie die Verben im Infinitiv.

Wie funktioniert eine Solaranlage?

Im Solarkollektor auf dem Dach eines Hauses wird die Sonnenwärme aufgenommen und an die darunter liegenden Rohre weitergeleitet.

In den Rohren ist Wasser mit Frostschutz. Durch diese Flüssigkeit wird die Wärme zum Solarspeicher im Keller transportiert. Dort wird das Wasser zum Duschen und Abwaschen erwärmt.

Wenn die Sonnenstrahlung nicht ausreicht, sorgt ein Heizkessel für Warmwasser und Heizung. Im Winter, wenn viel geheizt werden muss, wird das durch die Solaranlage vorgeheizte Wasser „nachgeheizt", damit immer genügend Warmwasser zur Verfügung steht.

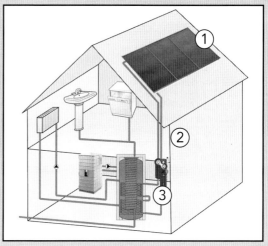

1. der Solarkollektor, 2. die Rohre, 3. der Solarspeicher

b Beschreiben Sie anhand der Zeichnung und mithilfe des Textes, wie eine Solaranlage funktioniert.

c Die Vorteile einer Solaranlage. Formulieren Sie Sätze im Passiv mit dem Modalverb *können*.

1. Warmwasser erzeugen   *Mit einer Solaranlage kann Warmwasser erzeugt werden.*

2. Wohnung heizen   _____

3. Energieverluste reduzieren   _____

4. Geld sparen   _____

5. CO_2-Ausstoß senken   _____

1a **Lesen Sie die Tipps zum Thema „Notizen machen" und ordnen Sie die Überschriften zu.**

> Nutzen Sie nicht nur Wörter   Notieren Sie mit eigenen Worten   Notieren Sie Schlagwörter
>
> Das Gehirn mag es bunt   Notieren Sie „mit Luft"   Schreiben Sie leserlich

Tipp 1: _____

Besonders wenn man es eilig hat oder wenn viel zu notieren ist, dann passiert es immer
wieder: Wir schreiben undeutlich und können später unsere eigenen Aufzeichnungen nicht
mehr lesen. Und das ist natürlich mehr als ärgerlich.

Tipp 2: _____

Eine der wichtigsten Regeln für gute Notizen ist: Reduzieren, reduzieren, reduzieren!
Meistens schreiben wir viel zu viel auf. So notieren wir z.B. ganze Sätze – oft aus Angst, etwas
Wichtiges zu vergessen oder weil wir Sorge haben, später nicht mehr zu wissen, was wir mit
den Notizen eigentlich gemeint haben. Aber mit den richtigen Schlagwörtern erinnert man
sich jederzeit auch an die dazugehörigen Informationen.

Tipp 3: _____

Lassen Sie immer auch Raum für spätere Ergänzungen. Das geht am besten, wenn sie zwischen
den Zeilen ausreichend Platz lassen oder das Notizblatt knicken und einen breiteren freien
Rand lassen.

Tipp 4: _____

Versuchen Sie immer, Informationen in Ihren eigenen Worten auszudrücken. Durch dieses
Umschreiben befassen Sie sich aktiv mit den Inhalten und so können Sie sich die Inhalte auch
gleich besser merken. Natürlich können Sie sich auch Notizen in Ihrer Sprache machen.

Tipp 5: _____

Die meisten Menschen verwenden beim Notizenmachen nur Wörter. Dabei kann man hier auch
sehr gut Zeichnungen und Symbole nutzen. Das spart Zeit und unser Gehirn kann konkrete
Bilder viel besser verarbeiten als abstrakte Formulierungen. So lange Sie z.B. einen Pfeil als Pfeil
erkennen, ein lachendes Gesicht als ein lachendes Gesicht, reichen Ihre Zeichenkünste aus!

Tipp 6: _____

Setzen Sie auch gezielt Farben ein, um Ihre Notizen anschaulicher zu machen. Sie können
Wichtiges z.B. in Rot schreiben oder Ideen mit einem grünen Rahmen versehen. So erkennen
Sie vieles schon auf einen Blick.

b Welche Tipps waren für Sie neu, welche wenden Sie bereits an, was möchten Sie ausprobieren? Markieren Sie die Tipps, die Sie ausprobieren möchten.

c Machen Sie nun Aufgabe 2b im Lehrbuch und wenden Sie die Tipps, die Sie ausprobieren möchten, an.

d Was hat gut funktioniert, was nicht? Haben Sie noch andere Tipps angewendet? Schreiben Sie sie für die anderen Kursteilnehmer auf.

2 Hören Sie das Interview zu Aufgabe 2b im Lehrbuch. Sind die Aussagen richtig oder falsch? Kreuzen Sie an.

LB 2.28

	r	f
1. In Städten gibt es für viele Tiere ein reiches Angebot an Futter.	☐	☐
2. Am Wochenende warten Wildschweine vor einer Schule in der Nähe von Berlin auf Kinder, die sie füttern.	☐	☐
3. Im Winter sind die Temperaturen in den Städten nicht so niedrig, wie auf dem Land.	☐	☐
4. Die größte Gefahr für viele Tiere in der Stadt ist der Straßenverkehr.	☐	☐
5. Für viele Vogelarten ist es schwierig, in den Städten Nistplätze zu finden.	☐	☐
6. Das Zusammenleben zwischen Wildtieren und Menschen ist in der Stadt immer problematisch.	☐	☐

3a Wie stellen Sie sich den Alltag einer Tierpflegerin in einem Tierheim vor? Machen Sie Notizen zu einem möglichen Tagesablauf.

b Lesen Sie den Text über den Alltag einer Tierpflegerin und vergleichen Sie die Informationen mit Ihren Notizen. Erstellen Sie dann einen Plan für einen typischen Tag.

Ein Tag als Tierpflegerin

Der Arbeitstag beginnt …

… jeweils mit einer kurzen Besprechung um uns über den Tagesablauf zu informieren und besondere Arbeitsvorgänge zu koordinieren. 5 Danach reinigt eine von uns das obere Stockwerk und betreut unsere Katzen, während die andere im unteren Stockwerk die Zimmer säubert, die Nager und Ferientiere betreut und das Telefon bedient. In der oberen Etage beginnt die Arbeit 10 in der Küche. Die Medikamentenabgaben für Katzen in den Krankenboxen werden bereitgemacht. Danach wird für alle Katzen das Futter vorbereitet, anschließend geht es von Zimmer zu Zimmer, um das alte Futtergeschirr durch das 15 frisch gefüllte zu ersetzen. Nach dem Füttern wird das Fressgeschirr gereinigt und desinfiziert. Dann sind die Katzenklos an der Reihe.

Und so ist es im Nu Mittag geworden. Bevor wir in die Pause gehen, besprechen wir kurz spe-20 zielle Vorkommnisse und, worauf am nächsten Tag geachtet werden muss. Alles wird genau in Zimmerrapporten festgehalten. Dann werden die Aufgaben für den Nachmittag geplant.

Am Nachmittag …

25 … werden zunächst Post und Mails bearbeitet. Danach kümmern wir uns um die geplanten Aufgaben. Das sind sowohl anfallende Büro-arbeiten wie auch Organisatorisches oder spezielle Reinigungs- und Aufräumarbeiten. Weit 30 kommen wir damit aber meist nicht, denn zwischen 14.00 und 16.00 Uhr ist das Tierheim für Besucher offen und natürlich ist es für den Erfolg unserer Arbeit sehr wichtig, dass wir uns für Beratungs- und Tiervermittlungsgespräche ge-35 nügend Zeit nehmen. Nachdem die Besuchszeit vorbei ist, habe ich die Möglichkeit, Zeitaufwendiges zu erledigen wie beispielsweise Einkäufe zu tätigen, Abfall zu entsorgen oder Termine auf Bauernhöfen wahrzunehmen, wo wilde 40 Katzen zur Kastration eingefangen werden sollen. Währenddessen bedient meine Mitarbeiterin das Telefon, beendigt die liegen gebliebenen Nachmittagsarbeiten im Heim und beginnt damit, alle Tiere nochmals zu füttern, und nöti-45 genfalls erneut mit Medikamenten zu versorgen. Mit den letzten Aufräumarbeiten wird alles so hergerichtet, dass am nächsten Tag wieder motiviert gestartet werden kann.

Tierpfleger ist ein Beruf, bei dem man nie 50 ausgelernt hat. Es gibt bei jedem Tier immer wieder neue Verhaltensmuster zu beobachten und oft genug auch Konsequenzen für unseren Arbeitsalltag daraus abzuleiten.

Corinne Wolflisberg

1 Umwelt und Umweltschutz ist auch ein Thema in der Tourismusbranche. Ein großes Touristikunternehmen hat eine Umwelt-Checkliste erstellt, mit der es Hotels beurteilt.

a Sehen Sie sich einen Auszug aus der Liste an und ergänzen Sie die Zusammenfassung.

Mindeststandard für die Qualifikation als TUI Umwelt-Champion	Die 100 weltweit besten Hotels werden als TUI Umwelt-Champions ausgezeichnet Und so errechnet sich Ihre Punktzahl:	Maximal erreichbare Punktzahl
Anschluss an eine kommunale oder Betrieb einer eigenen Kläranlage	50 Punkte bei Anschluss an eine kommunale oder Betrieb einer eigenen Kläranlage	50
Mindestens 4 Wassersparmaßnahmen (aus der Auswahl an 10 Maßnahmen)	20 Punkte pro umgesetzte Maßnahme, ab 7 Maßnahmen volle Punktzahl	140
Mindestens eine Maßnahme zur Abfallvermeidung (aus der Auswahl an 3 Maßnahmen)	Je 15 Punkte pro umgesetzte Maßnahme	45
–	Je 5 Punkte pro getrennt entsorgter Abfallfraktion, ab 5 Fraktionen volle Punktzahl	25
Mindestens 2 Energiesparmaßnahmen (aus der Auswahl an 5 Maßnahmen)	20 Punkte pro umgesetzte Energiesparmaßnahme, ab 4 Maßnahmen volle Punktzahl	80
–	25 Punkte für Nutzung regenerativer Energien	25
Eigene offizielle Umweltpolitik und Einrichtung eines Umweltbeauftragten	Je 50 Punkte für eine Umweltpolitik und einen Umweltbeauftragten	100
Angabe des Wasser- und Stromverbrauchs pro Gast und Nacht	Je 25 Punkte für die Angabe des Wasser-/ Stromverbrauchs pro Gast und Nacht	50

Das Abwasser   Umweltbeauftragter ernannt   Wassersparmaßnahmen umsetzen lässt

zur Abfallvermeidung   regenerativen Quellen stammt   Hotel-Umwelt-Checkliste

In der (1) _____ werden die wichtigsten Punkte

aufgeführt, die ein Hotel erfüllen muss, um einem umweltfreundlichen Standard zu entsprechen.

Am meisten Punkte gibt es dafür, dass das Hotel (2) _____

_____ und ein offizieller (3) _____ wird.

Außerdem ist wichtig, dass Energiesparmaßnahmen getroffen werden und die Energie aus

(4) _____ . (5) _____

_____ sollte in eine kommunale oder eigene Kläranlage geleitet werden. Und

schließlich sind ebenso Maßnahmen (6) _____

wichtig.

b Sammeln Sie Vorschläge: Wie können Hotels Energiesparmaßnahmen, Wassersparmaßnahmen und Maßnahmen zur Abfallvermeidung umsetzen? Notieren Sie Beispiele.

Projekt Umwelt

2 Was passt zusammen?

1. ___ / ___ etwas kann bezahlt werden
2. ___ etwas wird bezahlt
3. ___ etwas kann nicht bezahlt werden

a man bezahlt etwas

b etwas lässt sich bezahlen

c etwas ist bezahlbar

d etwas ist unbezahlbar

3 Formulieren Sie die Sätze mit *man*.

1. Die Gletscher werden mit einer Folie verpackt.
2. Die Gletscher werden vor der Sonneneinstrahlung geschützt.
3. Mit der Folie kann das Schmelzen der Gletscher nur verlangsamt werden.
4. Aus Kostengründen können so nur kleine Flächen geschützt werden.
5. Durch solche Maßnahmen kann das Gletschersterben nicht verhindert werden.

1. Man verpackt die Gletscher mit Folie.

4 Schreiben Sie die Sätze mit *sich lassen*.

1. Das Nutzwasser kann aus Meerwasser gewonnen werden.
2. Die Mülltrennung kann noch verbessert werden.
3. Die Abfallmenge kann durch weitere Maßnahmen verringert werden.
4. Durch die Verwendung von Energiesparlampen kann man einiges an Energie sparen.

1. Nutzwasser lässt sich aus Meerwasser gewinnen.

5 Ergänzen Sie die Passiversatzformen im Text.

Im Projekt „Sauberhaftes Hessen", kann (1) __man__
sich freiwillig melden und an einem Projekttag mithelfen. An
diesem Projekttag kann (2) _____ sich nützlich machen
und zusammen mit anderen Müll einsammeln. Vieles von dem,
was die Helfer finden, ist (3) wiederverwend_____. Mit
dem Projekt möchte die Stadt die Bürger darauf aufmerksam
machen, dass (4) _____ Müll nicht einfach wegwirft. Mit
solchen Projekttagen (5) _____ _____ zwar einiges erreichen, aber (6) _____
darf langfristig nicht zu viel erwarten.

1a Sehen Sie sich noch einmal die Fotos im Lehrbuch an. Welcher Text passt zu welchem Foto?

A Die Trinkwasserqualität ist in Deutschland sehr gut, denn die Verordnung zur Trinkwasserqualität ist sehr streng. Das Lebensmittel Trinkwasser muss absolut einwandfrei sein, was Geschmack, Geruch und Aussehen betrifft. Auch die Bevölkerung ist mit der Trinkwasserqualität zufrieden.

B Überschwemmungen haben an dicht besiedelten Küsten und im Binnenland immer wieder katastrophale Folgen. Weltweit leben Millionen von Menschen ständig mit der Bedrohung durch Hochwasser. An Küsten entsteht Hochwasser oft durch hohe Wellen, die sich durch Wirbelstürme oder Tsunamis bilden. Im Binnenland entstehen Hochwasser und Überschwemmungen meist durch starke und lang anhaltende Regenfälle.

C Trockenperioden mit Regenmangel und hohen Temperaturen schädigen die Vegetation, da die Pflanzen keine Feuchtigkeit mehr aus dem Boden ziehen können. Die Folgen: ausgetrocknete Landschaften, Ernteausfälle, Trinkwasserknappheit und hungernde Menschen. Bekannt als extremes Dürregebiet ist die afrikanische Sahelzone. Die wiederholten Dürreereignisse in Europa werden als Zeichen für eine bevorstehende Klimaveränderung gewertet.

D Vor zwanzig Jahren sah es so aus, als sei der Rhein tot. Seit hundert Jahren als Abwasserkanal missbraucht, kämpfte der Strom ums Überleben. In der Nacht des 1. November 1986 färbte sich das Wasser blutrot. Mit Löschwasser aus einem Brand gelangten 30 Tonnen Chemikalien und Farbstoffe direkt in den Rhein. Die Giftfracht trieb Richtung Nordsee und tötete dabei das Leben im Rhein. Nach dem Schock setzte das Umdenken ein. Dank zahlreicher Maßnahmen zum Schutz des Wassers ist der Rhein inzwischen wieder zu einem lebendigen Strom mit einer Vielzahl von Fischen geworden.

E Gesteine verwittern über Jahrmillionen zu Schutt, Sand und Staub. Über den Regen, Bäche und Flüsse gelangen diese Überreste schließlich ins Meer und werden dort weiter bearbeitet. Überreste mit einem Durchmesser zwischen zwei und 0,063 Millimetern werden als Sand bezeichnet. Sie werden an der Küste von den Wellen als Strand abgelagert.

Text A: Foto _____   Text B: Foto _____   Text C: Foto _____

Text D: Foto _____   Text E: Foto _____

b Wählen Sie drei Aspekte aus und berichten Sie kurz über die Wassersituation in Ihrem Land.

2 In den Text haben sich inhaltliche Fehler eingeschlichen. Korrigieren Sie alles, was markiert ist.

Erfolgreich einen Vortrag halten

Es ist ganz normal, ein bisschen nervös zu sein, wenn man ein Referat oder einen Vortrag halten muss. Wenn Sie allerdings einige wichtige Punkte beachten, wird es dennoch ein erfolgreiches Referat werden.

Schreiben Sie in Ihrem Skript am besten ausformulierte Sätze.

Lernen Sie Ihren Text auswendig oder lesen Sie ihn ab. Sprechen Sie nicht frei.

Sprechen Sie so schnell und undeutlich wie möglich und machen Sie auf keinen Fall kurze Sprechpausen.

Gut ist auch, wenn Sie ein wenig leiser als normal sprechen.

Schauen Sie Ihr Publikum nicht an, Blickkontakt ist nicht wichtig.

Bei der Körperhaltung sollten Sie darauf achten, dass Sie nicht aufrecht sitzen oder stehen. Halten Sie Ihren Kopf möglichst gebeugt. Halten Sie Ihre Arme verschränkt oder stecken Sie Ihre Hände in die Hosentasche.

Üben Sie Ihr Referat vorher nicht, dadurch werden Sie nur unsicherer.

Wenn Sie all diese Punkte beachten, kann eigentlich nichts mehr schief gehen. Viel Glück!

_____
_____
_____
_____
_____
_____
_____
_____
_____
_____
_____
_____
_____
_____
_____
_____
_____
_____
_____
_____
_____

So schätze ich mich nach Kapitel 10 ein: Ich kann …	+	0	–	Modul/ Aufgabe
… ein Interview zu „Wildtieren in der Stadt" verstehen.				M2, A1b, 2b
… Detailinformationen aus einem Vortrag zum Thema „Wasser" verstehen.				M4, A2
… einen Sachtext zum Thema „Singles und Umweltprobleme" verstehen.				M1, A1b
… Berichte über Umweltprojekte verstehen.				M3, A1a
… Vermutungen zum Thema „Singles als Umweltproblem" anstellen.				M1, A1a, c
… Informationen aus einem Interview zum Thema „Tiere in der Stadt" zusammenfassen.				M2, A2c
… Lösungen für Probleme mit Wildtieren in der Stadt vorschlagen.				M2, A3
… mit Rollenkarten eine Talkshow zum Thema „Tiere in der Stadt" spielen.				M2, A4
… über die Wirksamkeit von Umweltprojekten diskutieren.				M3, A1b
… einen Kurzvortrag zu einem Umweltthema halten.				M4, A3
… Notizen zu einem Interview zu „Wildtieren in der Stadt" machen.				M2, A2b
… wichtige Informationen zu Berichten über Umweltprojekte notieren.				M3, A1a
… ein Umweltprojekt beschreiben, das ich recherchiert habe.				M3, A4
… einen Kurzvortrag schriftlich vorbereiten.				M4, A3

Das habe ich zusätzlich zum Buch auf Deutsch gemacht: (Projekte, Internet, Filme, Texte, …)		
	Datum:	Aktivität:

Lösungen

Kapitel 6: Berufsbilder

Wortschatz

Ü1:

Beruf	Ort	Arbeits-mittel	Tätigkeiten
Informa-tiker/-in	Büro, Server-raum	Software, Computer	program-mieren, speichern
Friseur/-in	Friseur-salon	Schere, Kamm	Haare schneiden, fönen
Maler/-in	Maler-betrieb	Pinsel, Farbe	streichen, malen
Kranken-schwester/-pfleger	Kranken-haus	Spritze, Verband, Fieber-thermo-meter	sich um Patienten kümmern
Schreiner/-in	Schrei-nerei	Hammer, Säge	sägen, Möbel anfertigen, leimen
Koch/Köchin	Restauant, Küche	Herd, Topf, Messer	kochen, Gemüse schneiden, Menüfolge planen

Ü2: 1. Tierärztin, 2. Lehrer, 3. Rechtsanwältin, 4. Zahnarzt, 5. Hebamme, 6. Schauspieler, 7. Journalistin, 8. Apotheker

Ü3: 2. a, b; 3. d, e, g; 4. h; 5. d, f, g; 6. c, d, g; 7. e, g; 8. a, d, f, g

Ü4: 1. Stelle, 2. Arbeit, 3. Job, 4. Beruf

Ü5a: 1. e, 2. d, 3. g, 4. h, 5. a, 6. b

Ü5b: c Arbeitszeit, f Freizeit

Modul 1 Wünsche an den Beruf

Ü1a: 1. Ideen, gemeinsam, langweiligen, 2. Karriere, verdienen, verantwortungsvolle, Überstunden, Herausforderung, 3. Teilzeitjob, Gehalt, freibe-ruflich, anbieten, 4. Arbeitsklima, verwirklichen, Kontakt, Arbeitszeit, Interessen

Ü2: Beruf, gesichertes Einkommen, Kontakt mit Menschen, weiterentwickeln können, gute Arbeitsmarktchancen. Musterlösung: Ebenfalls 73 von 100 befragten Männern geben an, dass ihnen wichtig ist, viel Geld zu verdienen, ein

Wunsch, der von den Frauen gar nicht genannt wird. Ein auffallender Unterschied zwischen Männern und Frauen ist auch der Wunsch, mit anderen zusammenzuarbeiten. Während dieser Wunsch bei den Frauen an dritter Stelle steht, steht er bei den Männern an zweitletzter Stelle. Und ein Wunsch, der von immerhin 64 Frauen genannt wird, ist, sich bei der Arbeit bewegen zu können, ein Wunsch, der von den Männern gar nicht geäußert wird.

Ü4: 2. Er wird auf dem/seinem Schreibtisch liegen. 3. Dann wird er wohl im Kopierer sein/liegen. 4. …, wird Herr Braun ihn bei sich haben.

Modul 2 Ideen gesucht

Ü1a: 1. r, 2. f, 3. r, 4. f, 5. f, 6. r

Modul 3 Darauf kommt's an

Ü1: 1. H, 2. F, 3. E, 4. G, 5. C, 6. D, 7. A

Ü2: 1. ein interessantes Stellenangebot sehen, 2. sich genauer über die Firma und Stelle infor-mieren, 3. eine Bewerbung schreiben, 4. zum Vorstellungsgespräch eingeladen werden, 5. den Arbeitsvertrag unterschreiben

Ü3: 1. e, 2. f, 3. c, 4. b, 5. a, 6. d

Ü4: (2) auf, (3) bei, (4) mit, (5) an, (6) für, (7) nach

Ü5: 2. Mit wem?, 3. Worauf?, 4. Wonach?, 5. Mit wem?

Ü6: (1) bei, (2) von, (3) darauf, (4) Zu, (5) über, (6) bei, (7) über, (8) darauf, (9) zu, (10) für, (11) zu, (12) darauf

Ü7: Musterlösung: 2. Ich habe lange darüber nach-gedacht, ob ich wirklich kündigen soll. 3. Was hältst du davon, wenn wir gemeinsam einen Computerkurs besuchen? 4. Ich kann mich nicht daran gewöhnen, dass meine neue Chefin alles anders macht. 5. Wir freuen uns sehr darüber, dass Pietro jetzt in unserem Team arbeitet.

Modul 4 Mehr als ein Beruf

Ü3: 1. f, 2. r, 3. f, 4. f, 5. r, 6. f, 7. r, 8. r, 9. f, 10. r

Ü4a: 2. :-) glücklich sein, 3. :-(traurig sein, 4. ;-) zwin-kern, 5. :x küssen, 6. :-O überrascht sein, 7. :-S besorgt sein, 8. B-) cool, 9. :-)) laut lachen, 10. :-c ruf an

Ü4b: 2. Nachmittag, 3. Vormittag, 4. komme gleich wieder, 5. Was ist los?, 6. Wann sehen wir uns wieder?, 7. Auf Wiedersehen!, 8. Bis später!, 9. Gute Nacht!, 10. Mit freundlichen Grüßen

Ü5: (1) den, (2) sich, (4) eine, (5) dass, (6) möchten/wollen/können, (7) was, (8) von, (9) ist, (10) gefunden

Kapitel 7: Für immer und ewig

Wortschatz

Ü1: 1. c, 2. g, 3. f, 4. d, 5. b, 6. a, 7. e

Ü2: (2) sich … kennengelernt, (3) geheiratet, (4) sich … scheiden lassen, (5) ist Witwe, (6) ist … gestorben, (7) ist schwanger, (8) zur Welt kommen

Ü3: 2. das Standesamt, 3. der Kuss, 4 zärtlich, 5. das Misstrauen, 6. der Schwiegervater, 7. der Bekannte, 8. sich verlieben, 9 das Gespräch, 10. verlassen

Ü4: 1. Heiratsurkunde, 2. Polterabend, 3. Standesamt, 4. Trauzeuge, 5. Bräutigam, 6. Ehering, 7. Trauung

Ü5: Ehe: das Ehebett, der Ehegatte, die Ehegattin, die Ehegemeinschaft, der Ehepartner, die Ehepartnerin, der Ehering, die Ehescheidung, die Eheberatung, die Eheberatungsstelle, der Ehebrecher, die Ehebrecherin, der Ehebruch, die Ehefrau, der Ehemann, der Ehekrach, die Eheleute, …

Hochzeits-: das Hochzeitsbild, der Hochzeitsbrauch, die Hochzeitsfeier, das Hochzeitsfest, das Hochzeitsfoto, das Hochzeitsgeschenk, das Hochzeitskleid, die Hochzeitskutsche, das Hochzeitspaar, die Hochzeitsreise, …

Modul 1 Lebensformen

Ü1a: 1. 60%, 2. 7%, 3. 20%

Ü1b: 1. Ehe: häufigste Lebensform, 2. wenige unverheiratete Paare, 3. mehr Alleinerziehende und unverheiratete Paare mit Kindern, 4. immer mehr Paare ohne Kinder, 5. mehr Menschen ohne Partner

Ü3: 1. r, 2. f, 3. r, 4. r, 5. f, 6. r

Ü4: (2) mir, (3) uns, (4) mir, (5) sich, (6) mir, (7) uns

Ü5: 1. Unterhalten Sie sich bei Unsicherheiten mit dem Partner und anderen Personen. 2. Tauschen Sie sich bei Problemen mit allen Betroffenen aus. 3. Nehmen Sie sich Zeit, gemeinsam Dinge zu unternehmen. 4. Überlegen Sie sich Regeln, die für alle gelten. 5. Machen Sie sich bewusst, dass Fairness sehr wichtig ist.

Modul 2 Partnerglück im Internet

Ü1a: Ratgeber

Ü1b: Musterlösung: … Du solltest die richtige Kontaktbörse auswählen. Wichtig dabei ist, ob Du wirklich einen neuen Partner / eine neue Partnerin kennenlernen und Deine Freizeit mit ihm/ihr verbringen möchtest oder ob Du nur flirten willst. Wenn Du Dir ein Profil anlegst, solltest Du Dir einen humorvollen Spitznamen ausdenken. Dadurch klicken Dich viel mehr Personen an und Deine Chancen steigen. Falls Du jemanden in der Kontaktbörse kennenlernst, solltest Du nicht sofort, deine persönlichen Angaben, wie z.B. Telefonnummer weitergeben. Man bleibt erst einmal anonym. Wann du dich zum ersten Mal triffst, entscheidet dein Gefühl. Du solltest beim ersten Treffen aber nicht zu viel erwarten.

Ü2: linke Spalte: 4, 5, 9, 10, 11, 2, 13; rechte Spalte: 3, 14, 8, 6, 1, 7, 12

Modul 3 Die große Liebe

U1: Musterlösung:

<u>Anne und Paulo:</u> Paulo merkte sehr schnell, dass Anne die Richtige ist. Beide vertrauen sich grenzenlos. Paulo ist Annes bester Freund und gleichzeitig ihre große Liebe.

<u>Maja und Ernst:</u> Mit Maja kann Ernst nachholen, was er verpasst hat. Mit Ernst ist es nie langweilig, er ist immer aktiv.

<u>Pia und Cornelius:</u> Beide teilen viele Interessen. Die Vorurteile der Gesellschaft wegen des Altersunterschieds können beide nicht verstehen.

Ü2: <u>Aussehen:</u> gepflegt, mollig, elegant, hübsch, schlank, sportlich, modern

<u>Charakter:</u> tolerant, liebenswürdig, temperamentvoll, verlässlich, egoistisch, warmherzig, ehrlich, sensibel, begeisterungsfähig, ernst, geduldig, gesprächig

Lösungen

Ü3: 1. Das ist der Mann,

a der eine sportliche Figur hat. b den ich sehr nett finde. c dem ich gestern begegnet bin. d mit dem ich tanzen gehen möchte.

2. Das ist die Frau,

a die in meinem Haus wohnt. b die ich gerne treffen möchte. c der ich Geld schulde. d mit der ich mich gerne verabreden würde.

3. Das ist das Kind,

a das vor dem Haus spielt. b das man oft weinen hört. c dem dieses Spielzeug gehört. d für das morgen die Schule beginnt.

4. Das sind die Leute,

a die gestern neu eingezogen sind. b die ich für morgen eingeladen habe. c denen unser Garten gefällt. d mit denen ich lange geredet habe.

Ü4: (2) dem, (3) die, (4) das, (5) der, (6) die, (7) die

Ü5: 1. was, 2. wo, 3. woher, 4. wohin, 5. was

Kapitel 8: Kaufen, kaufen, kaufen

Wortschatz

Ü2a: 2. abholen, 3. einpacken, 4. umtauschen, 5. zurückgeben, 6. ausgeben, 7. zahlen, 8. einkaufen, 9. gefallen

Ü2b: (1) einkaufen, (2) abholen, (3) bestellt, (4) gefällt, (5) umtauschen, (6) zurückgeben, (7) ausgegeben, (8) einpacken, (9) zahlen

Ü4a: 1. g, 2. d, 3. f, 4. c, 5. b, 6. e, 7. a

Ü5: 1. Kleidung (und z.B. die Bluse, das Hemd, der Pullover, …)

2. Möbel (und z.B. der Teppich, der Schrank, die Kommode, …)

3. Geschirr (und z.B. die Untertasse, die Suppentasse, die Platte, …)

4. Schreibwaren (und z.B. der Stift, der Block, das Papier, …)

Ü6a: 1. f, 2. b, 3. h, 4. a, 5. d, 6. g

Ü6b: c das Schaufenster, e die Bedienungs-/ Gebrauchsaleitung (-anweisung), i die Umkleide(-kabine)

Dinge, die die Welt (nicht) braucht

Ü1a: 1. Wie die Idee entstand, 2. Umsetzung der Idee, 3. Materialien, 4. Handhabung

Ü2: 1. e, 2. c, 3. b, 4. f, 5. a, 6. d

Ü3: 2. Er setzt sich die Earbags jeden Morgen auf die Ohren. 3. Der Tropfenfänger ist in der Flasche. 4. Hast du das Monokular vorhin in die Tasche gesteckt? 5. Sind die Earbags im Rucksack? 6. Er steckt den Tropfenfänger in die Rotweinflasche. 7. Der Klingelring liegt im Auto.

Ü4: (1) im, (2) in einem, (3) im, (4) über einen, (5) im, (6) auf den, (7) hinter dem, (8) Neben den, (9) Vor dem, (10) neben diesem, (11) Auf jedem

Ü5: Musterlösung: „Clack" der Eierköpfer ist aus Edelstahl und es ist ein sehr praktisches Gerät. Man setzt die Kappe auf das Ei und zieht die Kugel ganz nach oben. Dann lässt man die Kugel fallen und es macht „klack". Jetzt ist die Eierschale aufgebrochen, man kann den Eierköpfer absetzen und das Ei mit einem Messer durchtrennen.

Konsum heute

Ü1: Flohmarkt: der Verkaufsstand, billig, um den Preis handeln, gebrauchte Waren, Trödelmarkt, nach Raritäten suchen, der Händler / die Händlerin

Einkaufszentrum: der Verkaufsstand, mit Kreditkarte zahlen, das Geschäft, die Neuware, die Werbung, das Sonderangebot, die Kundenkarte, umtauschen, der Händler / die Händlerin

Ü2: die Kaufkraft, das Kaufverhalten, das Konsumverhalten, der Geldbetrag, der Kaufvertrag, der Geldautomat, der Ratenkauf, der Konsumverzicht, die Geldsumme, das Konsumdenken, die Geldsorgen (Pl.), das Kaufhaus, der Geldschein, der Geldbeutel, das Falschgeld

Ü3: Musterlösung:

1. Herr Kolonko: Herr Kolonko hat sich nach einem Herzinfarkt entschieden, sein Leben zu ändern, und lebt jetzt auf einem Einsiedlerhof in der Nähe von Freiburg. Er verzichtet auf jeglichen Konsum und findet es toll, einfach zu leben und nicht abhängig von Produkten wie Handys oder anderem zu sein. Seiner Ansicht nach sollen Kindern wieder mehr Werte vermittelt bekommen.

2. Frau Zöller: Frau Zöller arbeitet beim Kundenservice einer großen Firma und liebt ihre Arbeit. Sie ist der Meinung, dass es keinen Grund gibt, auf die Konsumgüter unserer Zeit zu verzichten. Sie denkt, dass die Wirtschaft und damit die Arbeitsplätze davon abhängen, wie viele Produkte die Menschen kaufen.

3. Herr Fritsche: Herr Fritsche ist von Beruf Altenpfleger und lebt in einem Energiesparhaus, das er sich mit zwei Freunden teilt. Für ihn ist die Umwelt unsere Lebensgrundlage, die man schützen muss. Er hat etwas ganz Besonderes aufgebaut, und zwar einen Tauschring. Dadurch kann er Produkte oder Dienstleistungen mit anderen tauschen, ohne sie kaufen zu müssen.

Modul 3 Die Reklamation

Ü1: (2) aber sie funktioniert irgendwie nicht. (3) Könnten Sie mir das bitte genauer beschreiben? (4) Aber nach ein paar Tagen hat sie angefangen zu flackern und noch ein paar Tage später war die Glühbirne kaputt. (5) Die Lampe heißt „Sonnengruß". (6) Ja, nicht nur mit einer, aber die sind immer ganz schnell kaputt. (7) Könnten Sie ausprobieren, ob die Lampe funktioniert, wenn Sie sie an eine andere Steckdose anschließen? (8) Könnten Sie mit der Lampe vorbeikommen, dann tauschen wir sie um.

Ü2: (1) Könnte, (2) könntest/würdest, (3) könnte, (4) würdest, (5) würde, (6) würdest

Ü3: 2. … ich würde das Gerät ins Geschäft zurückbringen. 3. Würden/Könnten Sie bitte hier unterschreiben? 4. … Würdest/Könntest du dich jetzt bitte beeilen? 5. … würde ich dort nicht einkaufen.

Ü4: 2. … wenn Frau Peters nicht so oft / seltener Pech hätte. 3. … wenn Hans sein Handy bedienen könnte. 4. … wenn Thomas nicht so viel / weniger Geld für CDs ausgeben würde. 5. … wenn Sabine mehr / nicht so wenig Freizeit hätte.

Modul 4 Kauf mich!

Ü1: 1. c, 2. d, 3. f, 4. g, 5. a, 6. b, 7. e

Ü3b: bewusste Beeinflussung des Konsumenten, wichtigstes Instrument der Absatzförderung, riesiger Wirtschaftszweig, halbe Milllion Menschen beschäftigt, 30 Milliarden Euro Werbeausgaben jährlich, wichtigstes Werbemedium: Fernsehen

Ü3c: Musterlösung: Anfänge: Aushänge an häufig besuchten Gebäuden, antikes Rom, Pompeji

Mittelalter: Stadtschreier, die in Gassen Werbung machten

1445: Erfindung Druckerpresse, gedruckte Handzettel mit Firmenlogos und Arbeitsbeschreibungen von Handwerkern

17. Jahrhundert: Zeitungen und Zeitschriften mit Anzeigen von Verlegern und Buchhändlern, später auch Werbung für andere Branchen

19. Jahrhundert: Massenproduktion von Waren, die man verkaufen musste, eingängige Werbetexte und Grafiken wichtig für Imagebildung, Herausbildung von Markennamen, Theorie der drei Stufen

Heute: Werbung der dritten Stufe dominiert

Kapitel 9: Endlich Urlaub

Wortschatz

Ü1: Reiseziel: in die Berge, auf eine Insel

Reisezeit: in den Ferien, im Sommer

Verkehrsmittel: mit dem Auto, mit dem Bus, mit dem Schiff

Ü2: trennbar: durchreisen, einreisen, anreisen, mitreisen, nachreisen, ausreisen, zurückreisen

untrennbar: bereisen, verreisen,

Ü3: 1. Reisedokumente, 2. Reisefieber 3. Reisevorbereitungen, 4. Reisegruppe, 5. Reiseapotheke, 6. Reiseveranstalter, 7. Reisewetterbericht, 8. Reiseführer, 9. Reiseleiter/-führer, 10. Reisetasche/-koffer

Ü4: 1. der Reisepass, 2. das Visum, 3. das Flugticket, 4. die Fahrkarte, 5. das Handy, 6. die Sonnenbrille, 7. der Sonnenhut, 8. die Kamera, 9. die Badehose, 10. der Bikini, 11. die Sonnencreme, 12. die Zahnbürste, 13. der Waschbeutel, 14. die Abendkleidung, 15. die Wanderschuhe

Ü5: 2. im Meer schwimmen, 3. Sehenswürdigkeiten besichtigen, 4. im Fitnessstudio Sport treiben, 5. in der Disco tanzen, 6. eine Stadtrundfahrt machen, 7. neues Essen probieren, 8. interessante Menschen kennenlernen

Lösungen

Modul 1 Organisiertes Reisen

Ü1: 1. d, 2. f, 3. j, 4. g, 5. c, 6. i, 7. b, 8. e, 9. a, 10. h

Ü2a: 3

Ü2b: Der Originaltitel ist: „Schwierige Entscheidung". Im Gedicht wird die Unentschlossenheit der Tiere aufgrund ihrer unterschiedlichen Voraussetzungen ausgedrückt.

Ü2c: Ein Maulwurf und zwei Meisen wollen eine Reise machen, wissen aber nicht, wohin. Sie haben auch noch nicht beschlossen, ob sie zu Fuß gehen oder fliegen werden.

Ü4: (2) als, (3) als, (4) Wenn, (5) Wenn, (6) als, (7) Als, (8) als

Ü5: 1. Ich studiere die Reisekataloge, bevor ich eine Reise buche. / Ich buche eine Reise, nachdem ich die Reisekataloge studiert habe. 2. Ich packe meine Koffer, bevor ich eine Reise mache. / Ich mache eine Reise, nachdem ich meine Koffer gepackt habe. 3. Ich lese den Reiseführer genau, während ich Musik aus dem Urlaubsland höre. 4. Ich verlasse meine Wohnung, nachdem ich alle Zimmer kontrolliert habe. / Ich kontrolliere alle Zimmer, bevor ich meine Wohnung verlasse. 5. Während ich mit dem Taxi zum Flughafen fahre, überprüfe ich, ob ich meinen Pass habe. 6. Ich gehe zur Passkontrolle, nachdem ich mein Gepäck aufgegeben habe. / Bevor ich zur Passkontrolle gehe, gebe ich mein Gepäck auf. 7. Während ich im Flugzeug sitze, lese ich und höre Musik. 8. Ich gehe durch den Zoll, nachdem ich mein Gepäck geholt habe. / Bevor ich durch den Zoll gehe, hole ich mein Gepäck.

Ü6: (2) bis, (3) seit/seitdem, (4) bis, (5) bis, (6) seit/seitdem

Ü7: 1. b, 2. b, 3. c, 4. c, 5. c, 6. b

Ü8: (2) Als, (3) Nachdem, (4) Während, (5) Bis, (6) Nachdem, (7) als, (8) als

Modul 2 Urlaub mal anders

Ü1: 1. f, 2. r, 3. f, 4. r, 5. f

Ü2: (1) erzählen, (2) teilnehme, (3) Erfahrung, (4) bringen, (5) entschieden, (6) trotzdem, (7) miteinander, (8) bleiben, (9) Ahnung, (10) vorbei

Ü3: 2. Carl, 3. Andy, 4. Natascha, 5. Carl, 6. Andy, 7. Merle, 8. Carl, 9. Samuel, 10. Merle

Modul 3 Der schöne Schein trügt …

Ü1a: Musterlösung: 1. Mirjana Simic ist Qualitätsmanagerin und arbeitet für einen Reiseveranstalter. 2. Mirjana arbeitet vor Ort / in den Hotels. 3. Sie kontrolliert den Service, die Poolanlagen, den Feuerschutz und die Zimmer. Sie stellt Mängel fest und setzt durch, dass sie beseitigt werden. 4. Sie muss gründlich und gelassen sein. Sie muss ruhig bleiben.

Ü2: (2) Am, (3) vom, (4) bis zum, (5) Seit, (6) im, (7) im

Ü3: 1. (a) am, (b) in, (c) im, (d) im, (e) im, (f) –, (g) zwischen/zu/an, (h) zu/an, (i) vom … bis, (j) am

2. (a) im, (b) in, (c) im, (d) –, (e) im, (f) vor

3. (a) vor, (b) während, (c) während, (d) am, (e) vor, (f) an

Modul 4 Eine Reise nach Hamburg

Ü1a: 1. Die Lügentour, 2. Safari durch den Osten, 3. Wo die Filmstars lebten, 4. Berlin von unten

Ü1c: Safari durch den Osten: mit dem Trabi durch den Ostteil der Stadt, Kosten: 30 Euro, Dauer: 90 Minuten, man fährt selbst, geführt vom vorausfahrenden Auto, in Marzahn: Plattenbautour zu Fuß, Geschichte der Hochhäuser, Besichtigung einer Wohnung im DDR-Stil der 70er-Jahre

Wo die Filstars lebten: Promitour im Westen, Wohnorte der Reichen und Berühmten, Führung im Van mit Guide, auch Bezirkstouren möglich

Berlin von unten: Für Geschichtsinteressierte, Führungen durch Bunkeranlagen und U-Bahn-Schächte, z.B. Erkundung von größter noch existierender Bunkeranlage am Humboldthain; Unterwelt-Museum, kühle Temperatur, warme Kleidung

Kapitel 10: Natürlich Natur!

Wortschatz

Ü1: der Umweltschutz, die Umweltorganisation, die Umweltzerstörung, die Umweltkatastrophe, die Umweltverschmutzung, die Umweltforschung; umweltfreundlich, umweltfeindlich, umweltverträglich, umweltbewusst, umweltbedingt

Ü2: Klima: die Luft, die Trockenheit, die Sonne, der Niederschlag, der Orkan, die Erwärmung, der Sturm, die Wolke, das Wetter

Landschaft: der Wald, das Meer, die Wüste, das Gebirge, der Fluss, der Strand, der See, die Wiese

Pflanzen: die Blume, das Gras, das Getreide, der Baum, die Rose

Tiere: der Hund, das Insekt, das Pferd, die Kuh, das Vieh, der Vogel, die Katze, das Huhn

Ü3: Wasser sparen, Abfall trennen, ein schadstoffarmes Auto fahren, Bäume pflanzen, öffentliche Verkehrsmittel benutzen, Standby ausschalten, Energiesparlampen benutzen, Ökostrom nutzen, Fahrgemeinschaften bilden, umweltfreundlich heizen

Ü4: 1. Müllabfuhr, 2. Hausmüll, 3. Mülltonne, 4. Sondermüll, 5. Waldsterben, 6. Abwasser, 7. Altpapier, 8. Glascontainer, 9. Recycling, 10. Biotonne, 11. Abgase

Ü5a: 1. verschmutzen, 2. zerstören, 3. schaden, 4. schützen, 5. produzieren, 6. protestieren, 7. retten, 8. verbieten, 9. verantworten, 10. gefährden

Ü5b: Musterlösung: 1. Abgase verschmutzen die Luft. 2. Die Menschen zerstören ihre Umwelt. 3. Autoabgase schaden dem Klima. 4. Viele Vereine schützen die Natur. 5. Betriebe produzieren große Mengen umweltschädlicher Stoffe. 6. Greenpeace protestiert gegen die Verschmutzung der Meere. 7. Wir müssen die Erde vor einer Umweltkatastrophe retten. 8. Die Regierung sollte schadstoffreiche Autos verbieten. 9. Wer will eine Umweltkatastrophe verantworten? 10. Industrieabgase gefährden die Natur.

Modul 1   Umweltproblem Single

Ü1a: 91 Prozent → Handlung: Trennung von Verpackungsmüll → Ziel: Verkleinerung des Müllbergs

ca. 50 Prozent → Handlung: weniger Auto fahren, Stehenlassen von Auto → Ziel: Klimaschutz, Senkung von Erdölverbrauch

mehr als 60 Prozent → Handlung: kürzer duschen, weniger Wasser benutzen, Heizung herunter drehen → Ziel: Wasser sparen, weniger Energieverbrauch, Klima schonen

Ü1b: 2. Das Auto wird stehen gelassen und dadurch wird das Klima geschützt. 3. Die Heizung wird heruntergedreht und dadurch wird weniger Energie verbraucht.

Ü2: Musterlösung: 2. Die öffentlichen Verkehrsmittel werden viel genutzt. 3. Müll wird nicht in den Wald geworfen. 4. Alte Medikamente werden in die Apotheke gebracht. 5. Alte Farbe wird zur Sondermüllsammelstelle gebracht. 6. Mehr Bäume werden gepflanzt.

Ü3: 2. Heutzutage wird ein großer Teil des Mülls recycelt. 3. Erst ab 1989 wurden in Deutschland alle Autos mit Katalysatoren gebaut. 4. Jetzt werden von vielen Automobilkonzernen umweltfreundlichere Autos entwickelt. 5. Früher wurden sogar von Kleingärtnern Pestizide verwendet. 6. In privaten Gärten wird heute auf Pestizide verzichtet.

Ü4: 2. Mehr Energiesparlampen sollten benutzt werden. 3. Mit Wasser muss sparsam umgegangen werden. 4. Plastiktüten sollten nicht verwendet werden, sondern lieber eine Einkaufstasche.

Ü5a: … diese Flüssigkeit wird die Wärme zum Solarspeicher im Keller transportiert. Dort wird das Wasser … erwärmt. … Im Winter, wenn …, wird das … Wasser „nachgeheizt"…

Verben im Infinitiv: aufnehmen, transportieren, erwärmen, nachheizen

Ü5b: 1. Sonnenstrahlen treffen auf den Sonnenkollektor.

2. Vom Sonnenkollektor wird die Sonnenwärme aufgenommen.

3. Die Sonnenwärme wird über Rohre an den Solarspeicher weitergeleitet.

4. Im Solarspeicher wird das Wasser zum Duschen und Abwaschen erhitzt.

5. Wenn wenig Sonne scheint, wird das Wasser nachgeheizt.

Ü5c: 2. Mit einer Solaranlage kann eine/die Wohnung geheizt/beheizt werden. 3. Mit einer Solaranlage können Energieverluste reduziert werden. 4. Mit einer Solaranlage kann Geld gespart werden. 5. Mit einer Solaranlage kann der CO_2-Ausstoß gesenkt werden.

Modul 2   Tierisches Stadtleben

Ü1a: 1. Schreiben Sie leserlich, 2. Notieren Sie Schlagwörter, 3. Notieren Sie „mit Luft", 4. Notieren Sie mit eigenen Worten, 5. Nutzen Sie nicht nur Wörter, 6. Das Gehirn mag es bunt

Ü2: 1. r, 2. f, 3. r, 4. r, 5. f, 6. f

Lösungen _____

Ü3b: Musterlösung (Tagesplan):

Vormittag:
- Besprechung des Tagesablaufs,
- entweder: im oberen Stock Medikamente für kranke Katzen vorbereiten und austeilen, Katzen füttern, Fressgeschirr und Katzenklos reinigen
- oder: im unteren Stock Nager und Ferientiere vorsorgen und Telefondienst
- Besprechung
- Mittagspause

Nachmittag:
- Post und E-Mails bearbeiten
- Büroarbeiten
- Organisatorisches
- spezielle Reinigungs- und Aufräumarbeiten
- 14.00–16.00 Beratungs- und Tiervermittlungsgespräche
- entweder: Einkäufe / Abfall entsorgen / Termine auf Bauernhöfen
- oder: Telefondienst und Tiere füttern
- Aufräumarbeiten

Modul 3 Projekt Umwelt

Ü1a: (1) Hotel-Umwelt-Checkliste, (2) Wassersparmaßnahmen umsetzen lässt, (3) Umweltbeauftragter ernannt, (4) regenerativen Quellen stammt, (5) Das Abwasser, (6) zur Abfallvermeidung

Ü2: 1. b/c, 2. a, 3. d

Ü3: 2. Man schützt die Gletscher vor der Sonneneinstrahlung. 3. Man kann (mit der Folie) das Schmelzen der Gletscher nur verlangsamen. 4. Man kann so (aus Kostengründen) nur kleine Flächen schützen. 5. Man kann (durch solche Maßnahmen) das Gletschersterben nicht verhindern.

Ü4: 2. Die Mülltrennung lässt sich noch verbessern. 3. Die Abfallmenge lässt sich durch weitere Maßnahmen verringern. 4. Durch die Verwendung von Energiesparlampen lässt sich einiges an Energie sparen.

Ü5: (2) man, (3) -bar, (4) man, (5) lässt sich, (6) man

Modul 4 Kostbares Nass

Ü1a: Text A: Foto 1, Text B: Foto 5, Text C: Foto 2, Text D: Foto 4, Text E: Foto 3

Ü2: Schreiben Sie in Ihrem Skript am besten keine ausformulierten Sätze/nur Stichwörter.

Lernen Sie Ihren Text nicht auswendig oder lesen Sie ihn nicht ab. Sprechen Sie möglichst frei.

Sprechen Sie so langsam und deutlich wie möglich und machen Sie auf jeden Fall kurze Sprechpausen.

Gut ist auch, wenn Sie ein wenig lauter als normal sprechen.

Schauen Sie Ihr Publikum an, Blickkontakt ist sehr wichtig.

Bei der Körperhaltung sollten Sie darauf achten, dass Sie aufrecht sitzen oder stehen. Halten Sie Ihren Kopf möglichst gerade. Halten Sie Ihre Arme nicht verschränkt oder stecken Sie Ihre Hände nicht in die Hosentasche.

Üben Sie Ihr Referat vorher, dadurch werden Sie nur sicherer.

Kapitel 6

Eins

Ich habe als Zimmermädchen und Küchenhilfe in dieser Pension auf der Nordseeinsel Juist angefangen. Das war wirklich harte Arbeit: Um sechs fing die Arbeit an, Frühstück vorbereiten, dann Zimmer putzen, danach die anderen Räume, dann Wäsche machen. Und abends habe ich in der Küche geholfen, meistens dreckiges Geschirr in die Spülmaschine einräumen und das saubere Geschirr raus und abtrocknen. Ich hatte mir vorgestellt, dass ich auf einer schönen Ferieninsel sein würde und auch mal am Strand liegen könnte. Aber das Wetter war nicht so gut und ich musste viel arbeiten. Aber es war trotzdem eine schöne Zeit, weil die Gäste sehr nett waren und ich viele andere junge Mädchen kennengelernt habe. Heute bin ich die Hausdame. Wir haben das ganze Jahr geöffnet und hier arbeiten zwei Zimmermädchen, die wirklich gute Arbeit leisten. Wenn ich sie sehe, muss ich oft an meine Anfangszeit denken.

Zwei

Während meines Studiums habe ich als Interviewer gearbeitet. Man hat eine Liste mit Adressen bekommen oder man hat an einem Stand in einer Einkaufsstraße gearbeitet. Dabei mussten die Leute zu unterschiedlichen Themen Fragebögen beantworten, z.B. zum Konsumverhalten oder welche Verkehrsmittel sie benutzen. Normalerweise dauert das ca. fünf Minuten. Aber die Leute haben oft eine halbe Stunde gebraucht, weil sie mir ihr halbes Leben erzählt haben, z.B. hat mir eine Oma ihre ganze Krankengeschichte mit Rücken, Füßen, Rheuma usw. detailliert beschrieben, nur um zu sagen, warum sie am liebsten mit der Bahn fährt. Da bekommst du Geschichten zu hören, da könnte man echt ein Buch drüber schreiben.

Drei

Ich habe mal als Erntehelferin bei der Weinlese gejobbt. Das war echt ein Knochenjob, den ganzen Tag im Weinberg stehen und die Trauben schneiden. Die ersten Tage fiel mir das echt schwer, aber mit der Zeit ging es immer besser. Die Winzer waren total nett und es gab jeden Tag ein super Essen für die Helfer. Das waren immer sehr schöne Abende. Und am Ende habe ich sehr viel über Wein gelernt. Das war richtig gut.

Vier

Ich habe nach meiner Ausbildung nicht gleich einen Arbeitsplatz in meinem Beruf gefunden. Da habe ich dann z.B. als Taxifahrer oder als Möbelpacker gearbeitet. Möbelpacker war anstrengender, aber auch interessanter. Man tritt in das Leben total fremder Menschen ein. Du siehst die alte und die neue Wohnung. Man kann erkennen, ob der Umzug eine Verbesserung oder eine Verschlechterung für die Personen und Familien sind. Ob sich Paare finden oder trennen. Und man begegnet Typen ... unglaublich. Das ist wie im Film. Ich hab echt viele lustige und tragische Geschichten erlebt. Da merkt man, dass andere Menschen noch ganz andere Probleme haben als man selbst.

Manchmal sind wir zu einem Umzug gekommen und die Leute schliefen noch. Nichts war eingepackt. Das war dann super nervig. Aber meistens war die Arbeit okay und das Geld stimmte auch.

○ Hallo, hätten Sie vielleicht einen Augenblick Zeit?

● Worum geht es denn?

○ Wir machen eine Umfrage zum Thema „berufliche Zukunft". Dürfte ich Ihnen zwei Fragen stellen?

● Klar, fragen Sie mal.

○ Ich würde gerne wissen, was Sie beruflich machen und wo Sie sich in zwei Jahren sehen. Was wünschen Sie sich für Ihre berufliche Zukunft?

● Also, ich bin Friseur. Ich bin eigentlich ganz zufrieden mit dem Job, nur leider verdiene ich nicht gut. Für die Zukunft habe ich einen großen Wunsch: Ich möchte irgendwann meinen eigenen Friseursalon haben, aber in zwei Jahren werde ich noch nicht so weit sein. Da muss ich erst noch länger sparen. Aber jetzt muss ich los, meine Freundin wird schon auf mich warten. Wir fahren nämlich morgen in Urlaub und da müssen wir noch viel vorbereiten.

○ Dann wünsche ich Ihnen viel Glück! Danke, dass Sie sich Zeit genommen haben.

● Bitte, gerne!

□ Hallo, was macht ihr denn für eine Umfrage?

○ Hallo, es geht um die berufliche Zukunft. Darf ich Sie auch fragen, was Sie beruflich machen und was Sie in zwei Jahren machen wollen?

□ Ja, gern. Ich bin freiberuflicher Übersetzer. Im Moment übersetze ich vor allem Computerprogramme. Das macht mir aber keinen großen Spaß und die Firma, von der ich die meisten Aufträge bekomme, ist nicht sehr groß und kämpft ums Überleben. Ich hab also ständig Angst, dass ich keine Aufträge mehr bekomme, weil sie in Konkurs geht. Deswegen bin ich grade dabei, mir einen anderen Auftraggeber zu suchen. In zwei Jahren werde ich ganz sicher woanders arbeiten. Mein Traum ist, dass ich in dann nicht mehr so langweilige Dinge wie Computerprogramme übersetzen werde, sondern spannende und sprachlich anspruchsvolle Romane und Erzählungen. Es ist zwar sehr schwierig, einen guten Auftrag als Übersetzer zu bekommen, aber ich werd schon was finden.

○ Na dann, viel Glück und vielen Dank. Dürfte ich Sie auch noch fragen, was Sie beruflich machen und wie Sie sich Ihr berufliches Leben in zwei Jahren vorstellen?

■ Na ja, da haben Sie genau die Richtige erwischt. Ich habe im Moment sehr viel Ärger in meiner Arbeit und für die Zukunft wünsch ich mir alles Mögliche, bloß nicht länger diesen Job! Ich bin Teamassistentin in einer Bürogemeinschaft und habe einen Chef, der sehr schnell wütend wird und immer an mir rummeckert. Eigentlich wird von mir vor allem erwartet, dass ich Kaffee koche und das Mittagessen holen gehe. Und wenn dann mal ein Brief geschrieben werden soll, dann muss er immer in zwei Sekunden fertig sein. Das nervt mich, der Job ist einerseits langweilig und andererseits macht mein Chef ständig unnötigen Stress, wenn es mal was zu tun gibt. Ich bin gerade dabei, mir einen neuen Job zu suchen. In zwei Jahren werde ich hoffentlich einen Job haben, in dem ich auch gefordert bin und auch anspruchsvolle Aufgaben habe. Und das Arbeitsklima muss stimmen, so etwas wie jetzt will ich nicht noch mal erleben – ja, und mehr Geld möchte ich auch verdienen.

○ Entschuldigung, darf ich Ihnen zwei Fragen stellen?

▲ Ja gern.

○ Was machen Sie beruflich und wie sind Ihre Wünsche, was Ihre berufliche Zukunft betrifft? Wie soll Ihr Leben in zwei Jahren aussehen?

▲ Och, ich bin ja nun nicht mehr die Jüngste, da freue ich mich natürlich, dass Sie mir diese Frage noch stellen. Ich muss noch fünf Jahre arbeiten – oder besser: Ich darf noch fünf Jahre arbeiten. Ich arbeite als Kauffrau für eine große Firma und die Arbeit macht mir immer noch sehr viel Spaß. Wie ich mir meine Arbeit in zwei Jahren vorstelle? Hm, eigentlich wünsche ich mir, dass in zwei Jahren alles so ist wie heute. Einen besseren Job und bessere Kollegen als ich jetzt habe, kann ich mir gar nicht vorstellen. Meine Aufgabe ist auch nach all den Jahren noch interessant und immer wieder eine Herausforderung. Das gefällt mir und mir gefällt, dass ich auch mit der Zeit gehen muss und mich ständig informieren muss, was es für neue Produkte und Techniken gibt – die Entwicklung geht ja heute in einem Tempo voran, das wir noch vor zwanzig Jahren niemals für möglich gehalten hätten. Manchmal ist das zwar sehr zeitintensiv, aber das ist mir viel lieber, als ein Job, in dem man sich langweilt.

Modul 1 Aufgabe 2b

● Also, ich bin Friseur. Ich bin eigentlich ganz zufrieden mit dem Job, nur leider verdiene ich nicht gut. Für die Zukunft habe ich einen großen Wunsch: Ich möchte irgendwann meinen eigenen Friseursalon haben, aber in zwei Jahren werde ich noch nicht so

weit sein. Da muss ich erst noch länger sparen. Aber jetzt muss ich los, meine Freundin wird schon auf mich warten. Wir fahren nämlich morgen in Urlaub und da müssen wir noch viel vorbereiten.

Modul 4 Aufgabe 3

○ Wann hast du angefangen zu tauchen?

● Das war vor acht Jahren. Ich habe Urlaub mit einem Freund in Ägypten gemacht. Der hat mich eigentlich dazu überredet, einen Tauchkurs zu machen. Das hat mir dann auch echt gut gefallen – aber damals habe ich noch nicht geahnt, dass es einmal mein Beruf werden wird.

○ Tauchen war also nicht schon immer ein Traum von dir, sondern du bist eher zufällig dazu gekommen?

● Ja, genau, das war absoluter Zufall. Also, als Kind habe ich Unterwasserfilme geliebt. Aber vom Tauchen selber habe ich früher eigentlich nicht geträumt.

○ Und seit wann arbeitest du jetzt als Tauchlehrerin?

● Seit ungefähr drei Jahren. Ich habe in Kroatien angefangen, da habe ich fast ein Jahr gearbeitet, und dann war ich über zwei Jahre in Ägypten.

○ Wie und wann bist du denn darauf gekommen, als Tauchlehrerin zu arbeiten?

● Das Tauchen hat mir so viel Spaß gemacht, dass ich immer mehr Kurse besucht habe, und dann zum Beispiel auch eine Ausbildung zum „Dive Master" gemacht habe. Mit dieser Ausbildung kann man andere Taucher begleiten. Das Schlüsselerlebnis war dann ein Tauchurlaub in Indonesien, das war vor ungefähr vier Jahren. Da habe ich gemerkt, wie sehr mich das Tauchen fasziniert. In meinem alten Job als Online-Redakteurin war ich nicht mehr so zufrieden und habe mir dann vorgenommen, für eine bestimmte Zeit aus Deutschland wegzugehen und mein Geld als Tauchlehrerin zu verdienen.

○ Und wie ging das dann, wie hast du einen Job an einer Tauchbasis bekommen? Ich stelle mir das nicht so einfach vor.

● Am Anfang war es eigentlich sehr leicht, da habe ich an der Tauchschule, an der ich meine verschiedenen Tauchscheine gemacht habe, gearbeitet. Ich konnte dort meine Tauchlehrerausbildung fertig machen. Das hat mich nichts gekostet, dafür habe ich an der Tauchbasis mitgeholfen. Und dann habe ich natürlich bald angefangen, Tauchkurse zu geben. Danach war es dann schwieriger, eine andere Stelle zu bekommen. Da hängt es dann sehr davon ab, wie viel Erfahrung man als Tauchlehrer schon hat und auch davon, wie viele Sprachen man spricht. Ich habe dann eine Stelle in Ägypten angenommen, zuerst in Hurghada an einer

Tauchbasis und dann habe ich auf einem Safariboot gearbeitet. Mit diesen Booten ist man eine oder zwei Wochen auf dem Meer unterwegs.

○ Was haben damals, als du weggegangen bist, deine Freunde und deine Familie gesagt?

● Die Reaktionen waren am Anfang eigentlich überraschend positiv, das hatte ich nicht so erwartet. Aber ich habe damals auch nicht gesagt, dass ich das jetzt für immer machen möchte. Ich habe damals, als ich gegangen bin, gesagt – und auch gedacht – ich probiere das jetzt einfach aus und schaue mal, wie es mir gefällt. Ich bin ich ja immer wieder mal in Deutschland. Zwischendrin habe ich eine etwas längere Tauchpause hier in Hannover gemacht. Da haben mich dann viele Leute doch eher kritisch gefragt, warum ich das weitermachen möchte und warum ich mir nicht wieder einen „normalen" Job in Deutschland suchen will. Aber inzwischen haben es alle akzeptiert, dass mein Beruf jetzt Tauchlehrerin ist. Und sie sehen auch, dass es durchaus langfristige Perspektiven in diesem Beruf gibt. Ich möchte später gerne eine Tauchbasis leiten oder selber eine Tauchbasis aufmachen – irgendwo auf der Welt, mal sehen.

○ Ist denn der Beruf so, wie du ihn dir vorgestellt hast?

● Hm, eigentlich habe ich das Berufsbild ja vorher schon ein bisschen gekannt, weil ich ja während meiner Ausbildung an einer Tauchschule gearbeitet habe. Ich habe gewusst, dass dieser Beruf mir Spaß macht, auch wenn er nichts mit Urlaub zu tun hat, sondern vor allem sehr anstrengend ist. Heute weiß ich, dass dieser Beruf viel mehr fordert als mein alter Beruf. Nicht nur körperlich, sondern auch seelisch. Man hat ständig mit Leuten zu tun und eine hohe Verantwortung, was insgesamt sehr schön, aber auch anstrengend ist.

○ Gab es Momente, in denen du den Beruf Tauchlehrerin aufgeben wolltest?

● Oh ja, gerade am Anfang gab es oft Situationen, in denen ich an meine Grenzen gestoßen bin. Tauchen ist anstrengend und man hat als Tauchlehrer sehr wenig Zeit für sich alleine und kaum Rückzugsmöglichkeiten. Man hat kaum Momente, in denen man sich entspannen kann und Ruhe findet. Am Anfang war das besonders schwer, inzwischen glaube ich, dass ich da eine gute Balance gefunden habe.

○ Was ist denn jetzt dein Hobby, nachdem Tauchen nun dein Beruf ist?

● Hm, das ist eine gute Frage ... nein, eigentlich ist es ganz klar: Unterwasserfotografie, das ist jetzt mein Hobby. Ich habe mir eine Kamera mit einem Unterwassergehäuse gekauft, und wenn ich damit beim Tauchen unterwegs bin, kann ich alles um mich herum vergessen. Die Bildbearbeitung später gehört

dann auch dazu.

○ Was ist das Schönste an deinem Beruf?

● Das Schönste an meinem Beruf sind sicherlich die schönen Taucherlebnisse, vor allem wenn man Begegnungen mit Tieren hat, zum Beispiel mit einer Seekuh oder Haien. Aber auch die kleinen Dinge, wenn man in Ruhe das Leben in einer Koralle beobachten kann, das ist immer wieder wunderschön. Und wenn man dann einmal erleben durfte, 20 Minuten lang mit Delfinen zu schwimmen, dann ist das einfach der schönste Beruf der Welt!

○ Und wie geht es jetzt weiter bei dir?

● Ja, das wird spannend: In vier Wochen werde ich einen neuen Job auf den Malediven beginnen.

○ Das hört sich ja toll an! Eine letzte Frage habe ich noch: Würdest du in deinem nächsten Urlaub tauchen gehen?

● Hm, jein ... Es ist schon so, dass ich meinen Urlaub nutze, um meinem Körper eine Tauchpause zu gönnen. Andererseits gibt es noch so viele Tauchplätze auf der Welt, die ich noch sehen möchte ... Ich werde also bestimmt in dem einen oder anderen Urlaub auch tauchen gehen.

Kapitel 7
Modul 1 Aufgabe 2

○ „In guten wie in schlechten Zeiten, ... bis dass der Tod euch scheidet" ... das schaffen immer weniger Paare. Derzeit wird in Deutschland mehr als jede dritte Ehe geschieden. Die Gründe dafür sind vielfältig. Ein Grund ist sicher, dass immer weniger Menschen dazu bereit sind, eine nicht funktionierende Beziehung hinzunehmen. Wenn sie unzufrieden sind, geben sie die Partnerschaft auf. Die ökonomische Unabhängigkeit vieler Frauen durch die eigene Berufstätigkeit ist dafür eine wichtige Voraussetzung. Die Doppelbelastung der Frauen, Beruf, Haushalt und Familie unter einen Hut zu bekommen, bedeutet allerdings auch oft eine zusätzliche Belastung für die Familie. Insbesondere auch deshalb, weil viele Männer nicht bereit sind, dabei ihren Anteil zu übernehmen, also Aufgaben im Haushalt oder bei der Alltagsorganisation. Die Familien- oder Beziehungssituation kann so schwierig werden, dass viele keinen anderen Ausweg mehr sehen als eine Trennung. Scheidungen bringen immer auch schmerzliche Erfahrungen und einschneidende Veränderungen mit sich, besonders für die betroffenen Kinder. Zwar wachsen 79% der Kinder auch heute noch mit den leiblichen und verheirateten Eltern auf, aber jedes Jahr werden mehr als 150.000 Kinder zu Scheidungskindern. 15% aller Kinder leben bei ihrer alleinerziehenden Mutter oder ihrem allein-

Transkript

erziehenden Vater, allerdings sind sechs von sieben Alleinerziehenden Mütter. Sechs Prozent der Kinder leben in einer sogenannten Patchworkfamilie. Wir haben mit zwei Elternteilen aus den zuletzt genannten Gruppen gesprochen.

Frau Schröder, Sie leben allein mit Ihrer sechsjährigen Tochter Lara.

● Ja, mein Ex-Mann und ich haben uns vor drei Jahren scheiden lassen und seitdem leben Lara und ich allein.

○ Wann sieht Lara ihren Vater?

● Die beiden sehen sich jedes zweite Wochenende und in den Ferien. Lara hat die Scheidung ganz gut verkraftet, aber ihr Vater fehlt ihr schon oft. Lara versteht sich sehr gut mit ihrem Vater und würde sich gerne öfter mit ihm treffen. Aber er ist beruflich viel unterwegs.

○ Was ist besonders schwierig als Alleinerziehende?

● Das Finanzielle ist natürlich ein Problem. Laras Vater zahlt uns zwar Unterhalt, aber das reicht hinten und vorne nicht. Deshalb habe ich mich dann ein Jahr nach der Trennung entschlossen, wieder zu arbeiten. Lara geht nach der Schule in den Hort und dort hole ich sie dann erst gegen 18 Uhr wieder ab. Ich wünsche mir manchmal einfach mehr Zeit mit meiner Tochter. Schwierig ist auch, dass ich eigentlich für alles allein verantwortlich bin und jedes kleine oder große Alltagsproblem allein lösen muss.

○ Herr Massmann, Sie haben eine sogenannte Patchworkfamilie.

□ Ja, das ist richtig. Ich habe zwei Kinder aus erster Ehe. Als meine erste Frau und ich uns getrennt haben, sind die Kinder bei mir geblieben. Zwei Jahre nach der Scheidung habe ich dann Maria kennengelernt und mich sofort in sie verliebt. Sie hatte auch schon eine Tochter. Zusammen haben wir jetzt noch ein Baby bekommen.

○ Beschreiben Sie das Leben in so einer zusammengewürfelten Familie.

□ Bei so vielen Personen ist immer was los, es wird nie langweilig. Das ist wirklich schön. Aber es gibt natürlich auch eine Menge Konflikte. Marias Tochter war anfangs sehr eifersüchtig. Sie war ja ein Einzelkind und musste sich erst daran gewöhnen, die Aufmerksamkeit ihrer Mutter zu teilen. Und meine Söhne wollten sich erst von Maria nichts sagen lassen. Mittlerweile hat sich die Situation allerdings geändert. Wir haben uns ganz gut zusammengerauft und das neue Baby wird von allen verwöhnt. Und die Großen verstehen sich auch ziemlich gut.

Kapitel 8
Modul 2 Aufgabe 3

○ Guten Abend, meine Damen und Herren und herzlich willkommen zu unserer aktuellen Diskussionsrunde zum Thema „Wie viel Konsum braucht der Mensch?". Begrüßen möchte ich unsere heutigen Talk-Gäste: Frau Viola Zöller, Herrn Bodo Fritsche und Herrn David Kolonko. Herr Kolonko, beginnen wir doch gleich mit Ihnen. Sie sind ja ein sogenannter „Aussteiger". Erzählen Sie doch mal.

● Ja, das stimmt. Man könnte mich tatsächlich als Aussteiger bezeichnen. Ich habe lange in der Stadt gelebt und in einem Autohaus als Verkaufsleiter gearbeitet. Geld, Erfolg, Karriere, das war alles sehr wichtig für mich.

○ Und wie leben Sie jetzt?

● Jetzt lebe ich auf einem Einsiedlerhof in der Nähe von Freiburg.

○ Wie kam es denn zu dieser Entscheidung?

● Ich hatte vor ein paar Jahren einen leichten Herzinfarkt. Ja, das war eigentlich der Wendepunkt. Danach hatte ich genug von der Jagd nach noch mehr Geld, noch mehr Erfolg und wollte einfach nicht mehr so weiterleben. Es dreht sich doch heutzutage alles nur ums Haben, Haben, Haben. Davon hatte ich einfach die Nase voll und jetzt genieße ich das einfache Leben in der Natur.

○ Sie haben keinen Strom und kein fließendes Wasser, richtig?

● Das stimmt. Aber das macht nichts. Das Wasser hole ich aus dem Brunnen und zum Kochen und Heizen mache ich ein Feuer im Ofen. Man kann auf vieles verzichten, wenn man will. Es ist ein tolles Gefühl, zu merken, dass man nicht abhängig ist von einem Handy oder einem Geschirrspüler oder auch von einem Stromanschluss.

○ Wovon leben Sie?

● Nun, ich bin jetzt eigentlich Bauer. Ich baue Obst und Gemüse an. Einen Teil verbrauche ich selbst, einen Teil verkaufe ich. Außerdem habe ich ein paar Hühner. Ich lebe relativ unabhängig.

○ Frau Zöller, könnten Sie so leben wie Herr Kolonko?

□ Oh nein, auf gar keinen Fall. Ich liebe meine Arbeit und könnte auch auf meine schöne, gemütliche Stadtwohnung nicht verzichten. Und warum sollte man auf den Komfort, den unsere Zeit bietet, verzichten? Wir leben nun mal nicht mehr im 18. Jahrhundert. Man kann sich doch nicht dagegen wehren, dass die Welt sich weiterdreht.

○ Was machen Sie denn beruflich?

□ Ich arbeite im Bereich Kundenservice in einem großen Konzern. Haben Kunden Fragen zu unseren Produkten, wenden sie sich an mich. Und natürlich auch, wenn es irgendwelche Probleme gibt. Die Zufriedenheit der Kunden steht immer an erster Stelle. Sie sehen, es macht mir nicht nur in meinem Privatleben Spaß einzukaufen, ich habe auch noch beruflich damit zu tun.

○ Herr Fritsche, könnten Sie allem Konsum entsagen wie Herr Kolonko oder ist Konsum für Sie so wichtig wie für Frau Zöller?

■ Hm, tja, also weder noch. Ich könnte sicherlich nicht so leben wie Herr Kolonko. Andererseits stehe ich aber unserer Konsumgesellschaft auch eher kritisch gegenüber.

○ Der Einsiedlerhof reizt Sie aber nicht?

■ Nein, eher nicht. Ich teile mir ein kleines Häuschen, übrigens ein Energiesparhaus, mit zwei Freunden und da fühle ich mich sehr wohl. Mit anderen zusammen zu wohnen ist auch billiger als allein zu leben. Außerdem ist das Haus nicht weit weg von dem Altenheim, wo ich als Pfleger arbeite.

Modul 2 Aufgabe 4

○ Frau Zöller, können Sie nachvollziehen, dass Herr Kolonko sich freut, unabhängig von Konsumgütern wie einer Waschmaschine und einem Geschirrspüler zu leben?

□ Nun, das ist natürlich eine Frage der Zeit, die einem zur Verfügung steht. Ich habe einfach keine Zeit, mein Geschirr selbst zu spülen. Ich arbeite sehr viel und komme oft erst abends um acht oder neun aus dem Büro. Ich brauche einen Geschirrspüler und eine Waschmaschine. Das sind doch heutzutage ganz normale Gebrauchsgüter.

● Das ist aber auch Bequemlichkeit.

□ Mag sein, aber warum auch nicht. Für mich gibt es keinen einleuchtenden Grund, darauf zu verzichten. Ich möchte aber einen anderen wichtigen Punkt ansprechen: Unsere Wirtschaft hängt natürlich davon ab, dass die Leute Geld ausgeben und Produkte kaufen. Durch unsere Käufe kurbeln wir die Wirtschaft an. Und letztlich hängen davon unsere Arbeitsplätze ab. Und das Wohlergehen aller.

○ Herr Kolonko, was sagen Sie denn dazu?

● Das ist zum Teil sicher richtig. Aber es gibt doch auch andere wichtige Aspekte im Leben. Der Wert eines Menschen kann sich doch nicht darüber definieren, wie viel Geld er hat und ob er das neueste Auto fährt oder die teuersten Anzüge trägt. Wenn wir alle

ein wenig unser Konsumverhalten ändern würden, bräuchten wir auch weniger Geld und müssten nicht so viel arbeiten. Und könnten uns dann auch noch auf andere Dinge konzentrieren.

□ Das ist doch eine völlig naive Sichtweise, die an der Realität vorbeigeht. Wenn eine Firma nicht mehr genug Produkte verkauft, werden die Arbeitsplätze schnell ziemlich drastisch reduziert. Und wenn die Leute keine Arbeit mehr haben, nützen ihnen auch irgendwelche anderen Werte nichts mehr.

● Also, so undifferenziert kann man das doch nicht sehen.

○ Herr Fritsche, was ist Ihre Meinung?

■ Frau Zöller hat teilweise sicher recht. Dennoch muss man unsere Konsumgesellschaft auch kritisch betrachten. Es ist einfach unglaublich, wie viel Müll wir produzieren, indem wir immer Neues kaufen. Kaufen, wegwerfen, kaufen, wegwerfen, so geht das in einem fort und unsere Müllberge wachsen und wachsen. Das hat natürlich immense Folgen für unsere Umwelt. Und da müssen wir ganz klar sagen: So kann es nicht weitergehen.

□ Ich bin da ganz anderer Meinung. Erst wenn es unserer Wirtschaft gut geht, können wir auch an unsere Umwelt denken. Erst mal müssen wir sehen, dass es allen Menschen gut geht, also, dass alle Arbeit haben. Und dafür müssen wir einfach auch Geld ausgeben, um unsere Wirtschaft immer wieder anzukurbeln. Außerdem können wir ja heute den größten Teil unseres Mülls recyclen.

● Aber unsere Umwelt ist doch unsere Lebensgrundlage. Wir müssen doch auch an unsere Kinder denken. Es ist sowieso schon schrecklich genug, dass sich schon Zehnjährige über die Turnschuhe, die sie tragen, definieren und das neueste Handy brauchen, um bei ihren Freunden beliebt zu sein. Das kann doch nicht richtig sein.

■ Da bin ich ganz Ihrer Meinung. Wir müssen unseren Kindern wieder andere Werte vermitteln. Kinder müssen lernen, dass es im Leben auf andere Dinge ankommt, zum Beispiel auf Rücksichtnahme und Hilfsbereitschaft, aber auch auf Ausdauer und Fleiß.

□ Ja, aber so ist das einfach heutzutage, das ist eben unsere Zeit. Natürlich wollen Kinder auch das haben, was sie bei den Erwachsenen sehen. Man sollte daraus kein Problem machen. Man kann die Zeit eben nicht zurückdrehen.

● Aber man kann doch nicht immer alles einfach so hinnehmen.

Transkript

Modul 2 Aufgabe 5b

○ Herr Fritsche, was machen Sie denn, um weniger zu konsumieren?

■ Ich versuche, alle Dinge so lange wie möglich zu benutzen, bevor ich etwas Neues kaufe. Ich brauche nicht zehn Paar Schuhe. Ich trage ein Paar, und erst wenn das kaputt ist, kaufe ich neue Schuhe. Und dann kaufe ich oft auch gebrauchte Sachen. Es gibt schließlich genug Secondhandläden und Flohmärkte. Größere Dinge wie Waschmaschinen findet man über Kleinanzeigen. Man braucht nicht immer das Neueste. Und man braucht vor allem auch nicht immer teure Markenartikel.

○ Aber Sie machen ja noch etwas anderes, nicht wahr?

■ Ja, eine andere Möglichkeit, die ich ganz toll finde, ist das Tauschen. Dinge, die ich nicht mehr brauche, tausche ich mit Freunden oder Bekannten und bekomme dafür etwas anderes. Ich habe mir schon so einen richtigen kleinen Tauschring aufgebaut.

○ Interessant, wie funktioniert das?

■ Nun, zum einen kann man Produkte tauschen. Ich hatte zum Beispiel noch ein altes Sofa, das ich nicht mehr brauchte. Ich habe es bei einem Bekannten gegen einen Schreibtisch eingetauscht. Aber es geht auch anders. Ich bin handwerklich ziemlich begabt. Helfe ich zum Beispiel einer Nachbarin bei der Reparatur ihres Schrankes, schneidet sie mir dafür die Haare. Es gibt viele Möglichkeiten. Man kann sich darüber auch im Internet informieren und sich entweder an schon bestehende Tauschringe anschließen oder ein eigenes kleines Netz gründen.

□ Also, das wäre wirklich nichts für mich. Ich will nicht den alten Kram von anderen Leuten haben. Außerdem macht es ja auch Spaß, sich etwas Schönes zu kaufen. Ich arbeite wirklich sehr viel und manchmal will ich mir einfach etwas gönnen, mir etwas Gutes tun.

● Dagegen ist ja auch nichts zu sagen. Wenn sich nicht alles nur ums Kaufen dreht. Man kann sich ja auch etwas Gutes tun, indem man einen schönen Spaziergang macht oder Freunde trifft.

□ Da haben Sie sicherlich recht. Aber manchmal ist es einfach eine schöne Abwechslung, wenn man sich etwas Neues kauft. Ich freue mich einfach über einen neuen Pulli oder eine tolle Vase. Und meine Freunde freuen sich auch, wenn ich mal was Schönes mitbringe.

● Ja, das stimmt schon. Wenn ich ehrlich bin, leiste ich mir auch ab und zu ein tolles Abendessen oder einen besonders guten Rotwein. Das ist ja auch eine Art von Konsum.

■ Ja, also dazu muss ich noch sagen, dass ich ...

Modul 3 Aufgabe 1b

○ Guten Tag, hier ist die Hotline von Multi-Media-Schnäppchen.de. Vielen Dank für Ihren Anruf, wir werden Sie schnellstmöglich mit dem nächsten freien Mitarbeiter verbinden. ... Bitte haben Sie noch einen Augenblick Geduld.

● Multi-Media-Schnäppchen.de, guten Tag, mein Name ist Thomas Müller, was kann ich für Sie tun?

□ Ja, guten Tag, Jakobsen ist mein Name, ich hab ein Problem mit einem mp3-Player, den ich bei Ihnen gekauft hab.

● Ja, hätten Sie da bitte mal die Rechnungsnummer für mich?

□ Äh, die Rechnungsnummer, äh ja, wo steht denn die?

● Oben rechts auf der Rechnung, eine achtstellige Zahl.

□ Hmmm, oben rechts, ... ah ja, hier. Äh, das ist die 8073472-1. Ist sie das?

● Ja, Frau Jakobsen, einen mp3-Player mit Kopfhörern haben Sie vor drei Wochen von uns bekommen. Was ist denn das Problem?

□ Ja, also, ich habe Lieder darauf gespeichert, aber leider funktioniert der Lautstärkeregler schon nicht mehr. Ich kann die Lieder nur ganz leise oder viel zu laut hören.

● Wie meinen Sie das bitte, heißt das, dass der Lautstärkeregler klemmt? Könnten Sie mir das bitte noch mal genauer beschreiben?

□ Ja. Also ich glaube nicht, dass der Regler klemmt – da könnte ein Wackelkontakt sein. Deswegen kann man die Lautstärke nicht genau einstellen. Also, wie machen wir das jetzt? Schicken Sie mir einen neuen Player?

● Ja, also das kann ich jetzt so nicht beantworten. Ich würde Sie bitten, dass Sie uns das Gerät zurückschicken und uns das Problem kurz schriftlich schildern, dann setzen wir uns wieder mit Ihnen in Verbindung.

□ Geht das nicht telefonisch? Ich bin hier nämlich nur zu Besuch und die Lieferadresse ist die Adresse von einem Freund von mir. In zwei Wochen bin ich wieder zu Hause bei mir in Dänemark. Ach, ich hätte mir das Gerät doch in einem Geschäft kaufen sollen. Klappt das denn noch rechtzeitig?

● Keine Sorge, das klappt schon. Ich bräuchte das aber trotzdem schriftlich von Ihnen. Sonst kann das hier nicht weiterbearbeitet werden. Wir haben ja noch zwei Wochen Zeit. Schreiben Sie bitte in Ihren Brief hinein, bis wann wir Sie unter der Adresse erreichen können.

□ Na gut, dann machen wir es so. Sagen Sie mir bitte noch mal Ihren Namen?

● Thomas Müller.

□ Gut Herr Müller, ich hoffe, dass ich den neuen mp3-Player noch rechtzeitig bekomme.

● Ja, Frau Jakobsen, wir kümmern uns darum und machen das alles so schnell wie möglich. Vielen Dank für Ihren Anruf und auf Wiederhören.

Modul 4 Aufgabe 6

Eins
Arbeiten Sie auch ständig für Ihren Computer? Dabei sollte Ihre EDV-Anlage doch für Sie arbeiten. Wir helfen bei Planung, Optimierung und Ausbau von IT-Systemen. Netec – Computerprobleme waren gestern. Weitere Informationen finden Sie unter www.netecfederation.de

Zwei
Neues aus Weihenstephan: „Ja, Grüß Gott Frau Huber. Fahren Sie eigentlich weg dieses Jahr?" „Ja, freilich, auf die Malediven." „Mei, da haben's bestimmt viel sparen müssen." „Na, viel Milch trinken müssen." Jetzt Weihenstephan-Alpenmilch trinken und Reisegutschein bis zu hundert Euro sichern. Mit Reisechecker und Weihenstephan. Alle weiteren Infos auf der Packung und im Internet.

Drei
Eine Million Fassungen bei Apollo-Optik, ich weiß. Ein Euro das Stück und das ist zum Glück ein echter Danke-Preis.
Deutschlands zufriedenster Optiker sagt Danke mit einer Million Fassungen für einen Euro. Gilt beim Kauf einer Brille in Sehstärke. Apollo-Optik – Wir haben nur Ihre Augen im Kopf.

Vier
Tchibo präsentiert: Das Ange*boot*!
„Knut, hast du was entdeckt?"
„Kapitän, es ist sensationell. Tchibo hat einen Mobilfunk-Vertrag, der monatlich kündbar ist."
„Was? Monatlich kündbar?"
„Ja, genau und trotzdem tchibogünstig rund um die Uhr telefonieren."
Jetzt bei Tchibo. Der neue Komfort-Tarif. Einfach und günstig tchibofonieren.

Kapitel 9

Modul 2 Aufgabe 2a

○ Urlaubszeit: Für viele heißt das: ab an den Strand und endlich einmal nichts tun. Für einige Menschen bedeutet es aber genau das Gegenteil. Gerade junge Menschen fahren gerne in sogenannte Workcamps. Eine junge Workcamperin haben wir heute als Studiogast und möchten sie fragen, was diese Art des Urlaubs für sie so attraktiv macht. Ich begrüße Britta Kühlmann, 21 Jahre alt. Hallo.

● Hallo, Tony.

○ Britta, du warst schon in einigen Workcamps, zuletzt in Indien.

● Stimmt ich war schon in mehreren, aber Indien hat mich am meisten beeindruckt.

○ Wo warst du da?

● In einem Dorf, ca. 60 Kilometer nördlich von Bombay.

○ Und was hast du dort konkret gemacht?

● Die Projekte sind ja immer gemeinnützig und in Indien habe ich beim Aufbau einer Schule geholfen. Also, richtig Material einkaufen, Steine und Holz tragen, Mauern bauen usw.

○ Und die Arbeit wird nicht bezahlt?

● Genau. Alles ist ehrenamtlich. Aber es geht auch nicht ums Geld, sondern darum, gemeinsam etwas zu erreichen. Das Kennenlernen von neuen Leuten ist dabei ganz wichtig.

○ Und was für Leute hast du kennengelernt?

● Natürlich viele andere Workcamper, ich habe mich z.B. mit einer Frau aus Italien angefreundet. Wir haben nach dem Workcamp auch noch eine Trekkingtour gemacht.

○ Und was ist mit den Einheimischen?

● Ja, das war besonders ... nett ist das falsche Wort ... herzlich vielleicht ... oder faszinierend. Wir haben in dem Dorf, wo die Schule gebaut wurde, in Hütten gewohnt. Ich hatte guten Kontakt mit einer Nachbarfamilie. Wir haben viele Abende zusammen verbracht. Da lernt man natürlich die Menschen und die Kultur auf ganz andere Weise kennen als im Liegestuhl am Hotelstrand.

○ Inwiefern „anders"?

● Wenn man da arbeitet, bekommt man den ganzen Alltag mit und der ist völlig anders als bei uns. Vieles ist faszinierend, manches schreckt dich echt ab oder du verstehst viele Dinge einfach nicht. Du bist dann auf einmal fremd. Ich fand das immer eine wichtige Erfahrung.

○ Sind das nur junge Leute, die an den Workcamps teilnehmen?

● Man muss mindestes 18 sein, die meisten sind zwischen 20 und 30 Jahre alt. Aber auch ältere Personen machen häufig mit, z.B. als Betreuer oder als Campleitung.

○ Junge Leute haben ja bekanntlich wenig Geld. Was hat das Workcamp denn gekostet?

Transkript _____

● Neben Gebühren für die Vermittlung in Workcamps habe ich die Flüge, das Visum und die Impfungen selbst bezahlt. Essen und Unterkunft sind dann immer frei. Indien war für mich schon teuer, ich glaube, zusammen mit der Trekkingtour so ca. 1.000,– € für vier Wochen. Aber einen Monat lang ein Land so intensiv zu erleben, das war jeden Cent wert.

○ Mhm, wurdest du vorbereitet?

● Ja, für Indien war das wichtig. Zuerst gab es viel Informationsmaterial. Und dann noch ein Vorbereitungsseminar. Da werden dann die wichtigsten Fragen geklärt.

○ Was sollten Interessenten bedenken?

● Eigeninitiative ist wichtig. Man muss einiges selbst organisieren, schließlich ist das kein Pauschalurlaub. Und man sollte teamfähig sein.

○ Und steht die Schule jetzt?

● Ja. Wir hatten zwar zwischendurch Probleme, weil Material fehlte oder das Wetter nicht mitgespielt hat. Aber das Gebäude war so weit fertig, dass wir mit dem Dorf ein indisches Richtfest gefeiert haben.

○ Und wie viel Urlaub war dabei?

● Ich finde, dass trotz der Arbeit und eigener Kosten die Workcamps eine sehr gute Variante sind, andere Länder zu bereisen. Ich habe noch Trekkingtouren in den Norden in die Wüste und zu den großen Palästen gemacht und an meinen freien Tagen habe ich mir auch viel in der Umgebung angesehen.

○ Klingt alles sehr interessant. Wo kann man denn Informationen über Workcamps bekommen?

● Es gibt einige Organisationen, die Aufenthalte in Workcamps vermitteln, einfach „Workcamp" in die Suchmaschine eingeben.

○ Und der nächste Urlaub?

● Mal sehen, ich möchte mit meinem Freund wegfahren, aber er konnte sich noch nicht für ein Workcamp begeistern …

Modul 4   Aufgabe 2b

○ Hotel Albatros, mein Name ist Kerstin Heinrichsen, was kann ich für Sie tun?

● Guten Tag, mein Name ist Stadler. Ich möchte ein Zimmer bei Ihnen reservieren.

○ Wann möchten Sie anreisen?

● Am 15. Mai. Am 18. Mai reise ich wieder ab.

○ Reisen Sie alleine?

● Ja, ich hätte gerne ein Einzelzimmer mit Bad.

○ Ja, gerne. Vom 15. bis 18. Mai wäre auch ein Zimmer frei.

● Was kostet das Zimmer denn?

○ Ein Einzelzimmer mit Bad, inkl. Frühstück kostet 75,– Euro.

● Gut, ich hätte noch eine Bitte. Ich schlafe nicht so gut. Mir ist wichtig, dass das Zimmer ruhig ist.

○ Das ist kein Problem, ich gebe Ihnen ein Zimmer nach hinten.

● Und haben Sie eine Klimaanlage? Ich vertrage Wärme nicht so gut.

○ Ja, alle Zimmer sind klimatisiert.

● Sehr gut. Dann nehme ich das Zimmer.

○ Wie kommen Sie nach Hamburg?

● Ich reise mit dem Zug an.

○ Gut, Herr Stadler. Dann brauche ich noch Ihren vollen Namen und Ihre Adresse. Ich schicke Ihnen dann eine Reservierungsbestätigung und eine Wegbeschreibung zu.

● Sehr gut. Mein Name ist Stadler, Vorname Beda. Und meine Adresse lautet Kornhausstraße 56, in 3013 Bern, Schweiz.

Modul 4   Aufgabe 3a

○ Guten Tag, was kann ich für Sie tun?

● Guten Tag. Können Sie mir sagen, wann und wo es morgen Stadtführungen gibt?

○ Gerne. Morgen starten Stadtführungen am Rathaus um 10.00 und um 14.00 Uhr.

● Wie lange dauert eine Führung?

○ Die um 10.00 Uhr dauert zwei Stunden, die um 14.00 Uhr ist schon um 15.00 Uhr zu Ende.

● Zwei Stunden ist ziemlich lang. Geht man zu Fuß?

○ Ja, beide Führungen sind zu Fuß. Es gibt aber auch Stadtrundfahrten mit dem Bus.

● Was würden Sie empfehlen?

○ Ich persönlich würde die Führung um 10.00 Uhr machen. Eine Stunde ist etwas kurz für die wichtigsten Sehenswürdigkeiten. Die Tour geht vom Jungfernstieg zum Fischmarkt. Aber keine Angst, es gibt auch einige Pausen.

● Gut, aber ich muss noch einmal überlegen. Wo könnte ich mich denn anmelden?

○ Hier in unserem Büro am Hauptbahnhof.

● Vielen Dank.

○ Bitte, gern geschehen. Tschüs.

● Auf Wiederhören.

Modul 4 Aufgabe 4

Tut mir leid, in der Preisklasse bis 50 Euro ist für morgen kein Einzelzimmer im Zentrum mehr frei. Aber vielleicht etwas außerhalb?

Im Moment läuft „König der Löwen" im Theater im Hafen Hamburg, „Mamma Mia" im Operettenhaus und „Dirty Dancing" in der Neuen Flora. Karten und Uhrzeiten können Sie in den Spielstätten für die Musicals erfragen.

Ab 19.00 Uhr fahren jede Stunde Regionalbahnen nach Bremen. Die letzte fährt um 23.30 Uhr.

Michel? Also: Der Michel ist das Kurzwort für St. Michaelis Kirche. Und dort ist der Treffpunkt für die Fahrradtour.

Ja, das klappt. Ein Tisch für zwei Personen um 19 Uhr für heute Abend. Auf welchen Namen, bitte?

Kapitel 10

Modul 2 Aufgabe 1b

○ Wussten Sie, dass die Chance, in Wien einem Igel, Dachs oder Steinmarder zu begegnen, durchaus groß ist? Wien bietet Lebensraum für viele Wildtiere, die hier ein gutes Nahrungsangebot finden. Sie haben gelernt, dass ihnen in der Stadt wenig Gefahren drohen und haben daher ihre Angst und Scheu vor dem Menschen weitgehend verloren. Nächtliches Rumoren und Poltern im Haus, angeknabberte Lebensmittel, durchgebissene Kabel oder ein abgefressenes Gemüsebeet sind manchmal die ärgerlichen Folgen. Andererseits freuen wir uns, wenn schon bei Tagesanbruch die Amsel ihr Morgenlied singt und uns Eichhörnchen auf dem Balkon besuchen kommen. Was macht eine Stadt mit ihren kleinen Innenhöfen, Dachböden, Straßen und Häuserschluchten so interessant für Tiere? Wir haben hier im Studio eine Expertin, Frau Claudia Krug, die in der städtischen Umweltberatungsstelle in Wien arbeitet.

Modul 2 Aufgabe 2b

○ Frau Krug, herzlich willkommen. Sagen Sie, warum ziehen denn so viele Tiere in die Stadt?

● Ja, das ist ganz einfach so, dass manche Tiere gelernt haben, von der Gegenwart des Menschen und dem Lebensraum „Stadt" Nutzen zu ziehen.

○ Welchen großen Nutzen können die Tiere denn aus dem Lebensraum Stadt ziehen?

● Für Allesfresser wie Haussperling, Tauben, Ratten oder Krähen sind menschliche Siedlungen ein wahres Schlaraffenland. Und hiermit meine ich nicht nur die Angewohnheit vieler Stadtmenschen, besonders im Winter die Tiere zu füttern. Vögel, wie der „freche Spatz", holen Brot- und Kuchenbrösel sogar von den Tischen der Straßencafés.

Und weil Lebensmittel im Verhältnis zu anderen Ausgaben immer billiger werden, landen Essensabfälle oft im Mistkübel oder auf der Straße. Die Straßen in den Städten sind also wie ein reich gedeckter Tisch für Tauben und Krähen. Aber nicht nur Vögel, auch viele andere Tiere haben sich als ausgesprochen anpassungsfähig und lernfähig erwiesen. Sie wissen genau, wann es was zu holen gibt.

○ Das heißt, die Tiere sind anpassungsfähiger und schlauer, als man oft denkt?

● O ja. Untersuchungen an Londoner Stadtfüchsen haben gezeigt, dass der schlaue Fuchs vielfältigste Essensreste vertilgt. Er frisst inzwischen Orangen- und Erdäpfelschalen ebenso wie Brot und sogar chinesische Gerichte. In der Vorstadt von Brasov – in Rumänien – durchstöbern Bären am Abend Mülltonnen nach Essensresten. Ja, und in Berlin-Wannsee z.B. warten Wildschweine vormittags vor den Schulen auf weggeworfene Pausenbrote, jedoch nur von Montag bis Freitag!

○ Das ist ja erstaunlich! Aber sagen Sie, welche anderen Vorteile, außer dem großen Futterangebot, bietet das Stadtleben den Tieren denn noch?

● Zum einen ist in Städten die Temperatur durchschnittlich höher als in umliegenden Gebieten. So bleibt z.B. im Winter der Schnee nicht so lange liegen und das ermöglicht es beispielsweise den Stadtamseln, eine zusätzliche Brut hochzuziehen. Straßentauben brüten sogar mitten im Winter. Und zum anderen ist es so, dass es in Städten und Siedlungsgebieten kaum Feinde für die Tiere gibt – mal abgesehen vom Straßenverkehr. Hier ist die Jagd verboten und vor 50 Jahren nutzten schlaue Füchse in der Umgebung Londons diesen Umstand. Sie zogen in die Stadt und führen dort ein angenehmes Leben, ohne Jagdhunde und Hetzjagden. Auch Kleinvögel und Tauben können in der Stadt ungestörter wohnen, weil es hier weniger Greifvögel gibt als auf dem Land. Und zu guter Letzt bietet die Stadt auch einen sehr guten Unterschlupf für viele Tiere. Häuser können zur „Wohnung" oder „Gaststube" zahlreicher Mitbewohner werden. Dachböden etwa sind mit sommerwarmen Höhlen aus Südeuropa vergleichbar und dienen z.B. als Brut- und Schlafplätze für Fledermäuse. Und Dächer und Hauswände mit ihren Nischen, Vorsprüngen und Spalten bieten für viele Vogelarten geeignete Schlupfwinkel und Nistmöglichkeiten.

○ Und wie klappt das Zusammenleben zwischen den Stadtmenschen und den Wildtieren, die zu Stadtbewohnern geworden sind. Freuen sich die Leute über ihre tierischen Nachbarn oder gibt es Probleme?

Transkript _____

● Das hängt natürlich vor allem von der Tierart ab, um die es geht. Mir sind noch nie Probleme mit Singvögeln zu Ohren gekommen und über einen Igel im Garten freuen sich die Leute auch im Allgemeinen. Schwieriger wird es dann schon, wenn ein Waschbär nachts die Mülltonnen umschmeißt oder Marder die Kabel und Schläuche von Autos durchbeißen. Deswegen haben Naturschutz- und Tierexperten und -expertinnen der Stadt Wien eine neue Seite im Internet zu Wildtieren in der Großstadt eingerichtet. Dort werden die häufigsten Fragen der Wienerinnen und Wiener zum Umgang mit tierischen Mitbewohnern beantwortet. Man findet hier Ratschläge und Tipps von Expertinnen und Experten, um das friedliche Zusammenleben von Mensch und Tier in der Stadt zu fördern. Darüber hinaus bietet die Seite wertvolle Informationen für alle, die beispielsweise wissen wollen, ob Biber einen Winterschlaf halten.

○ Herzlichen Dank, Frau Krug, dass Sie sich die Zeit genommen haben, hier zu uns ins Studio zu kommen. Alle Informationen zu diesem Interview sind wie immer auf unserer Homepage nachzulesen.

Modul 4 Aufgabe 2

Meine sehr verehrten Damen und Herren, mein Name ist Dr. Simone Willinger und ich möchte Sie recht herzlich zu dem ersten Vortrag in unserer Reihe „Mensch und Natur" begrüßen. Der heutige Vortrag trägt den Titel „Leben durch Wasser".

Woher kommt dieser Titel? Nun, lassen Sie mich das kurz erklären: Alles auf der Erde steht oder stand in einer direkten Beziehung zu Wasser. Wasser ist das Element, das uns mit unserer Umwelt, mit allem Leben auf diesem Planeten verbindet. Ohne Wasser wäre die Erde ein genauso toter Himmelskörper wie der Mond.

Mein Vortrag besteht aus zwei Teilen. Im ersten Teil geht es um das Thema „Der Mensch und das Wasser" und im zweiten Teil spreche ich über die knappe Ressource Wasser und die damit verbundenen Probleme.

Der Mensch besteht zu zirka 63% aus Wasser. Unser Flüssigkeitshaushalt muss ständig ausgeglichen werden. Ohne Wasser-Nachschub kann ein Mensch nur wenige Tage überleben. Ohne Wasser würde sich der Körper selber vergiften, da er giftige Stoffe nicht mehr ausschwemmen könnte. Denn genau wie in der Umwelt gibt es auch im menschlichen Körper einen Wasserkreislauf. Alle Körperflüssigkeiten bestehen zu einem Großteil aus Wasser. Durch das Wasser werden die lebensnotwendigen Nährstoffe und der Sauerstoff in unsere Zellen transportiert. Auch für die Regulierung unserer Körpertemperatur benötigen wir Wasser in Form von Schweiß. Durch die Verdunstungskälte kühlt der Schweiß den Körper bei schweren Anstrengungen

wieder ab. Im Schnitt benötigt der Mensch für all diese Aufgaben pro Tag 2,8 Liter Wasser.
Für uns Menschen und unsere Körper ist das Element Wasser also von größter Wichtigkeit. Umso fataler, dass es immer knapper wird. Darüber möchte ich nun im zweiten Teil meines Vortrags sprechen.

Wie viel Wasser gibt es eigentlich auf der Erde? Schätzungen gehen von einer Gesamtwassermenge von 1,4 bis 1,6 Milliarden Kubikkilometern aus. Schließlich sind über 70% der Erde mit Wasser bedeckt. Doch nur ein kleiner Teil davon kann als Trinkwasser genutzt werden. Denn der größte Teil der Wassermenge ist Meerwasser und damit salzig. Nur gut 2,6% ist Süßwasser. Ein großer Teil des Süßwassers ist zudem als Eis fest in den Polarkappen gebunden, ein weiterer steckt so tief im Erdinneren, dass dieses Wasser nicht genutzt werden kann.
Obwohl es also Unmengen von Wasser auf der Erde gibt, reicht der Anteil, den Menschen wirklich nutzen können, kaum aus. Während die Weltbevölkerung weiter wächst, werden die Süßwasserreserven immer weniger. Mehr als 80 Länder der Erde haben schon heute Schwierigkeiten, ihre Bevölkerung mit Trinkwasser zu versorgen. Über eine Milliarde Menschen weltweit haben nicht einmal 20 Liter Wasser pro Tag zur Verfügung. Rund zwei Milliarden Menschen haben keinen Zugang zu sauberem Trinkwasser und sind auf Flüsse, Seen, Tümpel oder Wasserlöcher angewiesen. Bis zum Jahr 2050 wird voraussichtlich mindestens ein Viertel der Weltbevölkerung mit chronischem oder immer wiederkehrendem Süßwassermangel leben. Der größte Wasserverbraucher und -verschwender ist die Landwirtschaft, die knapp zwei Drittel aller Reserven verbraucht. Durch ineffiziente Bewässerung gehen weltweit rund 60% des Wassers verloren. Zudem verschärft die zunehmende Verschmutzung des Wassers durch Düngemittel, Pestizide, Salze, ungeklärte Abwässer, Giftmüll und Waschmittelrückstände die Wasserkrise. In den Metropolen des Südens landen bis zu 90% der Abfälle ungeklärt in Flüssen, Seen oder im Grundwasser. Vier Fünftel aller Krankheiten in den sogenannten Entwicklungsländern gehen auf verunreinigtes Wasser zurück.

Wasser ist ein sehr kostbares Gut, das es gerecht zu verteilen gilt. Immer häufiger ist diese gerechte Verteilung jedoch gefährdet, werden Flüsse umgeleitet, werden Dämme gebaut, die andere Regionen von der Lebensader Fluss abschneiden. Und Wasser macht bekanntlich nicht an politischen Grenzen Halt. Global existieren mehr als 240 grenzüberschreitende Flüsse, von deren Wasser etwa 40% der Erdbevölkerung leben. Ein riesiges Konfliktpotential, wollen doch alle Nationen ihre Versorgung mit dem immer rarer werdenden Nass gesichert wissen. In der Zukunft werden Wasserrechte und Konflikte um internationale Flüsse und Seen als politischer Zündstoff immer gefährlicher. „Der nächste Krieg in der Region des Nahen Ostens wird nicht um Öl, sondern um Wasser geführt werden", prophezeite der ehemalige UN-Generalsekretär Boutros Boutros-Ghali. Für uns ist es selbstverständlich, immer sauberes Wasser zur Verfügung zu haben.

Ich hoffe aber, ich konnte Ihnen hier einen Eindruck vermitteln, wie wertvoll Wasser ist und vielleicht konnte ich Sie ja auch dazu animieren, bewusster mit diesem kostbaren Gut umzugehen.

Ich würde mich sehr freuen, Sie auch nächste Woche wieder begrüßen zu dürfen, dann zu dem Thema „Luft und Luftverschmutzung".

Wortschatz

Modul 1 Wünsche an den Beruf

abwechslungsreich	_____	die Herausforderung, -en	_____
das Arbeitsklima	_____	die Kenntnisse (Pl.)	_____
beruflich	_____	die Voraussetzung, -en	_____
das Einkommen, -	_____	weiterentwickeln	_____

Modul 2 Ideen gesucht

anbieten (bietet an, bot an, hat angeboten)	_____	der Impuls, -e	_____
das Angebot, -e	_____	der Mut	_____
die Dienstleistung, -en	_____	persönlich	_____
erreichen	_____	die Pleite, -n	_____
frei Haus	_____	praktisch	_____
handwerklich	_____	das Talent, -e	_____
die Idee, -n	_____	zuverlässig	_____

Modul 3 Darauf kommt's an

das Arbeitszeugnis, -se	_____	lückenlos	_____
sich bewerben um (bewirbt, bewarb, hat beworben)	_____	die Motivation	_____
die Branche, -n	_____	der/die Personalchef/-in, -/-nen	_____
das Engagement	_____	der Ratgeber, -	_____
erwähnen	_____	das Unternehmen, -	_____
das Fachwissen	_____	der Verein, -e	_____
die Kompetenz, -en	_____	vertraut sein mit	_____
der Lebenslauf, -"e	_____	vollständig	_____
		das Vorstellungsgespräch, -e	_____

Modul 4 Mehr als Beruf

der Aktenkoffer, -	_____	die Konferenz, -en	_____
sich auskennen mit	_____	die Konkurrenz	_____
behandeln	_____	massieren	_____
die Besprechung, -en	_____	organisieren	_____
einschätzen	_____	der Stammgast, -"e	_____
die Erfahrung, -en	_____	das Standbein, -e	_____

Wörter, die für mich wichtig sind:

_____ _____ _____ _____

_____ _____ _____ _____

Kapitel 7: Für immer und ewig

Modul 1 Lebensformen

der/die Doppelver-diener/-in, -/-nen	_____
sich gewöhnen an	_____
der Hausmann, -"er	
die Patchworkfamilie, -en	_____

sich etw. sagen lassen	_____
sich scheiden lassen	_____
der Single, -s	_____
die Wochenendbeziehung, -en	_____

Modul 2 Partnerglück im Internet

der Boom, -s	_____
erfreulich	_____
erschreckend	_____
der Leserbrief, -e	_____
der Nutzer, -	_____

online	_____
das Schicksal, -e	_____
veröffentlichen	_____
zufällig	_____

Modul 3 Die große Liebe

eine Familie gründen	_____
die Lebensart, -en	_____

die Mentalität, -en	_____
zu j-m passen	_____

Modul 4 Eine seltsame Geschichte

absurd	_____
angemessen	_____
anständig	_____
etwas für sich behalten (behält, behielt, hat behalten)	_____
durchdacht	_____
eigenartig	_____
sich irren	_____
einen Irrtum aufdecken	_____
etwas klarstellen	_____

kurzweilig	_____
merkwürdig	_____
der Roman, -e	_____
rücksichtsvoll	_____
sachlich	_____
sonderbar	_____
spannend	_____
sich täuschen	_____
unehrlich	_____
verkehrt	_____

Wörter, die für mich wichtig sind:

Wortschatz

Kapitel 8: Kaufen, kaufen, kaufen

Modul 1 Dinge, die die Welt (nicht) braucht

anlegen _____

(den Tisch) decken _____

der Durchblick _____

(ein Getränk) einschenken _____

das Fernglas, -"er _____

der Fleck, -en _____

der Helm, -e _____

in die Höhe/Weite springen _____

die Klingel, -n _____

der Knie-/Ellenbogen-schützer, - _____

die Lupe, -n _____

der Ring, -e _____

unterwegs _____

die Wade, -n _____

winzig _____

zusammenrollen _____

Modul 2 Konsum heute

der/die Aussteiger/-in, -/-nen _____

der Erfolg, -e _____

der Flohmarkt, -"e _____

der Komfort _____

das Konsumverhalten _____

die Nase voll haben _____

der Secondhandladen, -" _____

tauschen _____

verbrauchen _____

Modul 3 Die Reklamation

der/die Angestellte, -n _____

einstellen _____

funktionieren _____

der/die Gesprächspartner/-in, -/-nen _____

der Lautstärkeregler, - _____

offensichtlich _____

der Reklamationsgrund, -"e _____

die Rechnungsnummer, -n _____

schildern _____

der Wackelkontakt, -e _____

Modul 4 Kauf mich!

die Beratung, -en _____

die Distanz, -en _____

der Duft, -"e _____

unter Druck setzten _____

die einmalige Gelegenheit _____

der Jäger, - _____

auf die Nerven gehen _____

mit Rat und Tat zur Seite stehen _____

das Schnäppchen, - _____

das Sonderangebot, -e _____

die Verkaufsstrategie, -n _____

das Vertrauen _____

Wörter, die für mich wichtig sind:

_____ _____ _____ _____

_____ _____ _____ _____

_____ _____ _____ _____

Kapitel 9: Endlich Urlaub

Modul 1 Organisiertes Reisen

der Alltagstrott	_____	gründen	_____
der Beleg, -e	_____	etwas hinter sich lassen	_____
bevorzugen	_____	die Marke, -n	_____
einführen	_____	der Marktführer, -	_____
sich einigen	_____	die Pauschalreise, -n	_____
ersetzen	_____	die Region, -en	_____
das Gebiet, -e	_____	verbreiten	_____
gebräuchlich	_____	der Zweck, -e	_____

Modul 2 Urlaub mal anders

die Auffassung, -en	_____	reichen von … bis	_____
begehrt	_____	schätzen	_____
ehrenamtlich	_____	die Sichtweise, -n	_____
die Gebühr, -en	_____	voranbringen (bringt voran, brachte voran, hat vorangebracht)	_____
gemeinnützig	_____		

Modul 3 Der schöne Schein trügt …

aufdringlich	_____	der Reiseveranstalter, -	_____
aufstrebend	_____	die Umgangssprache, -n	_____
berechtigt	_____	unaufdringlich	_____
die Beschwerde, -n	_____	verkehrsgünstig	_____
die Entschädigung, -en	_____	vermeiden (vermeidet, vermied, hat vermieden)	_____
vor Gericht landen	_____		
geringfügig	_____	zweckmäßig	_____

Modul 4 Eine Reise nach Hamburg

anführen	_____	die Rundfahrt, -en	_____
die Bestätigung, -en	_____	die Stadtführung, -en	_____
die Börse, -n	_____	das Volksfest, -e	_____
bummeln	_____	vornehm	_____
einst	_____		

Wörter, die für mich wichtig sind:

_____	_____	_____	_____
_____	_____	_____	_____
_____	_____	_____	_____

Wortschatz _____

Modul 1 Umweltproblem Single

der Abfall, -"e	_____
die Abgabe, -n	_____
alternativ	_____
die Energie, -n	_____
der Haushalt, -e	_____
konsumieren	_____
die Krise, -n	_____

produzieren	_____
steuerlich	_____
das Umweltproblem, -e	_____
verbrauchen	_____
verbrennen (verbrennt, verbrannte, hat verbrannt)	_____
der Verpackungsmüll	_____

Modul 2 Tierisches Stadtleben

die Behausung, -en	_____
die Ente, -n	_____
die Feder, -n	_____
der/die Feind/-in, -e/-nen	_____
das Fell, -e	_____
das Kaninchen, -	_____
die Kleingartenanlage, -n	_____

die Krähe, -n	_____
klettern	_____
die Maus, -"e	_____
die Nahrung	_____
die Taube, -n	_____
der Tierschutzverein, -e	_____

Modul 3 Projekt Umwelt

achtlos	_____
die Emission, -en	_____
der Gletscher, -	_____
die Grünfläche, -n	_____
das Hochwasser	_____
katastrophal	_____
die Klimaerwärmung	_____

der Papierkorb, -"e	_____
das Treibhausgas, -e	_____
die Überschwemmung, -en	_____
der Umgang mit	_____
verantwortungsvoll	_____
die Verhaltensregel, -n	_____
verlangsamen	_____

Modul 4 Kostbares Nass

austrocknen	_____
die Dürre	_____
der Flüssigkeitshaushalt	_____
das Salzwasser	_____
das Süßwasser	_____
verschmutzen	_____

verseucht	_____
vertrocknen	_____
das Trinkwasser	_____
die Wasserknappheit	_____
der Wassermangel	_____
die Wüste, -n	_____

Wörter, die für mich wichtig sind:

_____   _____

_____   _____

Verben mit Präpositionen

Für
Um
Durch
Gegen
Entlang
Bis
Ohne

Mit Akkusativ

achten	auf	Achte bei der Prüfung genau auf die Aufgabenstellung.
ankommen	auf	Bei einer Bewerbung kommt es nicht nur auf gute Noten an.
anpassen	an	Man muss sich nicht an jeden Trend anpassen.
antworten	auf	Hat die Firma schon auf deine Bewerbung geantwortet?
(sich) ärgern	über	Ich habe mich heute so über meine Kollegin geärgert.
aufpassen	auf	Könntest du heute Abend auf meine Kinder aufpassen?
berichten	über	Im Fernsehen wurde über das Ereignis kaum berichtet.
sich beschweren	über	Herr Müller hat sich gestern über den Lärm beschwert.
bitten	um	Könnte ich dich um einen Gefallen bitten?
danken	für	Ich möchte dir für deine Unterstützung danken.
denken	an	Denk doch mal an die Zukunft!
diskutieren	über	Ich will nicht schon wieder über dieses Thema diskutieren.
eingehen	auf	Dirk geht einfach nie auf die Meinung anderer ein.
einziehen	in	Wir sind erst vor kurzem in die neue Wohnung eingezogen.
sich engagieren	für	Viele Leute engagieren sich für einen guten Zweck.
sich entschuldigen	für	Kristina hat sich heute für ihren Fehler entschuldigt.
sich erinnern	an	Erinnerst du dich an unser Gespräch neulich?
sich freuen	auf	Ich freue mich auf unseren Ausflug am Wochenende.
sich freuen	über	Meine Eltern haben sich sehr über meinen Besuch gefreut.
sich gewöhnen	an	Ich kann mich einfach nicht an dieses Essen gewöhnen.
glauben	an	Seine Eltern glauben an ihn, das macht ihm Mut.
halten	für	Ich halte sie für eine sehr kompetente Fachkraft.
sich halten	an	Halte dich doch bitte an unsere Abmachung!
hinweisen	auf	Ich möchte Sie noch auf unsere Sonderangebote hinweisen.
sich interessieren	für	Maren interessiert sich sehr für Tiere und Naturschutz.
(sich) informieren	über	Vor seiner Bewerbung hat er sich über die Firma informiert.
investieren	in	Das Unternehmen hat viel Geld in dieses Projekt investiert.
sich konzentrieren	auf	Seid leiser! Ich muss mich auf die Aufgabe konzentrieren.
sich kümmern	um	Wer kümmert sich um den Hund, wenn wir weg sind?
lachen	über	Über diesen Witz könnte ich mich kaputtlachen.
nachdenken	über	Ich denke über dein Angebot nach und gebe dir Bescheid.
reagieren	auf	Wie hat dein Mann eigentlich auf deinen Vorschlag reagiert?
reden	über	Wir haben lange über das Problem geredet.
sorgen	für	Olaf will für seine kranken Eltern sorgen.
sich sorgen	um	Katja sorgt sich oft zu sehr um ihre berufliche Zukunft.
sich spezialisieren	auf	Er hat sich während des Studiums auf Chirurgie spezialisiert.
sprechen	über	Habt ihr auch über die Arbeitsbedingungen gesprochen?
sich streiten	über	Streitet ihr schon wieder über die gleiche Frage?
sich streiten	um	In Beziehungen wird oft um Geld gestritten.
sich unterhalten	über	Wir haben uns den ganzen Abend über Politik unterhalten.
sich verlassen	auf	Auf meinen besten Freund kann ich mich immer verlassen.
sich verlieben	in	Nina hat sich schon während der Schulzeit in Paul verliebt.
verzichten	auf	Ich kann am Morgen einfach nicht auf Kaffee verzichten.
sich vorbereiten	auf	Hast du dich gut auf das Vorstellungsgespräch vorbereitet?
warten	auf	Auf wen wartest du denn hier schon so lange?
werben	für	Die Firma wirbt für ihre Produkte.

Verben mit Präpositionen

von, Mit, Aus, Nach, zu, Bei, An, Gegenüber, Seit

Mit Dativ

abhängen	von	Der Klimawandel hängt auch von unserem Verhalten ab.
ändern	an	Bert sagt, dass er an der Situation nichts ändern kann.
sich austauschen	mit	Mit seinem Brieffreund kann sich Mike gut austauschen.
sich bedanken	bei	Ich muss mich unbedingt bei dir bedanken.
sich befinden	in	Wir befinden uns hier im Zentrum von Hamburg.
beitragen	zu	Möchtest du auch etwas zu dieser Diskussion beitragen?
berichten	von	Matthias berichtet immer sehr ausführlich von seinen Reisen.
sich beschweren	bei	Herr Müller hat sich bei der Hausverwaltung beschwert.
bestehen	aus	Diese Schokolade besteht hauptsächlich aus Kakao.
sich bewerben	bei	Susanne hat sich jetzt bei einer Software-Firma beworben.
einladen	zu	Ich würde dich gern zu meiner Party einladen.
sich entschuldigen	bei	Kristina hat sich heute bei mir entschuldigt.
sich erkundigen	bei	Ich habe mich bei der VHS erkundigt.
sich erkundigen	nach	Ich möchte mich nach den Kursangeboten erkundigen.
erwarten	von	Was erwartest du von diesem Kurs?
erzählen	von	Erzähl doch mal etwas von deiner Familie!
fragen	nach	Wo warst du? Max hat schon dreimal nach dir gefragt.
führen	zu	Der Klimawandel führt zu immer mehr Unwettern.
gehören	zu	Zu welcher Projektgruppe gehörst du?
gratulieren	zu	Ich möchte dir zu dem guten Prüfungsergebnis gratulieren.
hören	von	Hast du mal etwas von Tina und Moritz gehört?
liegen	an	Es liegt an seinem Ehrgeiz, dass er so weit gekommen ist.
schmecken	nach	Die Schokolade schmeckt nach Nougat.
speichern	auf	Du solltest die Datei auf der Festplatte und auf CD speichern.
sprechen	mit	Kann ich mal kurz mit dir sprechen?
sprechen	von	Adrian hat den ganzen Abend nur von dir gesprochen.
sterben	an	Mein Opa ist letztes Jahr an Krebs gestorben.
sich streiten	mit	Ich habe mich gestern mit meinem Freund gestritten.
teilnehmen	an	Nimmst du auch an dem nächsten Kurs teil?
telefonieren	mit	Ich habe schon mit der Personalabteilung telefoniert.
sich treffen	mit	Nach dem Kurs treffe ich mich noch mit Rosalie.
überzeugen	von	Versuch nicht, mich vom Gegenteil zu überzeugen.
sich unterhalten	mit	Gestern habe ich mich lange mit meinem Chef unterhalten.
sich verabreden	mit	Ich würde mich gern mal mit ihr verabreden.
verbinden	mit	Was verbindest du mit dem Begriff „Freundschaft"?
vergleichen	mit	Man kann Äpfel nicht mit Birnen vergleichen.
sich verstehen	mit	Valentin versteht sich sehr gut mit seinen Eltern.
zählen	zu	Walter zählt zu den besten Studenten der Universität.
zweifeln	an	Zweifelst du an seiner Ehrlichkeit?

Wichtige unregelmäßige Verben

Infinitiv	Präsens	Präteritum	Perfekt
backen	backt/bäckt	backte	hat gebacken
sich befinden	befindet	befand	hat befunden
beginnen	beginnt	begann	hat begonnen
begreifen	begreift	begriff	hat begriffen
behalten	behält	behielt	hat behalten
bekommen	bekommt	bekam	hat bekommen
beraten	berät	beriet	hat beraten
beschließen	beschließt	beschloss	hat beschlossen
besprechen	bespricht	besprach	hat besprochen
bestehen	besteht	bestand	hat bestanden
betragen	beträgt	betrug	hat betragen
betreten	betritt	betrat	hat betreten
sich bewerben	bewirbt	bewarb	hat beworben
bieten	bietet	bot	hat geboten
bitten	bittet	bat	hat gebeten
bleiben	bleibt	blieb	ist geblieben
braten	brät/bratet	briet	hat gebraten
brechen	bricht	brach	hat gebrochen
brennen	brennt	brannte	hat gebrannt
bringen	bringt	brachte	hat gebracht
denken	denkt	dachte	hat gedacht
dürfen	darf	durfte	hat gedurft
empfangen	empfängt	empfing	hat empfangen
empfehlen	empfiehlt	empfahl	hat empfohlen
empfinden	empfindet	empfand	hat empfunden
entlassen	entlässt	entließ	hat entlassen
entscheiden	entscheidet	entschied	hat entschieden
sich entschließen	entschließt	entschloss	hat entschlossen
entstehen	entsteht	entstand	ist entstanden
erfahren	erfährt	erfuhr	hat erfahren
erfinden	erfindet	erfand	hat erfunden
erschrecken	erschrickt	erschrak	ist erschrocken

Unregelmäßige Verben

Infinitiv	Präsens	Präteritum	Perfekt
erziehen	erzieht	erzog	hat erzogen
essen	isst	aß	hat gegessen
fahren	fährt	fuhr	ist gefahren
fallen	fällt	fiel	ist gefallen
fangen	fängt	fing	hat gefangen
finden	findet	fand	hat gefunden
fliegen	fliegt	flog	ist geflogen
fliehen	flieht	floh	ist geflohen
fließen	fließt	floss	ist geflossen
frieren	friert	fror	hat gefroren
geben	gibt	gab	hat gegeben
gefallen	gefällt	gefiel	hat gefallen
gehen	geht	ging	ist gegangen
gelingen	(etwas) gelingt	gelang	ist gelungen
gelten	gilt	galt	hat gegolten
genießen	genießt	genoss	hat genossen
geschehen	geschieht	geschah	ist geschehen
gewinnen	gewinnt	gewann	hat gewonnen
greifen	greift	griff	hat gegriffen
haben	hat	hatte	hat gehabt
halten	hält	hielt	hat gehalten
hängen	hängt	hing	hat gehangen
heben	hebt	hob	hat gehoben
heißen	heißt	hieß	hat geheißen
helfen	hilft	half	hat geholfen
kennen	kennt	kannte	hat gekannt
klingen	klingt	klang	hat geklungen
kommen	kommt	kam	ist gekommen
können	kann	konnte	hat gekonnt
laden	lädt	lud	hat geladen
lassen	lässt	ließ	hat gelassen
laufen	läuft	lief	ist gelaufen
leiden	leidet	litt	hat gelitten

Infinitiv	Präsens	Präteritum	Perfekt
leihen	leiht	lieh	hat geliehen
lesen	liest	las	hat gelesen
liegen	liegt	lag	hat gelegen
lügen	lügt	log	hat gelogen
messen	misst	maß	hat gemessen
mögen	mag	mochte	hat gemocht
müssen	muss	musste	hat gemusst
nehmen	nimmt	nahm	hat genommen
nennen	nennt	nannte	hat genannt
raten	rät	riet	hat geraten
reiten	reitet	ritt	ist geritten
rennen	rennt	rannte	ist gerannt
riechen	riecht	roch	hat gerochen
rufen	ruft	rief	hat gerufen
scheinen	scheint	schien	hat geschienen
schieben	schiebt	schob	hat geschoben
schlafen	schläft	schlief	hat geschlafen
schlagen	schlägt	schlug	hat geschlagen
schließen	schließt	schloss	hat geschlossen
schneiden	schneidet	schnitt	hat geschnitten
schreiben	schreibt	schrieb	hat geschrieben
schreien	schreit	schrie	hat geschrien
schweigen	schweigt	schwieg	hat geschwiegen
schwimmen	schwimmt	schwamm	hat/ist geschwommen
sehen	sieht	sah	hat gesehen
sein	ist	war	ist gewesen
senden	sendet	sandte/sendete	hat gesandt/gesendet
singen	singt	sang	hat gesungen
sitzen	sitzt	saß	hat gesessen
sprechen	spricht	sprach	hat gesprochen
springen	springt	sprang	ist gesprungen
stehen	steht	stand	hat gestanden
stehlen	stiehlt	stahl	hat gestohlen

Unregelmäßige Verben

Infinitiv	Präsens	Präteritum	Perfekt
sterben	stirbt	starb	ist gestorben
streichen	streicht	strich	hat gestrichen
streiten	streitet	stritt	hat gestritten
tragen	trägt	trug	hat getragen
treffen	trifft	traf	hat getroffen
treiben	treibt	trieb	hat getrieben
treten	tritt	trat	hat/ist getreten
trinken	trinkt	trank	hat getrunken
tun	tut	tat	hat getan
sich unterhalten	unterhält sich	unterhielt sich	hat sich unterhalten
verbieten	verbietet	verbat	hat verboten
verbinden	verbindet	verband	hat verbunden
vergessen	vergisst	vergaß	hat vergessen
vergleichen	vergleicht	verglich	hat verglichen
verlassen	verlässt	verließ	hat verlassen
verlieren	verliert	verlor	hat verloren
vermeiden	vermeidet	vermied	hat vermieden
verzeihen	verzeiht	verzieh	hat verziehen
verschwinden	verschwindet	verschwand	ist verschwunden
wachsen	wächst	wuchs	ist gewachsen
waschen	wäscht	wusch	hat gewaschen
werben	wirbt	warb	hat geworben
werden	wird	wurde	ist geworden
werfen	wirft	warf	hat geworfen
wiegen	wiegt	wog	hat gewogen
wissen	weiß	wusste	hat gewusst
wollen	will	wollte	hat gewollt
ziehen	zieht	zog	hat gezogen

S. 8: Ullstein Bild (o.l.); Langenscheidt Bildarchiv (o.r.); Süddeutscher Verlag GmbH (M.); JOKER (u.)

S. 9: Das Fotoarchiv (o.); Ullstein Bild (M.l. u. r.); Keystone (u.)

S. 10: Grafik: Wünsche an den zukünftigen Beruf. Globus; Fotos: Caro Fotoagentur (1); shutterstock.com (2, 3); Langenscheidt Bildarchiv (4)

S. 12: Süddeutscher Verlag GmbH (o.); Dieter Mayr (u.)

S. 13: shutterstock.com

S. 14: shutterstock.com (l., M.); Dieter Mayr (r.)

S. 16: Rudolf Helbling (l., M.l.); Dieter Mayr (M.r., r.)

S. 17: Rudolf Helbling, 45, Dozent und Alphirt. Aus: Context. 1–2/06; 20. Januar 2006, Fabrice Müller, Journalistenbüro Lexpress (gekürzt)

S. 18: Valerija S. Vlasov

S. 20: Associated Press GmbH

S. 22–23: ZDF heute journal, Beitrag „Servicewüste Deutschland"*

S. 24–25: Dieter Mayr

S. 26: Grafik: Lebensformen. Globus

S. 27: Dieter Mayr (l.); shutterstock.com (r.)

S. 28: Boom im Netz der einsamen Herzen. Aus: mobil 11/2005, Nicola Malbeck (gekürzt, leicht adaptiert); Foto: iStock International Inc.

S. 30: Rick Gomez/Corbis (l.); shutterstock.com (M.); Bildagentur Mauritius GmbH (r.)

S. 32–34: Text aus: Max Frisch, Mein Name sei Gantenbein. Roman © Suhrkamp Verlag Frankfurt am Main 1964 (gekürzt)

S. 36: Süddeutscher Verlag GmbH

S. 38–39: ZDF Volle Kanne: „Beim Geld hört die Liebe auf – Streit ums Haushaltsgeld"*

S. 41: Christina Stürmer: Supermarkt. Aus: Soll das wirklich alles sein. © 2004 Universal Music GmbH, Austria (gekürzt)

S. 42: Holger Albrich (1, 3, 4); Poweriser (3)

S. 44: Sabine Reiter (o.); Bettina Lindenberg (u.l., u.r.); shutterstock.com (u.M.)

S. 46: shutterstock.com

S. 48: Wie uns Werbung anmacht. Aus: www.br-online.de, Heike Westram (gekürzt; leicht adaptiert)

S. 49: shutterstock.com

S. 50: WMF Württembergische Metallwarenfabrik AG / KNSK Werbeagentur GmbH (o.l.); E-Plus Mobilfunk GmbH / KNSK Werbeagentur GmbH (o.r.); Volkswagen AG (M.l.); Hapag Lloyd Express GmbH / Scholz & Friends (u.l.); ConocoPhillips Germany GmbH / Grabarz & Partner Werbeagentur GmbH (u.r.)

S. 51: shutterstock.com (l.); pixelquelle.de (o.M.); iStock International Inc. (u.M.; r.)

S. 52: Associated Press GmbH (o.); picture-alliance/dpa (u.)

S. 54–55: ZDF Mona Lisa, „Kaufen, kaufen, kaufen"*

S. 56: shutterstock.com (o.l.); Bettina Lindenberg (o.M.l.); Dieter Mayr (o.M.r.); Sabine Reiter (o.r.); AT Verlag (l.); Helmut Metz Verlag (M.); Unterwegs Verlag Manfred Klemann (r.)

S. 57: Sven Williges

S. 58: shutterstock.com (o.); Süddeutscher Verlag GmbH (u.)

S. 60: Associated Press GmbH (l.); Bettina Lindenberg (M.); International Volunteers for Peace, www.ivp.org.au (r.)

S. 62: Foto: Helen Schmitz

S. 63: Helen Schmitz

S. 64: Stadtplan: Polyglott; Text aus: Dumont Reisetaschenbuch. Köln: Dumont Buchverlag 2000, 12 ff.; © MairDumont Ostfildern (adaptiert)

S. 66: Jörg Hackl (l., r.); shutterstock.com (M.)

S. 67: Text aus: GEO / Verlagshaus Gruner + Jahr AG & Co KG (adaptiert); Fotos: Ullstein Bild (o.); Süddeutscher Verlag GmbH (u.)

S. 68: akg-images

S. 70–71: aus: Erfurt Rendevouz in der Mitte Deutschlands, Erfurt Tourismus GmbH; Stadtplan: ARTIFEX Computerkartographie Bartholomäus & Richter

S. 74: Singles werden zum Umweltproblem. Aus: FOCUS online (leicht adaptiert)

S. 76: shutterstock.com (l.); Helen Schmitz (M.), pixelquelle.de (r.)

S. 78: Logo: Hessisches Ministerium für Umwelt, ländlichen Raum und Verbraucherschutz; Foto: ANDREAS MEIER/Reuters/Corbis

S. 80: shutterstock.com (4, 5); Süddeutscher Verlag GmbH (1); Harald Riemann (2); pixelquelle.de (3)

S. 81: shutterstock.com

S. 83: Ralf Sonntag

S. 84: Ullstein Bild (o), shutterstock.com (u.); Text: mare – Die Zeitschrift der Meere

S. 86: shutterstock.com (o.); ZDF Reporter, „Wildtiere in Berlin"*

S. 87: ZDF Reporter, „Wildtiere in Berlin"*

S. 112: Langenscheidt Bildarchiv (1–2); shutterstock.com (3–4)

S. 114: Bayerischer Rundfunk www.br-online.de

S. 119: Yahoo! Inc., www.yahoo.com

S. 120: www.webchat.de (o); Text und Cover: Stephanie von Selchow: Taumjobs – Wunsch und Wirklichkeit. Umschlagbild von Doris Katharina Künster. © 1996 Deutscher Taschenbuch Verlag, München

S. 124: Bundeszentrale für politische Bildung

S. 125: Allensbach

S. 126: Voller Ernst Fotoagentur

Quellenverzeichnis

S. 127: Text: ZDF / Volle Kanne – Service täglich;
Foto: Axel Leschinski

S. 132: Axel Hacke, Das Beste aus meinem Leben,
SZ-Magazin No. 3, 21.1.05 © Axel Hacke, München
2005

S. 136: Text: DB mobil, Illustration: ear bag AB

S. 137: Take2 Designagentur GmbH & Co. KG

S. 138: Bettina Lindenberg (1–2), shutterstock.com (3)

S. 143: Text: www.lexi-tv.de; Bilder: Bettmann/CORBIS (l.),
akg images (r.)

S. 148: Paul Maar: Schwierige Entscheidung.
© Paul Maar:
Dann wird es wohl das Nashorn sein. Tb Beltz &
Gelberg in der Verlagsgruppe Beltz, Weinheim und
Basel

S. 153: ZDF / Mona Lisa

S. 154: akg-images

S. 155: MAIRDUMONT GmbH & Co. KG, Marco Polo

S. 156: Trabi-Safari-Tours GmbH & Co. KG

S. 160: www.greenpeace4kids.de

S. 162: © SOLution Solartechnik

S. 164: Jahresbericht Tierschutzverein Zug –
www.tsvzug.ch

S. 165: TUI AG (Auszug aus der Tabelle)

S. 166: Reuters (o.), Hessisches Ministerium für Umwelt,
ländlichen Raum und Verbraucherschutz (u.)

S. 168: Ralf Sonntag

S. 183: NeTec Federation GbR; Staatliche Molkerei
Weihenstephan GmbH & Co. KG; Apollo-Optik
Holding GmbH & Co. KG; Tchibo direct GmbH

* alle Standfotos aus ZDF-Beiträgen: Lizenz durch:
www.zdf-archive.com / ZDF Enterprises GmbH
Copyright ZDFE 2007 – alle Rechte vorbehalten –